成为张爱玲

黄心村 著

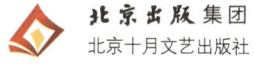
北京十月文艺出版社

目录

小序　黄心村笔下的张爱玲　001

一　溯源：张爱玲的香港大学　001

二　寻找佛朗士：张爱玲的历史课　042

三　我师落华生：张爱玲的中文课　075

四　与斯黛拉·本森同游：张爱玲的英文课　118

五　东洋摩登：张爱玲与日本　190

六　隔世看红楼：文字家园与离散叙述　234

七　改编张爱玲：银幕上的香港传奇　275

八　汇流：世界的张爱玲　318

后记　335

英文书目　340

中文书目　355

小序　　　　黄心村笔下的张爱玲

李欧梵

张爱玲的故事说不完,不但她自己不断地叙述、重复和改写,而且崇拜她的"张迷"和研究"张学"的学者的著作更是越来越多,目不暇给。在我看过的众多"张学"著作中,黄心村的这本新作独树一帜,令我眼睛一亮,从开始读第一页就放不下。虽然内中有两三章的前身在港台的刊物上发表过,如今重读依然引人入胜。另外几篇我是第一次读,更令我惊喜。我不算是张迷,然而为什么黄心村的这本书竟然让我如此着迷?写这篇序文,却不知如何写起,只能把自己的一点阅读心得如实招来,和我自己对这位祖师奶奶的看法连在一起,做意识流式的叙述,随意发挥,断断续续,不成章法,尚望作者和读者原谅。

一

本书作者黄心村是香港大学(以下简称港大)比较文学系的教授,也是一位成就卓越的中国现代文学学者,她研究张爱玲，可谓理所当然。书中前几章的珍贵资料，都是她在港大挖掘出来的，为了纪念张爱玲诞生一百周年展览之用，无心插柳，却硕果丰富。众所周知，张爱玲于一九三九至四一年间在港大读过书，在英国殖民主义的文化环境中接受教育并汲取文学创作的灵感，因此香港也是她创作灵感的源泉和起点。至今港大的图书馆还收藏了不少张爱玲的资料，为什么研究张爱玲和港大的关系的专著不多？张爱玲和香港的因缘就是由港大而起，她在港大虽然没有毕业，但是她的西方文学和历史的训练却是从港大开始的。本书的前三章都直接或间接与港大有关，讨论张爱玲在港大的生活和学习经验；后五章则把时空的幅度扩展到校园之外，讨论张爱玲一生和这个当时的英国殖民地的缘分，为我们重绘了香港的文化图景。

对于研究文学的学者而言，本书有一个特色：细节和细读，它的前提就是文本，文学作品的分析最重要的就是细节。多年前我读过一本文学理论书，专门研究细节，而且和女作家连在一起，称之为"feminine detail"，记得出身港大的学者周蕾（Rey Chow）在她的第一本英文书中就引用过。如今黄心村把这个分析方法发扬光大，从大量的相关数据细节中探测张爱玲的文本内涵和产生文本的外在环境，许多别人没有注意到的蛛丝马迹她都没有放过，经过她细心编织之后，张爱玲的散文更显得丰富多姿。这种方法也得自张爱玲的真传，且让我引用黄心村评论张爱玲的几句话："文本是源泉，是灵感，是索引，从文本出发，眼见为实之后再次回到文字中，就形成了自己的写作立场和态度。"对于一个研究者而言，文本不是孤立的，可以在形式和内容上交错互动，用学术语言就是"互文"，黄心村把这个互文的艺术发扬光大，照亮了很多我们不注意的细节，包括各种物质（如衣服、洋台）。张爱玲慧眼独具，看出很多一般人体察不到的东西，她的语言更是独树一帜，充满独特的细节描述和意象。我觉得在这一方面，张爱玲文如其人，且容我重提一件个人小事：二十世纪六十年代末，当我还是研究生的时候，受邀到印第安纳大学参加一个比较文学的会议，并兼招待的工作，去旅馆接张爱玲女士到会场参加开幕酒会。本来十几分钟的路我们走了将近一个钟头，原来她每看到路边的一棵树就伫足观赏它的枝叶，我只有在旁耐心地等待，等我们到了会场，酒会已经开了一半了。从此我得到一个教训：读张爱玲的小说，不能放过任何东西，特别是草木花树。

作者从她任教的现场港大校园谈起，讨论张爱玲在港大的求学经验，她所学的历史、中文和英文课，围绕着三位人物，最有名的当然是鼎鼎大名的许地山（笔名落华生），我读来最饶有趣味的反而是两位至今不见经传的英国小人物——佛朗士和斯黛拉·本森，如果没有黄心村作传，恐怕他们已经从文学史中消失了。

本书第二章描写张爱玲在港大的历史老师佛朗士（Norman Hoole France）。在这一章中黄心村的文笔充满了温情，把这位表面上有点孤僻的历史系教授描写得灵气活现，仿佛人在眼前。他是张爱玲的恩人，私自送给她一笔奖学金，让她得以渡过生活的难关，然而这笔钱最后被她母亲拿走了。这位大英帝国主义训练出来的学者（剑桥大学毕业生）究竟是何许人也？张学的研究者对此似乎语焉不详。他参加香港的英国军队抗日，最后竟然被自己人误杀。我从心村提供的两张照片中感受到这个人物的独立个性，甚至他内心的矛盾：一方面享受殖民地的优厚待遇，另一方面未尝不同情殖民地子民的处境。虽然这些照片都是集体照，但弥足珍贵，有一张是宋庆龄为抗日募款宣传而组织的"保卫中国同盟"照，内中的七个人物中唯独他一人眼睛不对着照相机，一副特立独行的风采。不知何故，照片中他的样子令我想起我的大学老师夏济安，他也是一个倜傥不羁的人物；我想起的另一位人物是在哈佛任教多年的蒙古史专家柯立夫（Francis Woodman Cleaves），他也是终身未娶，自己住在一个大农场中，饲养牛马，有一次发生意外，竟然被自己养的一头狂牛撞伤了。我一生敬佩这类传奇人物，也为他们抱不平，因为他们都成了当代"政治正确"思潮下的牺牲品，还有谁愿意把他们从历史的灰烬中找出来？佛朗士一生没有留下一本著作，好在有个港大的学生张爱玲提到他。下一个纪念他的作者就是黄心村了，她描写佛朗士在照片里的姿态的文字十分传神，读来显然有张爱玲的味道："……脸一侧，下颚微抬，仿佛追随一只倏忽掠过的飞鸟，脸上一派天真与憧憬。"学术文章可以写得如此传神，堪称一绝！

另一张珍贵的照片是港大中文系的师生合照，佛朗士竟然也出现，而且坐在陈寅恪旁边，天知道他们二人当时搭讪的话语是什么？照片中还有几位港大著名人物，如陈君葆和马鉴，还有一位精通汉学的神父，似乎没有中文系主任许地山，原来心村另辟专章（第三章）仔细论述，发现了不少新的材料，也是最令人惊喜的发现。对我而言，港大的中文系，自从许地山当了系主任之后，才真正上了轨道。试想他和陈寅恪这位老友见面的情况，他们谈的是什么？这可谓是学界佳话，可惜两人在港大同事的时间不长，一九四一年许地山积劳成疾，突然去世，陈寅恪参加他的追悼会。这段佳话，可能有学者写过，说不定将来有人可以把这许地山和陈寅恪在香港的故事写成一篇小说。文学可以跨界，为什么小说不可以跨进学术？

许地山早在沈从文之前就对中国的服饰有兴趣，在佛学和印度文化方面的研究也甚可观，是否得到陈氏激赏？黄心村在此章中提到许氏的一篇《科卡·萨斯特拉》

(*Koka Shastra*)的译文，源自古印度性学经典《爱经》(*Kama Sutra*)，直到六十年代才有英国人康福特（Alex Comfort）的英文译文，没有想到许地山早在几十年前已经研究了！他在学术领域的才华一直未受现代文学研究者的注意，大家只知道他化名落华生，是文学研究会的基本成员，写过几篇与众不同的小说。张爱玲在课堂上得以欣赏许地山的风采，将之化入自己的小说《茉莉香片》中，言子夜被描写成一个穿长衫、风度翩翩、学富五车的中国文史哲教授，在课堂上不知迷倒多少女学生。可惜张爱玲没有听过陈寅恪的唐史课，也许在当年是冷门。黄心村写这一章，的确花了极大的功夫，把许地山多彩多姿的学术研究带进张爱玲的框架，更令我对许地山敬佩不已，像他这样在学术研究和小说创作两个领域皆有建树的人似乎越来越少了。这本来是一个"五四"的传统，如今在专业化的焦虑影响下，似乎已经失传了。

张爱玲在港大做学生时除了上课还读过什么书？对西方文学的阅读趣味又何在？黄心村已经查过港大英文系的课程表，得到的结论是在课堂上她读的一定是英国文学经典，那么她在课余喜欢读什么？多年来我在课堂上每次提到张爱玲，就顺便提出这个问题：她自己最喜欢看的西方作家是谁？一九四四年张爱玲在沦陷的上海参加了一个女作家聚谈会，被问起最喜欢的作家时，说了一句"外国女作家中我比较欢喜Stella Benson",到底这位斯黛拉·本森是谁？张爱玲为什么喜欢她？这个问题，我等了多年，似乎从来没有任何研究生有兴趣，现在终于从本书第四章得到一个圆满的解答，我认为这是本书中最长也最精彩的篇章之一，也是张学领域的开山之作。本森曾在香港住过，也和中国有缘，她嫁给一位在中国当差的英国殖民官安德森（James Anderson），在内地到处游走。本森也是维吉尼亚·伍尔夫（Virginia Woolf）的朋友，然而二人写作的风格不同。经过黄心村的仔细研究和分析，原来港大的校长就藏有本森的小说，后来捐给港大图书馆，张爱玲就是在这里读到的。甚至在她的第一篇小说《第一炉香》中，心村就发现本森和张爱玲作品的互文关系，这一个洞见（insight）对我大有启发，使我领悟到"互文"不是影响论，而是两个独立文本在某种文化脉络（context）中的偶然相遇（serendipitous encounter），因而发生文学关系。由此类推，可以发现很多有趣的现象。

譬如张爱玲一生喜欢的西方文学，似乎都属于同一类型——黄心村称之为"中等趣味"（middlebrow）的作家和作品，本森就是一例。这类作品并不艰涩难懂，也不做任何语言游戏，然而所说的故事引人入胜，因此成为畅销书，特别是游记。在大英帝国的世界版图中遨游四海的"中等趣味"作家不少，最著名的就是毛姆（W. Somerset

Maugham），他到过中国，写了大量东南亚旅游小说，在西方读者面前贩卖在异国的旅游经验。本森也写过游记，我猜（因为没有读过）也许比毛姆更深入而言之有物。显然张爱玲也读过毛姆，很想走这条路，在美国文坛写中国故事，可惜不成功。然而，她毕竟是天才，可以把这些外国作品据为己用，化成自己的文笔，甚至把故事改写过来，变成彻头彻尾的香港或上海故事。是否有学者专门研究张爱玲和毛姆小说的互文关系？

毛姆笔下的东方故事，背景都是英国的热带殖民地，如香港、马来亚和南太平洋的岛屿。当我第一次阅读《第一炉香》的时候，一开始就想到毛姆写的以亚热带太平洋岛屿为背景的小说，例如 *Rain*（《雨》）。记得有一次我在上海演讲，提到张爱玲的《倾城之恋》，有一位老年听众，一看就知道是涵养很深厚的文学爱好者，他当场提问：这篇小说里的几个场景，好像在毛姆的哪一篇小说里也写过，而且连文句都很相似？我答不出来，后来也无暇追踪研究。黄心村既然找到了本森这位"冷门"女作家，下一步似乎就应该研究毛姆了。殖民时代的香港风景和气氛——特别是它的热带气候和鲜艳的花草，恐怕只有张爱玲能够写得入木三分，连毛姆也比不上。这位英国作家也到过香港，还写过一本长篇小说 *The Painted Veil*（《面纱》），第一章的背景就在香港山顶，一对男女在偷情，笔端极尽挖苦之能事。最近改编的电影版本中香港不见了,地点改成上海。如果从今日的后殖民主义的视角来看,张爱玲喜欢毛姆当然大逆不道。其实张爱玲早已把香港定了位,它不仅是一个殖民地,而且更是一个"异国风味"(exotic)十足的"杂种"岛屿。因此我觉得许鞍华最近导演的《第一炉香》的最大贡献,就是(正如心村在第七章所说)把这种异国情调的美学,随着女主角葛薇龙入场也带了进来,可惜的是:原来故事中的人种混杂的气氛在影片中却荡然无存,每个人都说一口标准的国语,连一点上海口音也没有,令人难以置信。而且那个乔琪乔根本就是中葡混血儿,怎么看不出他的"杂种味"?

二

读了本书的前四章之后,我已经觉得受益匪浅,不但得到很多知识和洞见,而且从作者的叙述文笔中感受到很多韵味。前文中提过,黄心村特别看重张爱玲的散文(包括她的书信),也许读多了,自己的文笔也染上了一点张爱玲的味道。一个学者有如此好的文笔并不容易,记得我在美国教学时,要求学生必须写出像样的英文,否则扣分,有时候甚至不自量力,花了很多时间为学生改英文。黄心村在加州大学洛杉矶分校做研究生时,我有幸教过她,她毕业后在美国学界露出头角,就参与把张爱玲的散文翻译成英文出版,译文文笔十分隽永流畅,如行云流水。如今心村把这个散文风格移植到这本书中，变成了她自己的学术语言，娓娓道来，引人入胜，非但与众不同——不像一般学术论文艰涩聱牙，故作抽象思维，读来反而空洞——而且深得张氏文笔的真髓，这也是我读本书爱不释手的另一个主要原因。即使在张学领域，我认为本书的贡献也是独一无二的。在本书的后半部，黄心村不但从张爱玲的散文和书信（特别是和好友宋淇夫妇的来往书信）中挖掘出不少文学宝藏，而且用一种散文风格展现了她作为比较文学和文化研究学者的阐释功夫。

第五章写日本的"东洋风味"在张爱玲作品中的地位，带叙带论，引出不少细节，把日本文化中的"轻浮美学"视为一种独特的文化"坎普"[camp，典故出自美国评论家兼才女苏珊·桑塔格（Susan Sontag）]。第六章写张爱玲的《红楼梦魇》，更是别具一格，不作学究式的版本学讨论，或分析张爱玲对后四十回失望的原因，而是重构张爱玲五次"详"读《红楼梦》时的心态和情境，由此感受到张个人一生的漂泊沧桑。她每次重读这本她最心爱的文学经典就感到恍如隔世，是她被吸引到另外一个两百年前的古老世界，抑或是这本十八世纪的小说在她心目中变成了现世书写？一般的《红楼梦》读者的反应大概属于前者，只有张爱玲可以超越时空，从中感受到现代乱世的意味。我从来没有从这个角度思考过，甚至连张爱玲的这本书也没有细读。不过，黄心村点出的这种"隔世感"却引起我内心的激荡，令我感到"末世"的降临，然而我实在不忍心读完后四十回，因为我下意识地觉得它们在交代每一个重要人物的末世和结局。这些感悟，都是从黄心村的这一章引发出来的。

走笔至此，才发现我的这篇序言有点语无伦次，似乎变成了呓语，早该打住了。本书第七章的内容，反而是我最熟悉的，因为我一向喜欢看电影，也对张爱玲作品改编的影片做过少许研究，写过几篇短文和一本论《色，戒》的小书发表，在此不再啰唆。这篇序言也不必作总结了，因为关于张爱玲的故事永远说不完，只不过说故事的人的感性（sensibility）参差不齐。黄心村的这本书之所以引起我的共鸣，也许是因为我们现时都在香港，对香港有强烈的感受，因此在学术上得以心灵相通的缘故吧。

二〇二二年五月十五日
香港太古城

一　　溯源：张爱玲的香港大学

一九七七年六月，住在南加州的张爱玲给远在香港的挚友宋淇、邝文美夫妇写信，信中有这样一段："前两天在附近那条街上走，地下又有紫色落花了，大树梢头偶然飘来一丝淡香，夏意很浓。每年夏天我都想起一九三九刚到香港山上的时候，这天简直就是那时候在炎阳下山道上走着，中间什么事也没发生过，一片空白，十分轻快。"

这一段日常生活里的瞬间，与过去时光的记忆重叠，也唯有张爱玲特有的笔触才能传达出这清晰而又恍惚的效果。如果拍成电影，此刻应该是一个空镜头，一片澄蓝的天，一丝微风的颤动，间或飘下几片花瓣。镜头随着树影晃动，更随着手持镜头的人下坡疾走而摇动，四周的寂静里都是声音。这是一九三九年的香港，也是一九七七年的洛杉矶。

一九三九年夏天的张爱玲，刚从中学毕业，因为欧洲的战事，无法去伦敦上学，转到香港大学文学院。八月注册，住进了港大后山宝珊道上的圣母堂宿舍，每日到校园的本部大楼上课或去图书馆看书，都要从长长的蜿蜒的山道上下来；而回宿舍，则要爬上一个高高的坡，每一回都有要登顶的感觉。当年的"一片空白"，是因为充满着期待。两年后香港之战的冲击，很快就将这个空空的镜头填满，之后几十年的迁徙，生命里发生的种种，都有文字刻下的深深的烙印，显然不是"中间什么事也没发生过，一片空白，十分轻快"。

因为港战而中断了学业的张爱玲，一九四二年五月回到上海，开始了她漫长的写作生涯。她早期散文中自传性最强的两篇《私语》和《烬余录》最初都发表于一九四四年。《私语》是童年经验的回忆，篇末说："考进大学，但是因为战事，不能上英国去，改到香港，三年之后又因为战事，书没读完就回上海来。"《烬余录》则是接着上海的童年记忆写在港大念书的那三年："我与香港之间已经隔了相当的距离了——几千里路，两年，新的事，新的人。"两年时间并不长，却是"相当的距离"，宛如隔世。假如说《私语》是她书写童年经验的一个浓密的开端，那《烬余录》可看作她梳理香港经验的一个索引，之后不断重写、转写、扩写，每一次的叙述再生，都可以追寻到最初写下的那些"切身的、剧烈的影响"。

张爱玲写信的一九七七年,呕心沥血写就的自传体长篇《小团圆》初稿完成,她听从宋淇夫妇的建议,暂不发表,但从那几年的书信中可以看到,她没有放弃,仍在来回修改中。同时,《红楼梦》研究已颇有成果,文章连续发表在港台的各种刊物上,一本《红楼梦魇》即将出版,她甚至有以红楼梦研究打入美国学界的计划。另外,十年前就开始的《海上花》的英译仍在进行中,而短篇《色,戒》从二十多年前的英文旧稿中重新捡起,在与宋淇的来回通信中反复切磋、修改、圆润。整个一九七〇年代是张爱玲后期写作中的一个旺盛期。从美东到美西,从北加州到南加州,搬迁很多次,大环境离战前香港已相去甚远,但在她用文字构筑的世界中,学生时代的烙印依旧深刻,仿佛仍在眼前,所以她说"每年夏天"都会想到,记忆的节奏与季节的更换合拍,是日常的一部分,是生命的底色;说"中间什么事也没发生过",无非是强调香港的经验在她生命中刻骨铭心的重要。

散文《烬余录》也是我写作这本书最初的一个索引,它为我提供了很多线索,提示我应该从哪些方向去细细地挖掘。关于战乱时期的大学校园文化,张爱玲最精准和犀利的表达仍然是《烬余录》这篇早期经典中的经典。虽然近年出土面世的长篇《小团圆》和《易经》中对香港之战的前前后后都有更多的铺陈,重读一九四四年二月最初发表于《天地》杂志的《烬余录》，仍不免感叹那区区七千余字的篇幅里，埋藏了多少长篇叙述的可能。这是张氏早期散文中我情有独钟的一篇。英文版的翻译里有我的字斟句酌，且多次撰文讨论，在太平洋彼岸的大学课堂上无数次地给学生解析，熟稔至此，重新阅读还能有不一样的体会吗？

张爱玲曾说她未完成的《爱憎表》是"在出土的破陶器里又检出这么一大堆陈谷子烂芝麻来"。我在这本书里重新梳理张爱玲和她母校香港大学乃至香港的因缘，有新鲜出土的材料，却不是什么破陶器、陈谷子、烂芝麻。写作的意图无非是调整焦距，以档案数据为佐证，还原一些模糊的历史影像，厘清一小段战乱时期的人文经验。调整焦距是要聚焦于张爱玲和香港之间究竟是什么关联，尤其是，她在港大念书并且遭遇香港之战的那三年对她之后的写作生涯究竟意味着什么。

宝珊道、旭龢道、大学道

我的梳理从描绘一张路线图开始。一九三九年八月刚到港大的张爱玲住进了港岛西半山宝珊道八号新开张的圣母堂女生宿舍。从今天的宝珊道八号即爱敦大厦（Hamilton Court）出发，沿着下山的路，可以追寻她当年从宿舍到学校上课的途径。港大校园依山而建，宝珊道位于校园后更高的一个坡上，从宿舍到课堂是一路的缓坡

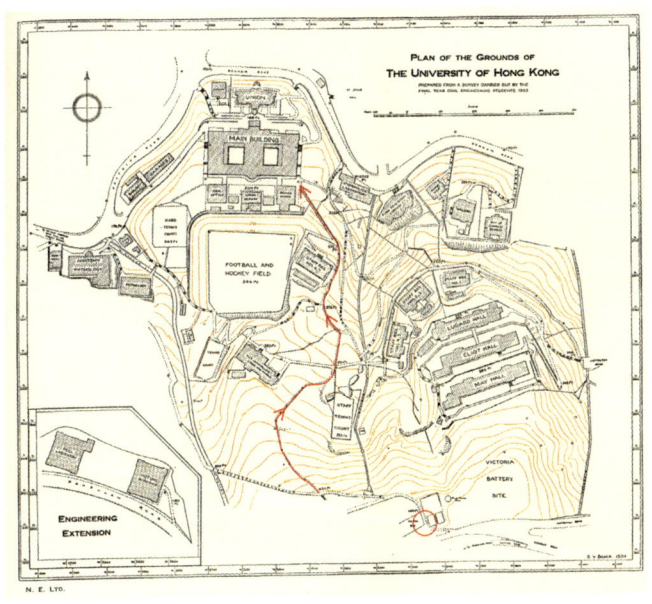

图一·一　香港大学一九三四年校园规划图，由土木工程系毕业班的学生在他们的老师带领下集体设计。地图下方的大学道包围着校园的南端，道正中有一条沿着山坡往山下延伸的长长的石径，蜿蜒到本部大楼的东边，应该是去上课的最佳快捷方式（红线所示）；从大学道出口（红圈所示）沿相反方向经旭龢道往山上走，就可通往日后圣母堂的所在。原图藏香港大学档案馆，记号为作者后加。

图一·二　宝珊道八号现在是一栋建于二十世纪七〇年代初的爱敦大厦,当年应该是豪华公寓,现在已显陈旧。作者摄于二〇二二年二月。

和陡坡。宝珊道不长,是个东西向的缓坡,往西走不到一百米就到了宝珊道的西端,这里山路转了一个大弯,与旭龢道衔接。当年的山路没有沥青铺面,窄小得多,但路边的护坡石墙和根须盘绕的细叶大榕树应该在张爱玲上学的时代就有了。当年的树木没有今天的高大、茂密,可以想象张爱玲的夏日记忆中"炎阳下山道"的景象。相对于建筑的周期更替,香港岛上的这些石墙、树是更恒定的历史见证。

　　连着宝珊道的旭龢道也是一个缓坡,往东不到两百米就到了校园在大学道的出入口。大学道的坡就陡多了,可

图一·三 （上）沿着宝珊道往下走，左边是高高的石砌的护坡墙和盘根错节的细叶榕树。作者摄于二〇二二年二月。

图一·四 （下）宝珊道转入旭龢道，山路盘旋，往东走下坡，不到二百米就是校园在大学道的进出口。作者摄于二〇二二年二月。

以沿着它从西侧进入校园，也可以取一条更加陡峭的、顺着山坡往下蜿蜒的长长的石阶小径，从当年的职员网球场和校长官邸之间穿过，然后从教职员宿舍六号楼和七号楼的右边绕过，一直通到本部大楼的东侧。这条小径如今已经被一层一层的校园重建淹没了，但从一张一九三四年的校园规划图上可以清晰地看到。这应该是张爱玲从半山去往本部大楼上课的最佳快捷方式。我在一个晴朗的"什么事也没发生"的冬日依照张爱玲当年的路线又走了一个来回，下坡路，十八九岁的年轻学生半小时之内应该可以走到。当然，如果是从学校回宿舍，几乎是爬上一座山峰，时间会长些。

小鸭和鹭鸶

可以想象这样的环境对于刚离开上海的家的张爱玲是一种视野的开阔，本章开端所引的那段空落落的欣喜应该就是十九岁的张爱玲的心境。从一九三九年八月到一九四二年五月，她的大学生涯，不足三年。事实上港战爆发的一九四一年十二月学校就停摆了，接下来五个月里的亲身经历对她有着"切身的、剧烈的影响"。香港之战对校园毁坏巨大，但并非如张爱玲所言的"学校的文件纪录统统烧掉，一点痕迹都没留下"。带有她证件照的学籍记录和两个学年的成绩单最早被我的历史系同事管沛德博士（Peter Cunich）在撰写香港大学校史时看到，他随即叮嘱档案馆妥善保管,并在十年前即香港大学百周年纪念庆祝的时候作为校史资料展出,这些年来一直是学校档案馆的"镇馆之宝"。

从成绩单上可见,两年多里张爱玲修的课程有英文、历史、中国文学、翻译、逻辑和心理学。英文和历史的成绩胜出其他科目,总成绩却并非如坊间所传的那般完美。一年多前我为张爱玲百年诞辰策划的文献展上线后,有读者询问为何八十分左右的成绩仍是资优生。答案是,当年港大老师评分十分严格,不像今天,分数普遍膨胀,以我自己为例,来港大任教的四年多里大笔一挥,给出了多少A的成绩。可以确定的是,当年的张爱玲是不缺课的学生,考勤几乎完美。那张小小的证件照,深色旗袍,深色外衣,圆圆的眼镜片,淡淡的微笑,曾经的短发留长了,是从上海圣玛利亚女校毕业的高中生模样。

学籍记录和成绩单之外,还有其他的档案资料,一直没有被发掘,是因为这些资料上并没有一个张爱玲的标签。我们的纪念文献展上线后,不断有校外人士发邮件到港大档案馆要求公开张爱玲档案,让我们的档案员哭笑不得。从来就没有什么张爱玲档案,与她有关的零星资料散见各处,需要细心地爬梳才能让它们浮现,也需要进一步的整理才能将它们联系在一起,重构一段隐没的历史。

港大文学院对张爱玲影响最大的两位老师,即历史系

ANNUAL REPORT 1939-40, FACULTY OF ARTS. Univ. No. 3

Name: EILEEN CHANG 張愛玲   Hall: Our Lady's

Department: Group A

Year 1	Subjects	Attendance 1st.	2nd.	3rd.	Examinations Midsessional Jan.1940.	Degree May 1940.	Class and Lab. Work	Remarks
	English	97	97		70.2P	65P		
	History		97	97	82P	80P		
	Chinese: Tran.	96	96		79P	75P		
	Lit.	96	96		85P			
	Logic or Pure Mathematics	98		98	85P	79P		

Name _____
C.-Certified by Warden.   (Signed) _____

Year 2	Subjects	Attendance 1st.	2nd.	3rd.	Examinations Midsessional Jan.1941.	Degree May,1941.	Supplementary	Remarks
								Group A
	English	94	96		89P	88P		
	History	100	96		90P	88P		
	Psychology	98	96		63P	51P		
	Chinese: Lit.	95	94		92P	69P		
	Tran.	91						

Name: Miss Eileen Chang.   (Signed) _____   Dean

Univ. No. _____ Name E
BIRTH: Place. Shanghai
Parent or Guardian. Mr. K.
Home Address 51 Eddington
Local Guardian. Mr. K. D
Address of same c/o Arnhold
Previous Education St. Ma
....
Matric. Exam. (of equivalent) Le
Equivalent.....................................
Registered............. 25/8/19
Scholarships..................................
Degree Examinations...............

Graduation........................./

Dean's comments and Signatur

Subsequent career.

EN CHANG 張愛玲

Date, 19/ 9 /1920   Nationality. Chinese

Miss Yvonne Whang

e, 195 Hart Road, Shangha

, Holland Building, Honghon

Hall   (Stamped ph

Matriculation, January/1939

all Our Lady's

/   /19 . Second   /   19 .
/   /19 . Fourth   /   19 .

图一·五　张爱玲港大学籍登记表和两个学年的成绩单。香港大学档案馆藏。

图一·六 大学时代的张爱玲。©宋以朗、宋元琳,经皇冠文化集团授权。

图一·七 香港大学文学院师生联谊会,一九四一年秋季。原照和局部。香港大学档案馆藏。

教授佛朗士和中文系建系教授许地山，都各自当得起一个长长的章节，我会在第二章和第三章中分别描绘他们和张爱玲的师承关系。资料里最让人眼睛一亮的是文学院师生每年秋季在本部大楼前留下的大合照。在群体照中找到当年的张爱玲，经过多方确认，认准了是她，让我欣喜万分。一九四〇年秋季和一九四一年秋季的香港大学文学院师生大合照中都有张爱玲。一九四一年秋季的合照，时间恰是港战爆发前的几个月，此时的张爱玲已是三年级学生了。许地山教授于当年八月倏然离世，合影里没有了他的身影。我在策展时特意不点出张爱玲是哪一位，邀请细心的观众在第三排的女学生中依照自己对当年张爱玲的想象找到她。大合影中的她戴着一副厚厚的眼镜，就是学籍登记表上证件照里的那一副，长发，瘦削，没有一丝微笑。《对照记》里有她一张戴着同一副眼镜的单人照，多了一缕卷卷的鬓发和一丝丝的笑意，边上的文字说，大学时代的自己是"丑小鸭变成丑小鹭鸶"，总是脱不出"尴尬的年龄"。

宝珊道上的圣母堂

从当年的大合照看，文学院的女学生和男学生数目相当。这些女学生都住在哪里呢？张爱玲的宿舍究竟是哪一栋，一直以来有不同的说法和猜测。管沛德在他洋洋洒洒的香港大学校史中有对早期港大舍堂文化的详尽描绘。港大一九一一年建校之后就采纳了舍堂制度，学生以舍堂为群体居住在校园里。建校初期包括梅堂在内的三大舍堂（另两个是卢迦堂和仪礼堂）都是男生宿舍，女生数量有限，校方久久没有投资兴建校内的女生宿舍。

看遍了所有与港大女生宿舍有关的资料，我整理了这样一条时间线：女学生人数在三〇年代后半期的大幅度增长迫使学校不得不出台方案。在校园里兴建新的女生宿舍的计划很快被否决，最后决定在校外选址。法国修院学校（French Convent School）参与到这个计划中，圣沙勿略维美斯修女（St. Xavier）提出的方案最终胜出。她在校园后的半山坡上买到了一栋单独的大宅，地址是宝珊道八号，不仅争取到了建筑本身的使用权，还着手扩建，在宅邸周边争取到了更多的地皮，作为学生室外活动的空间。学校的档案馆里保留了室内设计师改建房屋内部的规划书，有修院学校和港大校方多次商议的来回通信记录。一九三九年三月法国修院学校正式把宿舍捐给港大。张爱玲和其他第一批港大女生秋季入住时，曾经的私人宅邸已改建成宿舍，房前是一个花园，房后是一个面积更大的园子，用篱笆圈起。校舍取名圣母堂（Our Lady's Hall）。

圣母堂的影像和文字资料不多。建校于一八五四年的法国修院学校（一九五五年易名为圣保禄学校），校址位于铜锣湾礼顿道。两年前我开始这个课题的时候，找

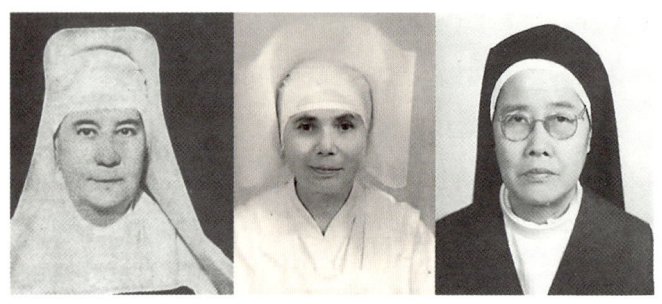

图一·八　左起：圣母堂舍监碧翠丝修女、掌管财务的老兰士修女、厨师吕燕琼修女。圣保禄学校提供图片。

到了圣保禄学校掌管校史资料的申颂诗修女（Josefina Santos），她在疫情之下守护着一份珍贵的遗产，为我提供了不少一手资料。一九三九年圣母堂初落成的时候，有三位修院学校的修女在那里任职，她们无疑是张爱玲的香港叙述中各种修女形象的原型。舍监是碧翠丝修女（Beatrice Roberts），掌管财务的是老兰士修女（Laurence de St Paul Billet），厨师是吕燕琼修女（Melanie Lui），都是长期服务于教会的老员工。

一九三九年法国修院学校的年刊中有一篇圣母堂正式揭幕的报导，也有一张圣母堂的影像，配有文字介绍说："港大学生的理想住宿环境，由圣保禄教会的修女们管理。"另有专文着重介绍了这栋宿舍的环境："我们的花园不大，却是这宝岛上一个绝好的所在，有百合花纯净的绚烂，栀子花浓重的芳香，豌豆苗轻盈的活泼，更有大丽花、牵牛花和波斯菊的缤纷色彩。想象这所有的美好都安放在这时常被海雾环绕的高高的山坡上，背景是热带碧蓝的天空，庄重而浩瀚……"读到这一段不免又联想到本章开头所引的张爱玲的描绘："这天简直就是那时候在炎阳下山道上走着，中间什么事也没发生过，一片空白，十分轻快。"

张爱玲在圣母堂住了两年四个月，其中包括两个暑假。暑假里其他学生都回家了，她征得修女的同意，继续在那里居住。写于一九四四年的散文《谈跳舞》中有这样一段：

> 我在香港，有一年暑假里，修道院附属小学的一群女孩到我们宿舍里来歇夏。饭堂里充满了白制服的汗酸气与帆布鞋的湿臭，饭堂外面就是坡斜的花园，水门汀道，围着铁阑干，常常铁阑干外只有雾或是雾一样的雨，只看见海那边的一抹青山。我小时候吃饭用的一个金边小碟子，上面就描着这样的眉弯似的青山，还有绿水和船和人，可是渐渐都磨了去了，只剩下山的青。

修院学校的年刊中描绘的明朗和清晰，到了张爱玲笔下多了一层混浊和朦胧。港岛夏季，本来空气就潮湿、凝重，加上年轻女孩子们带来的气味，这里的记忆融合了色

Our Lady's Hall

- No. 8 PO SHAN ROAD
- **Ideal Situation**

✦ Approved place of residence for University Students. Under the management of the Sisters of St. Paul de Chartres.

For particulars apply to the

REV. MOTHER PROVINCIAL,
FRENCH CONVENT.

OUR LADY'S HALL

On Tuesday, August 29th, a very interesting and significant ceremony took place at No. 8 Po Shan Road, overlooking The University and Harbour, when His Excellency the Governor, accompanied by Lady Northcote, opened Our Lady's Hall, the new Hostel of the University. Formal speeches there were none, the whole function being homely and simple. Our beloved Bishop, Mgr. Valtorta, spoke briefly of the work done by the Sisters of St. Paul de Chartres, of the interest of the Catholic Church in the education of the young, of her desire to guard and direct them through School and University, and of how glad he was that the Hostel would by its name put those who lived in it under the protection and guidance of Our Lady herself, so that they might have everything which a student should have during her University career, and all that a lady and mother should have through life.

The meaning of a Catholic Hostel was best brought out by the beautiful chapel where Mass will be said every morning, and where Our Lord continuously dwells. Our Lady's Hall gets its full meaning when one opens the door and sees Her who is its patroness keeping guard over those who dwell there.

After the House had been thoroughly inspected, and the good Sisters congratulated on the perfect arrangements made, the guests sat down to a very enjoyable tea.

We wish to congratulate Sister Lawrence on being privileged to be the first superior of Our Lady's Hall. And we hope that by means of our Catholic girl's Hostel a lasting link will be forged between our Past and our Present.

Amongst those present were T. E. Sir Geoffrey and Lady Northcote, H. E. Mgr. Valtorta, Capt. Bally-Smith, A. d. C., Mr. Sollis, Director of Education, Mr. Finnigan, Registrar of the University, and many of the Catholic Clergy of Hongkong.

图一·九　法国修院学校年刊中的圣母堂图片和文字介绍，一九三九年。香港大学档案馆藏。

彩、气味和触觉。仿佛回忆的层次还不够繁复,张爱玲又加上一段更遥远的童年记忆,而且是透过对于一个小对象(小碟子)的描绘,隔着更加模糊的影像记忆,"像睡梦里所听到的芦花枕头里的窸窣声"。隔着一层一层屏障而触摸到的过去时光,"都磨了去",只剩下一些轮廓、一丝淡彩、一抹气味,这是经典的张爱玲的笔触。

更多的与圣母堂相关的片段出现在她后期创作的长篇《小团圆》和《易经》中。这样的段落,写得越是朦胧,就越让我想找到更多宿舍的影像。校刊里的圣母堂影像很小,而且不是很清晰。我意犹未尽,进一步寻找圣母

图一·一〇 成为圣母堂之前的宝珊道八号,一九三〇年代。Alec Cooper私人收藏。

堂的资料,终于有一天在私人收藏中巧遇一张迄今为止最清晰的建筑图像。邂逅的那一刻欣喜万分,宛如拨开了迷雾,一眨眼看清了庐山真面容。这个私人宅邸被圣沙勿略维美斯修女收购前,曾经住过几代住户,并有一个美好的名字,叫霍普菲尔德(Hopefield)。一九三〇年代的住户是英籍医生柯克(Edward Wilfred Kirk)的一家,这张绝无仅有的图片是他的外孙提供的。

更多的珍贵图片应该还隐藏在私人收藏中,比如一张港岛西半山鸟瞰图,清晰地呈现了从山坡上的圣母堂到山下校园的行走路线和西半山整体的地貌和环境。以这张图片为指南,重读《烬余录》和《茉莉香片》,依稀可以看到张爱玲、炎樱、聂传庆、言丹朱等在这些蜿蜒交错的山路上穿行。图片的摄影者不详,但摄影的位置当是校园背后龙虎山的山坡上。图中左下方的部分是港大校园,向上伸展的山路是大学道,大学道的末端是建于一九五一年的校长官邸。官邸上方的建筑都是校外的,不少当年是港大高级职员宿舍,比如许地山教授的家就在罗便臣道上。沿着山坡一层一层的道路分别是旭龢道、克顿道、干德道、罗便臣道。宝珊道是图中可见的最高一层建筑,右边的第二栋即是圣母堂。这张照片摄于一九六二年,距离宝珊道上的房子最终被拆除不远了,但图中西半山的景象与四〇年代的模样相差不大,故而这是我目前能找到的最好的视觉佐证。

圣母堂作为港大女生宿舍的历史不长，战争一爆发，房舍位置太高，容易引起天上轰炸机的注意，修女们要回到铜锣湾礼顿道的本校参与战争救援工作，就让住宿的学生都撤离了。《烬余录》里的描写是准确的："一个炸弹掉在我们宿舍的隔壁，舍监不得不督促大家避下山去。在急难中苏雷珈并没忘记把她最显焕的衣服整理起来，虽经许多有见识的人苦口婆心地劝阻，她还是在炮火下将那只累赘的大皮箱设法搬运下山。"来自马来半岛的医科女学生苏雷珈究竟是谁，我没有找到，或许有一天她会从泛黄的档案中浮现出来。当年在港大学医科的女生不少，张爱玲的好友炎樱和之后炎樱的妹妹都是港大医学院的校友。医科女学生中的东南亚人也不少，或许这应该是另一个值得做的研究课题。这里的苏雷珈之所以特别是因为她对于衣物的执着。没有到过港大和港岛西半山的读者大约无法想象从圣母堂所在的高高的山坡上，于炮火隆隆之下，将一个累赘的装满衣物的大皮箱运下山去的壮举，所以这位名叫苏雷珈的马来女生在张爱玲的战争叙述中占有这样一个耀眼的位置。

圣母堂作为大学舍堂正式于一九四五年结束。在近年发表的一些文章里说这栋房子毁于战火，其实不然。战后它恢复了私人住宅的身份，又换了几代不同的外籍家庭居

图一·一一 港岛西半山的鸟瞰图，一九六二年。宝珊道八号位于图中可见的最高一层建筑中。左下方的山路是大学道。由网络论坛Gwulo.com提供。

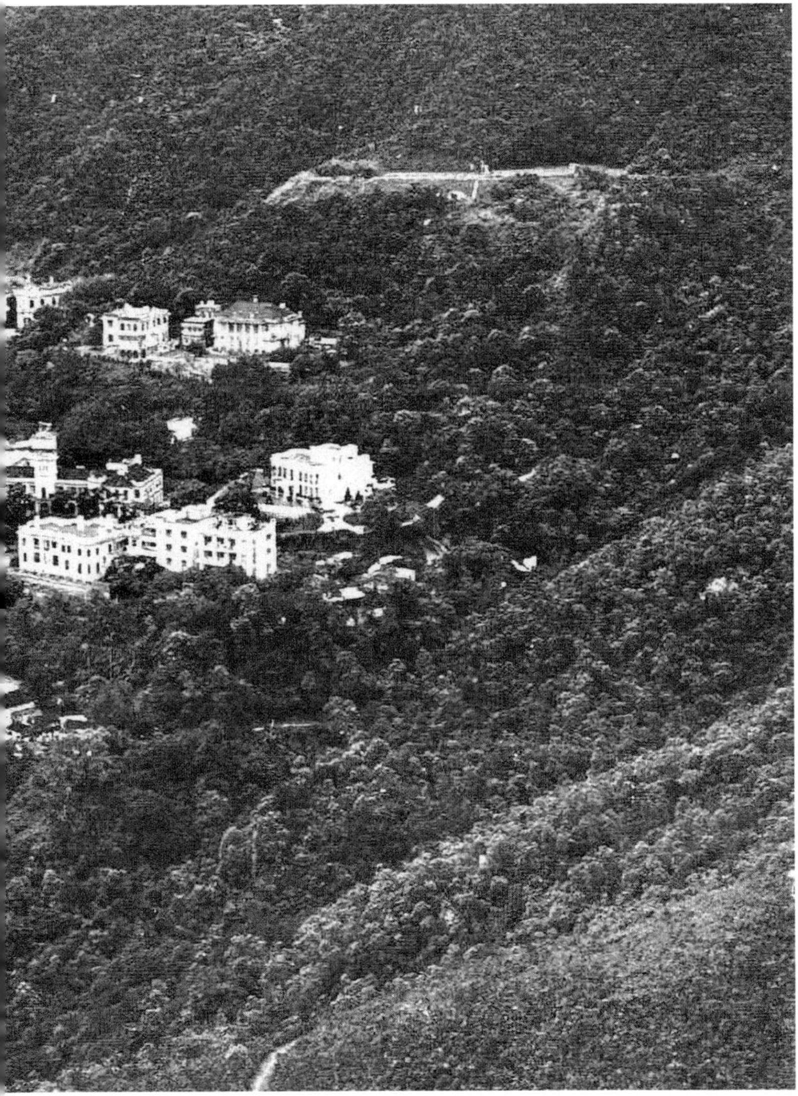

住，那些家庭的孩子们长大后回忆起他们在港岛半山的童年，记忆中总是有那么一栋可爱的居所，立在山坡上，面向蓝蓝的海湾，四周是花园环绕。房屋最后是一九七〇年拆除的，原址上旋即建了一栋二十层的公寓楼，即前文提到的爱敦大厦。周边环境变化很大，没有变的是街道和门牌号，依然是港岛西半山宝珊道八号。

炮火下的阅读

港战前在薄扶林的港大校园度过两年半读书生涯的张爱玲，每天都在那蜿蜒的山道上往返于宿舍和校园间。管沛德前些年在撰写校史的过程中，曾问遍所有在世的与张爱玲同期的文学院学生，是否记得当年的这位女同学。大多数的回答是"没有印象了"。比张爱玲晚一年进入港大文学院的黄漪湘（后改名黄晶），港大毕业后长期任教于暨南大学，她依稀记得张爱玲，说："当年她看上去总有那么一点伤感。"

非常幸运的是，我在本书即将付印的前夕经好友相助找到了黄晶的同班同学莫绮莲，今年正好满一百周岁的她在旧金山湾区安度晚年。她是在港岛半山干德道四十一号那栋鼎鼎大名的莫家大宅里长大的莫家后代，战后长期在香港担任社会工作者，电话中她的声音依然清脆，言辞明晰、果断、有一说一，对文学院当年的同学和教过她的诸位老师的各种细节记忆十分精准。她是当年文学院的学生中唯一一位对张爱玲有清晰记忆的:"第一年在去教室的路上撞见了她。她和另一个二年级的同学一起走下坡来。她朝我微笑,戴着一副牛角框眼镜,镜片很厚。她的齐肩长发有点凌乱。其实我跟她没有任何交往,之所以牢牢地记住了这一幕是因为她居然对我微笑,通常二年级学生看一年级学生,就跟什么都没看见一样,好像你根本不存在,更别说对你微笑了。多年以后,我那时都七十多快八十岁了吧,在铜锣湾商务印书馆买了她的传记后,才知道当年那个对我微笑的二年级生原来就是她。"在说了好几遍她真的"很普通,很普通"后,又加了一句:"当年她的镜片那么厚,又那样内向,不爱社交。可看那传记,她回上海后变化那么大,真是不可思议。"

日后"不可思议"的变化,源于当年厚厚的眼镜片后的那双洞察一切的眼睛,以及如饥似渴的密集阅读。《小团圆》第一章开篇是大考的季节,修女们在做弥撒,空气里弥漫着浓可可茶的香味。宿舍的底层原是私人宅邸的车库,潮湿,不能住人,因而改成食堂,而食堂的空间则适合看书、备考。女主人公盛九莉选在食堂靠窗的位置坐下,温习功课,此刻门窗敞开,可以看见蓝蓝的海湾,那正是圣保禄修女们笔下海雾缭绕的山坡景象。想象一下图片中那栋楼,底层的窗户打开一扇,仿佛就可以看见年轻的九莉坐在那里,她说,"考英文她可以整本的背《失乐园》,背书谁也背不过中国人"。很快母亲的角色就在第一章里出现了,九莉发现英文小说里"像她母亲的倒很多",比如"诺峨·考瓦德的剧本《漩涡》里的母亲弗洛润丝与小赫胥黎有篇小说里的母亲玛丽·安柏蕾都像"。诺峨·考瓦德和小赫胥黎显然都不在港大文学课的书目里,自然也不是九莉温习的内容。与《失乐园》及其他文学经典平行的是另一个文本世界。《小团圆》前两章出现了很多文本,是小说为我们提供了线索,可以想见,大学时代张爱玲的阅读世界囊括了经典文本和边缘叙述,需要研究者有足够的耐心和更长的篇幅来仔细梳理。

这两年发掘的档案资料中包括当年文学院的阅读书单,对于我这个文学研究者来说是弥足珍贵的资料。从那些长长的清单中可以拼凑出一个文本的世界,并且试图回答这样一个问题:是怎样的一个文学参照系为之后张爱玲的脱颖而出做了铺垫?文学院的阅读书单中大多是西方文学的经典,以英语文学为主,有莎士比亚、萧伯纳、狄更斯、沃尔特·司各特、乔纳森·斯威夫特、罗伯特·勃朗宁、拜伦、威廉·华兹华斯、托马斯·哈代、简·奥斯汀等等,当然也包括《圣经》。这些作家作品大部分都在张爱玲之后的文字(包括书信)中提及。但出现在张爱玲各种文字中的作家和文本之繁多又远不止于此。对她大半辈子文学生涯影响最大的萧伯纳、赫胥黎、H.G.韦尔斯、毛姆、劳伦斯、斯黛拉·本森等，除了萧伯纳之外，都不在文学院的必读书单中。而萧伯纳，其实是她从小就从父亲的藏书中读到的，张爱玲的父亲和姑姑都是萧伯纳迷。一九六八年十月九日致宋淇的信中她说："我从小'反传统'得厉害，到十四五岁看了萧伯纳所有的序，顿时成为基本信仰。"她的课外阅读书单到了港大之后变得非常的长，因为她的老师们在课堂读物之外都会向学生推荐正典之外的文学，很多是香港殖民地阅读文化中流传甚广的作家和作品，比如毛姆和斯黛拉·本森，张爱玲与毛姆和本森的相遇发生在她在港大念书的几年里，这会在本书的第四章中详细分析。

这是战争发生之前的校园阅读文化。一九四一年十二月八日至二十五日是香港保卫战，十二月二十五日圣诞节那天英军投降，香港沦陷，接下来是三年零八个月的艰难岁月。乱世里的阅读经验又是怎么样的呢？开战后，本部大楼的礼堂改为临时医院和救护站，设了几百个床位。因为校园靠近港岛西的军事要塞，屡遭轰炸，被炸之后又遭抢劫，校园设施毁坏严重，遍地狼藉。一颗炸弹直击本部大楼近旁的联合会大楼，二楼东侧尽毁。临时医院于是就搬到了大学中的仪礼堂，而救护站就搬到了冯平山图书馆。本港学生可以回家，外埠学生却无处可躲，他们必须加入守城工作，参与救护，否则基本生活难以保障。关于战时学生的生活，参照管沛德所著的校史和档案馆里的材料可以发现，张爱玲文字里的回忆是大致精准的。很多像张爱玲这样的外埠学生做了防空员，纷纷去跑马地的防空总部报了名，同时也参与了最脏最累的救护工作，对很多青年学生来说，这是他们一生中最恐怖最惊险的经历。

坊间一直流传着张爱玲宿舍是梅堂的说法。在战前，这是不可能的事情，因为梅堂是男生宿舍，港大校园内并没有女生宿舍。那张爱玲究竟有没有住过梅堂？答案是非常有可能。香港之战刚开始的时候，计有六百名学生滞留校园，学校把男女学生统统安排在梅堂，白天则让他们在临时医院和救护站参加救护工作，协助收留因附近的玛丽医院额满而未能接收的伤员和病人。《小团圆》中的描绘略有不同。主人公九莉从山上的宿舍撤出，修女们建议她先去校园边上的美以美会的员工宿舍暂住。我们查遍了资料，当年港大校园边上没有这样一个教会的员工宿舍，因而认定这是小说的细节，当然不一定与现实完全对应。现实中的张爱玲大概也是听从了校方的安排，从圣母堂撤离后就搬进了梅堂暂住几个月直到次年五月离港返沪。有梅堂男女生同楼的居住经验，才有《烬余录》中这样的细节："男学生躺在女朋友的床上玩纸牌一直到夜深。第二天一早，她还没起床，他又来了，坐在床沿上。隔壁便听见她娇滴滴叫喊：'不行！不吗！不，我不！'一直到她穿衣下床为止。"也因而会有临时医院的院长担心会有"战争期间的私生子"之类的描绘。

港战期间大学临时救济医院的院长是妇产科系主任兼医学院院长王国栋（Gordon King, 1900—1991）教授，香港沦陷后他留守医院，一九四二年二月由西贡深涌村经大鹏湾逃出香港，历经艰辛，两个月后最终到达重庆。途中他遇到不少沿着同一条路径辗转逃离香港的港大学生，到了重庆他即刻设立一个救济工作组，联络各地逃难中的港大学生，为他们提供接济，之后分别安排他们在内地各

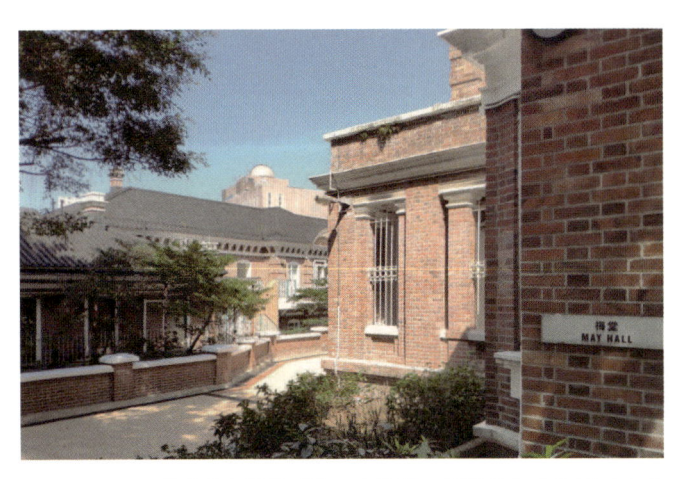

图一·一二　张爱玲上学的时代，有梅堂、仪礼堂和卢迦堂三大舍堂，都是男生宿舍。香港沦陷后仪礼堂成为临时医院，滞留学校的外埠学生无论男女都被学校安置在梅堂，其中应该包括张爱玲。图为今天的梅堂和仪礼堂。作者摄于二〇二二年二月。

大学继续学业。战后他回到香港，参与在战争废墟上重建校园的大业。王国栋是战乱年代里一个带有英雄色彩的人物，香港大学史上有他浓墨重彩的一笔，他也是香港医学教育史上的重要人物。在一九七三年港大的一场回顾演讲中他详细描绘了当年的经历，讲到当年滞留校园的大部分学生都参与了战争救援工作，他应该不知道其中有一位是未来的大作家。王国栋的汉语十分流利，但应该没有读过张爱玲对这一段经历的描绘。临时医院于一九四二年四月关闭，到了六月，滞留校园的学生只剩下六十余人，大多是马来亚的侨生，最后这些学生中的大多数也辗转到了中国内地。当年滞留校园的六百名学生中有半数以上得以在内地各大学继续学业乃至完成学业，这是王国栋了不起的业绩。这些人物和背景自然在张爱玲的文字中是看不见的，医院院长如同其他师长一般，担心的更多是男女学生的越界。《烬余录》中没有英雄，只有"我们大多数的学生，我们对于战争所抱的态度，可以打个譬喻，是像一个人坐在硬板凳上打瞌盹，虽然不舒服，而且没结没完地抱怨着，到底还是睡着了"。张爱玲在日军占据的校园滞留到五月，和炎樱一起坐船回沪，是较晚离开学校的一批了。

张爱玲在王国栋主持的临时医院里做救护是停战后的事，港战期间她驻扎在般咸道上的冯平山图书馆内，做防空员，按她自己的说法，"究竟防空员的责任是什么，我还没来得及弄明白,仗已经打完了"。这显然是战乱中的一项闲职,每天有大把大把的时间,可以重新发掘阅读的乐趣,所以对她来说,乱世里的阅读经验是埋头读书,海量地读,而且是生死置之度外的阅读。《烬余录》中的这一段,是文中的一个亮点:

> 在炮火下我看完了《官场现形记》。小时候看过而没能领略它的好处,一直想再看一遍。一面看,一面担心能够不能够容我看完。字印得极小,光线又不充足,但是,一个炸弹下来,还要眼睛做什么呢?——"皮之不存,毛将焉附"?

同样的场景在她写于一九六八年的《忆胡适之》一文中重现,只是手中的书换了一本:

> 好几年后,在港战中当防空员,驻扎在冯平山图书馆,发现有一部《醒世姻缘》,马上得其所哉,一连几天看得抬不起头来。房顶上装着高射炮,成为轰炸目标,一颗颗炸弹轰然落下来,越落越近。我只想着:至少等我看完了吧。

这个场景一九五五年尚在香港的张爱玲在致胡适的信

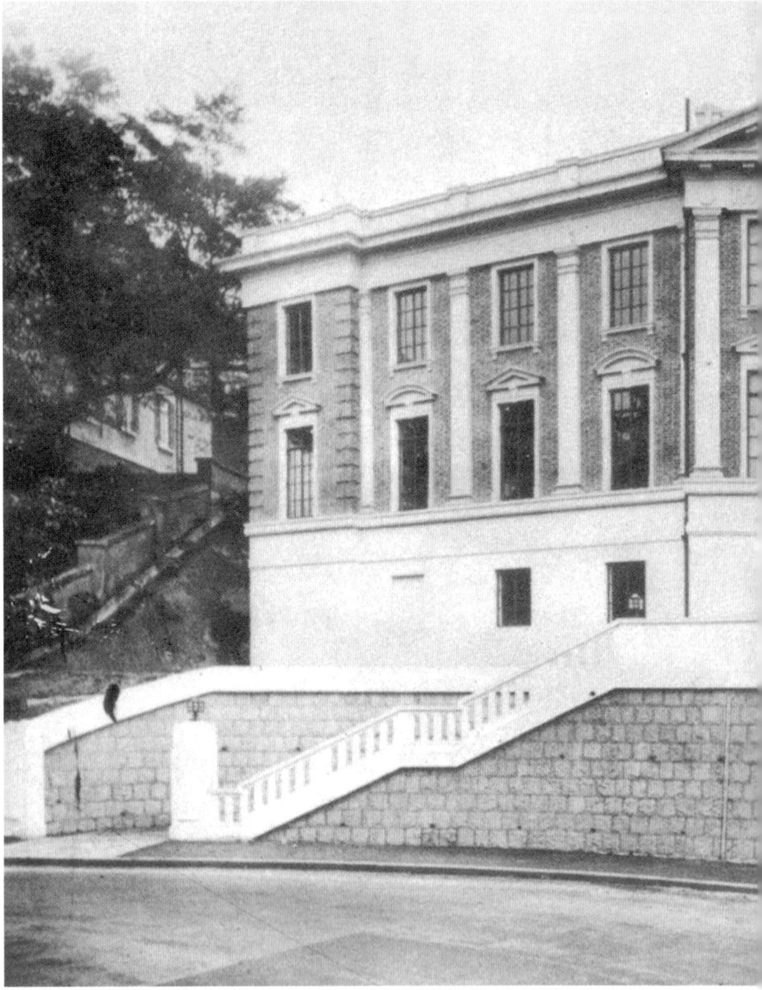

图一·一三　甫落成的香港大学冯平山图书馆，一九三二年。香港大学档案馆藏。

中已经预演过一回，对于《醒世姻缘》的兴趣原来是得益于胡适的考证：

> 我记得在中学时代，刚买了《醒世姻缘》来的时候，和我弟弟抢着看。我因为刚看了您的考证，仿佛这小说的内容已经很熟悉了，所以很慷慨的把第一本让给他看，自己从第二本看起。太平洋战争爆发的时候我在香港读书，学生都做了防空员，一部分驻在冯平山图书馆。我正得其所哉，在大轰炸下也在看《醒世姻缘》。从来没有一本中国小说有这样浓的乡土气息，我觉得全书像一幅幅的年画，颜色鲜明厚重。尤其现在在流亡中回想起来，更觉得留恋。

当年的冯平山是港大的中文图书馆，藏书丰盛，战火隆隆之下藏身于层层书库中，应该看了很多的书，虽然张爱玲只挑出了其中的两部来描述。她在炮火下潜心阅读的恰恰是当年的图书馆馆长陈君葆冒着生命危险抢救保存下来的部分古籍，其中应该有不少的线装书和善本。在大轰炸中阅读这些小时候就读过的旧小说，外部世界在大破坏中，小说中浓烈的年代色彩和气息则带有一种永恒的意味、安静的力量。这样的阅读经验之后又在漫长的"流亡"中"回想"和"留恋"，在诸多的不确定中似乎是一种定

图一·一四　冯平山图书馆的一层书库，一九三八年。香港大学档案馆藏。

力支撑着她继续写作。《醒世姻缘》《官场现形记》《海上花》《金瓶梅》《红楼梦》等等明清旧小说宛如她漫长的写作生涯中的一个文字的家园。文字家园和流亡经验恰好是我在本书的第六章中会详细讨论的。

几度小团圆

张爱玲一九五五年初给胡适的信中，用了"流亡"两字，那时的她，尚在香港。那一年的秋天，她确实是带着一种流亡的心态再次作别香港，踏上美洲大陆的。流亡意味着切断后路，不能回头，唯有前行，在另一个语境和生存大环境中立住脚跟。打入英语世界的文学主流应该是她很早就立下的志向,她有意识的准备从在港大念书的那些年里就开始了。一九五二年至一九五五年她二度在香港居住,更有意识地磨练着自己的英语写作能力,为未来的跨语际写作做准备。在香港居住的两个三年给了她一套丰富的文本参照系统,还有直面战争的经验,她是带着这些知识和经验开始一条漫长而坎坷的写作道路的。

到美国的头一年里,她仍在努力为她在香港写成的英文版《赤地之恋》寻找出版途径,短篇"The Spyring"(即《色,戒》的英文前身)已经改妥,也在努力争取在主流的文学刊物上发表。她一直想用英语把一九四三年发表的中篇小说《金锁记》转写成长篇,希望也能成为打入英语世界的一块敲门砖,这部长篇暂定名为《粉泪》(*Pink Tears*),也即将完成。旅美生涯整整四十年,其中的每一步都能在厚厚两大册的张爱玲和宋淇、邝文美夫妇的《往来书信集》中找到细致的描绘。

一九五六年十一月十六日致邝文美的信中张爱玲第一次提到了一部全新的长篇小说:"我把下一篇新小说写了两章作样品寄了去申请fellowship(研究基金)……"一九五七年她在英国的母亲病危和逝世的消息传来时她仍然在修改这两章"样品"。九月五日致邝文美的信中大致描绘了这新小说的架构:"新的小说第一章终于改写过,好容易上了轨道,想趁此把第二章一鼓作气写掉它,告一段落,因为头两章是写港战爆发,第三章起转入童年的回忆,直到第八章再回到港战,接着自港回沪,约占全书三分之一。"在张爱玲最初的构想里,香港经验几乎可以说是这部新小说的架构。熟悉张爱玲的读者自然知道,这是长篇《小团圆》的前身。《小团圆》从最初的构想到初稿写成,历经二十年,其中的香港经验一直是写作的初衷和情节的架构。

香港经验对一九五〇年代中叶初到美国的张爱玲至关重要。然而新小说的写作过程十分曲折,是因为已经完成的几部英文作品连连碰壁,用她自己的话说是"运气坏得这样不可思议"。四年后终于完成了英文初稿,一九六一年五月十七日致邝文美的信中她第一次提到《易经》这个小说名:"这故事以港战起,以港战终,插入长的flash-back。"然而新小说和她其他的作品一样,几年里始终没有找到出版途径,让她十分灰心。她的英文作品在英美主流市场出版的路越来越窄,几近不可能了。

张爱玲写作《易经》的过程也是《粉泪》在英文世界连连碰壁、最后不得不用中文改写成《怨女》重新在中文世界出版的过程。依照这个模式,《易经》迟早也需要改写成中文版。一九六三年六月二十三日致宋淇夫妇的信中说:"《易经》决定译,至少译上半部《雷峰塔倒了》,已够长,或有十万字。看过我的散文《私语》的人,情节一望而知,没过的人是否有耐性天天看这些童年琐事,实在是个疑问。下半部叫《易经》,港战部分也在另一篇散文里写过,也同样没有罗曼斯。"原先的英文长篇就这样被分成了上下两部,《雷峰塔》是童年经历,《易经》写的是港战,中间穿插童年经历。而最后改写成中文的并不是她说的翻译,而是真正的改写、重写,考虑到中文读者对《私语》和《烬余录》的熟悉,又考虑到英文叙述缺乏罗曼斯,所以加入了一个爱情故事,最后留下的《小团圆》手稿是一个新的架构。

张爱玲和宋淇夫妇的往来书信中有太多关于《小团圆》小说反复构思、来回酝酿的记录,从一九六三年开始酝酿,到一九六八年提到想把港战经验的两章改写成一个"长短篇",一直到一九七四年五月十四日致宋淇的信中第一次提到《小团圆》这个名字:"现在在写一个很长的中篇《小团圆》,材料大部分现成。"到了一九七五年,《小团圆》已经长成了一个"长篇"。从最初的两个章节,到长短篇,到很长的中篇,然后是长篇,而且是越来越长的长篇,迫使她在这段时间里每每抛下《红楼梦》研究和《海上花》的翻译,沉浸入自我书写或重写的状态。到了一九七五年九月十八日,她在信中对宋淇说:"《小团圆》因为酝酿得实在久了,写得非常快,倒已经写完了。"写完了,接着就是反复地改。一个星期后又对宋淇说:"我因为这篇难产多年的小说好容易写了出来,简直像生过一场病,不但更瘦得吓死人,也虚弱得可怕。"到一九七五年的年底又有好几封信,交代修改的进度,宋淇也开始为她小说的出版铺路。一九七六年一月三日她对宋淇说:"《小团圆》因为情节上的需要,无法改头换面。看过《流言》的人,一望而知里面有《私语》《烬余录》(港战)的内容,尽管是《罗生门》那样的角度不同。"一九七六年一月二十五日致邝文美的信中猛然涌出一小段童年和大学时代的回忆,这是长期写作《小团圆》而激发的回忆:"我小时候因为我母亲老是说老、死,我总是在黄昏一个人在花园里跳自由式的舞,唱'一天又过去了,离坟墓又近一天了'。在港大有个同宿舍的中国女生很活泼,跟我同年十八岁,有一天山上春暖花香,她忽然悟出人事无常,难受得天地变色起来。对我说,我笑着说'是这样的。我早已经过了'。"童年记忆是和大学时代的记忆纠缠在一起的。《私语》中的童年经验和《烬余录》中的香港经验确实是萦绕她终身的叙述源头。

一九七六年三月张爱玲将完成的《小团圆》书稿寄给宋淇夫妇,并说有十八万字,"真是'大团圆'了",只采用了之前用英文写的《易经》中的一小部分,加上爱情故事。宋淇夫妇很快就看完,并很快寄去感想,他俩快速地响应是想阻止小说以这样的面貌发表。宋淇提出了很多意见，其中针对前两章写港大生活的意见是："第一、二章太乱，有点像点名簿，而且描写太平洋战争，初期作品中已见过，如果在报纸上连载，可能吸引不住读者'追'下去读。"张爱玲接受了好朋友的劝阻，书稿暂时搁下，但对于第一、二章港战经验的描绘，她是十分坚持的。一九七七年四月七日致宋淇夫妇的信中说到香港尤其是港大的大学生活和港战的经验于《小团圆》小说之重要，前面那两章，虽然宋淇批评说太长、太散，但自己是绝不会割舍的："头两章是必要的，因为是key to her character（奠定她角色个性的关键）——高度的压力，极度的孤独（几乎炸死的消息没人可告诉）与self-centeredness（自我中心）。港战写得很乏，但是这题材我不大管人家看着又是炒冷饭。"即使是炒冷饭，也要写，因为这段经验是写作的源头。

"高度的压力"和"极度的孤独"对于奠定盛九莉这个女主人公的性格自然重要，对于作家张爱玲走上写作这条路，也是一个重要的契机。或许可以这样理解，如果没有直面战争的惨烈经验，就没有我们看到的这个张爱玲。而恰恰是在战争下的校园，各种文学参照系在隆隆炮火之下，在密集的阅读中交融在一起，才有了张爱玲文字的独特定位。而这一切的开始，正是本章开端的那个空镜头，镜头后的叙述声音是一九三九年刚刚开始大学生涯的张爱玲和一九七七年几度小团圆后依然坚守叙述源头的华裔女作家的合声。她说,"每年夏天我都想起一九三九刚到香港山上的时候……"每年夏天都会重温那个开端,似乎是空落落的开端,却隐含着满满的期待,四周的寂静里都是声音,草蛇灰线,所有的线索其实都已经埋在那里了。张爱玲的香港是起点也是路程,是途径也是框架,曾经埋下的每一条线索,都将提领起一个繁复的世界。

二　　　　寻找佛朗士：张爱玲的历史课

张爱玲笔下的战时香港是个乱世人物画廊，其中最有魅力的形象无疑是研习历史、教授历史、却被打上门来的现代史吞噬的佛朗士老师，这是她写作源头多条线索里极其鲜明的一条。《烬余录》里的四小段文字，是充满了温度的画像，笔触诙谐、柔软："他有孩子似的肉红脸，磁蓝眼睛，伸出来的圆下巴，头发已经稀了，颈上系一块暗败的蓝字宁绸作为领带。上课的时候他抽烟抽得像烟囱。尽管说话，嘴唇上永远险伶伶地吊着一支香烟，跷板似的一上一下，可是再也不会落下来。烟蒂子他顺手向窗外一甩，从女学生蓬松的鬈发上飞过，很有着火的危险。"说到他的死，张爱玲的笔下流出罕见的悲愤："他死了——最无名目的死。……一个好先生，一个好人。人类的浪费……"

《烬余录》中还描写了香港沦陷后一群困在校园里的外埠学生，包括张爱玲自己在内的"八十多个死里逃生的年青人，因为死里逃生，更是充满了生气：有的吃，有的住，没有外界的娱乐使他们分心，没有教授……"然后俏皮地添上一句"其实一般的教授们，没有也罢"。实际上，大学时光之刻骨铭心，恰好是因为她有好几个"很不一般"的教授，比如英文系的辛普森教授和中文系的许地山教授。对张爱玲影响最深的应该是历史老师佛朗士。这个不拘一格的英国绅士到了长篇小说《小团圆》中，化身为安竹斯教授，办公室里藏有大本大本的《纽约客》合订本，让年轻的女学生九莉"有点惊异英国人看美国杂志"。《纽约客》放在办公室，是为了让他喜欢的学生随意抽取，自由选读，小说中的九莉就是这样一本一本地看完了一橱。

　　这么多年了，我知道佛朗士确有其人，但一直没有去深究。二〇二〇年初，在疫情之下的校园为张氏百年诞辰策划一个文献展，终于慎重地打开了港大珍藏的佛朗士档案。档案不厚，二十几页而已，但和大多数乏善可陈的人事档案不同，佛朗士的档案几乎每一页都是浓墨重彩，从这些故纸里浮现出来的这位历史学者俨然长成了一个活生生的历史人物。以档案里提供的线索再进一步寻找相关的资料，然后重新一字一句斟酌张爱玲的那几小段文字，更觉得是凝练、鲜明、厚实。于是在键盘上打出"寻找佛朗士"五个字，左手边是《烬余录》以及长篇小说《小团圆》和《易经》的相关章节，右手边则是那二十几页珍贵的档案数据。我来给作为一个历史人物的佛朗士画个像,在残酷的二十世纪的背景下为他寻找一个安放的位置。

模糊的面容

佛朗士全名 Norman Hoole France,英籍。港大档案中存有一九三一年春季聘请他担任历史系教授(Reader in History)的校董会文件,从中可以梳理出基本的生平资料。佛朗士的父亲是牧师,长驻香港,主持海员之家。佛朗士一九〇四年出生在香港,在港度过了童年岁月后回英国上学,在剑桥大学圣约翰学院主修历史,成绩优异。毕业后曾在美国的普林斯顿大学做访问学者,随后回剑桥圣约翰担任助教,辅导主修历史和经济学的学生。一九三一年初港大文学院的历史教授位置出缺,学校通过殖民地政府向英国教育部要求推荐合适人才,起步年薪是七百五十英镑,希望九月开学前到任。英国教育部很快传来讯息,已经物色了一个极好的人选,出色的学术背景之外,推荐理由中还加了一条,即佛朗士和香港的渊源。另有一封一九三一年八月时任香港总督的贝璐爵士写给英国教育部的信件,请求安排佛朗士在伦敦签署港大的聘书,并嘱他于八月二十八日乘坐从马赛港出发的轮船到香港。传给佛朗士的正式聘书档案里也有备份,其中职称、薪水、健康检查等各项条款罗列分明。档案文件里有几处红铅笔的备注,明显是后加的:"已于一九三一年九月二十四日到达殖民地"。在港大任职整整十年后，佛朗士于一九四一年十二月二十日卒于香港之战，年仅三十七岁。

佛朗士这个姓氏是张爱玲在《烬余录》中的翻译，我也见过傅朗思、弗朗士、法朗士等不同的译法。他不是张爱玲笔下着墨最多的人，但关于佛朗士和港大的记忆却萦绕着张爱玲的整个创作生涯。到了张爱玲后期创作的长篇小说《小团圆》中，佛朗士化身为安竹斯先生，译成英文是Mr. Andrews。在同是后期创作的长篇《易经》的英文原著里，他变身为Mr. Blaisdell，译成中文是布雷斯代先生。熟谙张爱玲文字的读者带着对佛朗士的美好印象重温长篇叙述中那个似曾相识的人物。细节惊人的相似，虽然并非完全吻合，从散文到长篇小说，从汉语到英语，重要的片段都能互相呼应，在文本和文本、语码和语码间构成了一个高度真实的循环空间。从佛朗士到安竹斯到布雷斯代，不是重复，是转换，是再生，多重叙述放置在一起，犹如层层叠影。

那么这个叠影似的人物佛朗士究竟是什么模样呢？港大的佛朗士档案里没有照片，而在档案之外的佛朗士资料则是零星的，散见几处，照片更是稀少。肉红脸，圆下巴，头发开始稀疏，嘴角总是叼着烟，这是《烬余录》里标志性的几笔。在《小团圆》里，抽烟之外还加上喝酒，脸色成了"砖红"，且"已经开始发胖了，漆黑的板刀眉，头发生得很低,有个花尖"。寻找一张正面的清晰的照片成了我的当务之急。

最早找到的照片其实只是一个模糊的侧影,而且只是局部。许燕吉的自传《我是落花生的女儿》中记录了她二十世纪三〇年代后半期在香港的童年记忆。佛朗士是许燕吉父亲许地山教授的文学院同事,也是来往最密切的朋友之一。书中附的一张小照,是父亲和女儿一起出游的影像记录,背景里有一个非常模糊的男人侧影,戴着眼镜,依稀能看出面颊丰润。许燕吉说,那就是弗(佛)朗士。影像太模糊,许燕吉的文字却很生动,去佛朗士家无疑是她童年记忆中的一个亮点:"他家在香港岛另一面的一座小山上,养着一头驴用来驮水,养一群羊,还有奶牛、鸭子、鸡、鹅、兔子、蜜蜂,还有猫和狗,整个是个小畜牧场。后来哥哥和我都学了畜牧专业,就是这时培养的兴趣。"

当年的港大高级职员宿舍在本部大楼和体育场后的山坡上,大学道外的半山区也有不少。外籍教员入住学校配给的房子,是在殖民地香港任职的一大福利,最好的地段,居所宽敞,环境幽美,山下的维多利亚港一览无余。可佛朗士偏偏不住,选了港岛另一侧深水湾的房子,意图回归农耕生活。当年从深水湾到位于薄扶林的港大校园交通十分不便利,可他又拒绝开车,踩着一辆脚踏车在崎岖蜿蜒的山道上来回。张爱玲寥寥数笔里对佛朗士的勾勒和许燕吉的回忆互为印证："他在人烟稀少处造有三幢房屋，一幢专门养猪。家里不装电灯、自来水，因为不赞成物质文明。汽车倒有一辆，破旧不堪，是给仆欧买菜赶集用的。"看了这样的描绘，待我在佛朗士档案里发现他曾经被驴咬伤的记录时就一点都不觉得意外了。这场事故发生在一九四一年一月三十日，总教务长给文学院院长的信笺中说，佛朗士正在玛丽医院接受急诊治疗，他被驴咬伤了，可能需要住几天医院，请文学院找人帮他代课。

图二·一 许燕吉与父亲许地山的合影，背景中有佛朗士模糊的侧影。引自许燕吉：《我是落花生的女儿》（香港：香港中和出版有限公司，二〇一四年），页三十四。

```
                                30th.January 1941.

    Dean,
    Faculty of Arts.

    Dear Sir,
              I have just heard from the
    Almoner at the Queen Mary Hospital
    that Mr. France has been admitted to
    hospital, having been bitten by his
    donkey.   That is the message I
    received.   He may be a few days in
    hospital.  Will you please make the
    necessary arrangement with regard to
    his classes?


                          Yours faithfully,

                          [signature]
                          Registrar.

    To the Vice Chancellor,

    for information.        I believe the donkey
                            belongs to Balfour,
                            who lives with France
```

图二・二　一九四一年一月关于佛朗士老师被驴咬伤的记录。香港大学档案馆藏。

　　佛朗士老师被家中的驴咬伤的消息当年一定在校园中疯传，应该也有其他逸事成为年轻学生的谈资，毕竟老师们大多拖家带口，佛朗士却是个单身汉，而学生总是喜欢议论老师的芸芸种种。张爱玲的文字中不止一次提到佛朗士曾和学院的中国籍同事到访广州一家名声不是很好的尼姑庵。在当年的学生眼中,三十多岁的年纪,已经那么老了,怎么还是单身,学生中间难免有许多猜测。《小团圆》中借着主人公九莉的心理活动,写足了年轻女生对两性世界的探询。九莉推论,安竹斯先生是剑桥出身,政治又偏向左倾,或许是好男色吧?可是他又那么爱和女生开玩笑,又有广州尼姑庵事件,或许不会吧。他只是从不跟九莉开玩笑而已,在九莉面前很严肃,甚至有点尴尬和不耐烦,却无比看重她的学业。九莉最后得出的结论是,这个老单身汉,并不一定是同性恋,大概只是孤僻吧。

其实,仔细看看佛朗士被驴咬伤的记录,或许就能解答当年学生的疑问。记录的右下角有添加说明:"我相信那驴是贝尔福的,他们住在一起。"贝尔福全名是斯蒂文·贝尔福(Stephen Francis Balfour),生于一九○五年,和佛朗士一样,也是剑桥大学毕业的学生,专攻的也是历史,他们是学生时代的老朋友。贝尔福一九二九年起任职于港英政府,主管新界南包括大屿山和南丫岛的行政事务。公职之外,他也是一个学有所成的考古学者,曾参与了多次在香港的考古挖掘。他关于鸦片战争之前的香港早期移民的研究,迄今仍然为香港史研究者所引用。一九四一年年底香港沦陷后,贝尔福和其他在港英籍人士一起,被关在赤柱圣士提反书院的集中营。他未能等到战争结束，死于一九四五年一月的一场空袭中，和其他在空袭中丧生的英国人一起葬在黄麻角道上的赤柱军人坟场。贝尔福已婚，太太是法国人，曾经是香港声乐团中的女高音，夫妇两个育有三个孩子，在三〇年代末最小的孩子还没有出生，但大女儿维罗妮卡（Veronica Balfour）依然清晰地记得佛朗士这位"邻居"。佛朗士当年在深水湾的世外桃源，并非他一人的独居世界，至少有好友同住。

清晰的肖像

现实中的佛朗士不老，也不孤僻，他正当壮年，而且热衷于社会活动。波兰裔的中共党员、记者伊斯雷尔·爱泼斯坦（Israel Epstein）在《宋庆龄：二十世纪的伟大女性》中记述了当年在香港一起组织保卫中国同盟（以下简称保盟）的经过。宋庆龄于一九三八年六月在香港建立的保盟，意在向海外争取援助，使香港成为物资进入内地协力抗战的枢纽。宋自己担任保盟中央委员会主席，而佛朗士的名字俨然出现在六位委员之列。在爱泼斯坦的笔下他是在中国出生，同情中国革命，且有学者风度的"傅朗思"，当时的职务是名誉司库。于是就有了保盟中央这张妙不可言的合影。不知是否特殊处理的效果，照片的背景淡化，前景的一排人物如同浮雕一样凸显出来，每个人都神态清晰、生动，从左至右分别是爱泼斯坦、香港《华商报》创办人邓文钊、廖仲恺之女廖梦醒、宋庆龄、香港政府医务总监司徒永觉的夫人希尔达·塞尔温·克拉克（Hilda Selwyn-Clarke）、我们的主人公佛朗士和廖仲恺之子廖承志。每一个人都专注地看着镜头，偏偏只有佛朗士是个自由派，在快门按下的瞬间，脸一侧，下颚微抬，仿佛追随一只倏忽掠过的飞鸟，脸上一派天真与憧憬。

佛朗士老师最清晰、最体面的面容出现在另一张合照中。得到这张珍贵的照片完全仰赖于港大中文学院同事们的协助。当年的港大中文系位于冯平山楼近傍的邓志昂楼，这张大合照即摄于楼前，照片里的人都已作古，可邓志昂楼经过战火的洗礼和战后漫长的岁月至今完好无损。许地山教授在一九四一年八月四日猝然逝世，校方便邀请当时滞留香港、准备远赴英国牛津大学担任汉学教授的陈寅恪留下，接替许地山的位置。合照摄于一九四一年秋天开学季，距离港战爆发只有几个月。前排左二是冯平山图书馆馆长陈君葆，左四是精通汉学的祈祖尧神父，左五即是佛朗士，佛朗士的另一边是陈寅恪教授，然后是当年的文学院院长傅士德教授（Lancelot Forster）和中文系的另一位教师马鉴。大合照里除了文学院院长和佛朗士之外都是中文系的师生。当年港大文学院其他系的老师都在本部大楼里办公，而历史系佛朗士的办公室却偏偏选在邓志昂楼，或许这也是他特立独行的表现。我看到的港大文学院的大合照中都没有佛朗士，或许他不喜欢拍照，也觉得没

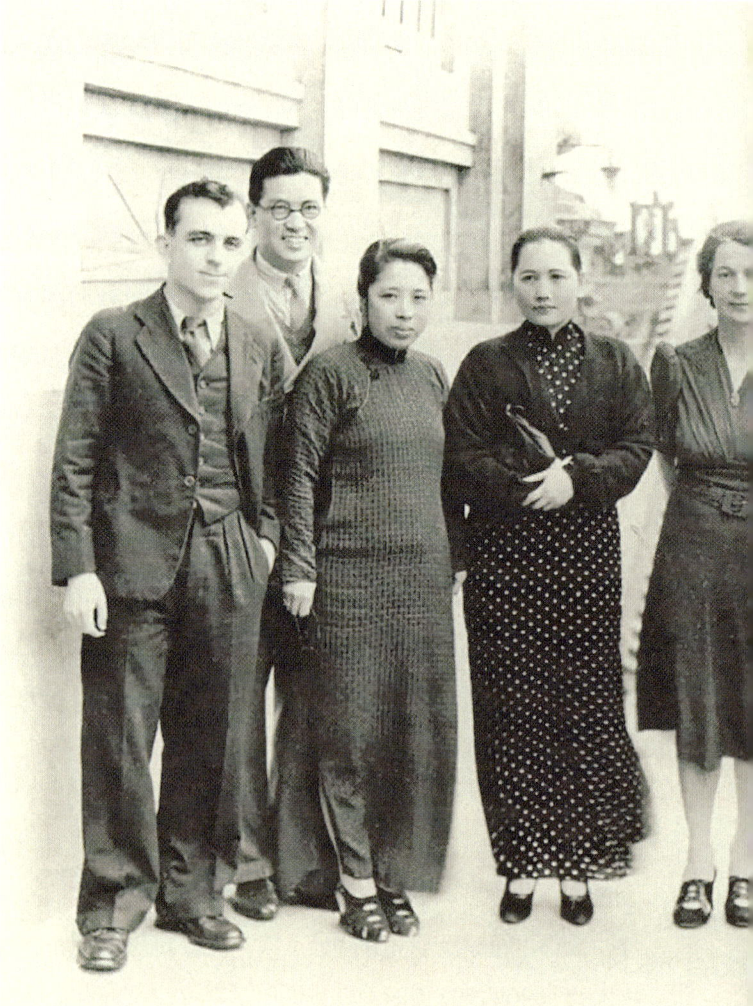

图二·三 保卫中国同盟成员的合影，右二为佛朗士，一九三八年。香港大学档案馆藏。

图二·四 香港大学中文系师生一九四一年秋季合影,摄于邓志昂楼前。原照和局部。佛朗士坐在陈寅恪教授和祈祖尧神父中间。香港大学中文学院藏。

有必要出场。但他不仅出现在中文系的合照中,而且装束齐整,可见这个场合对他的重要,中文系俨然是佛朗士的另一个家。

取出照片的局部来放大了细看,这就是我能找到的最

图二·五　从前佛朗士的办公室所在的邓志昂楼现状，与当年无异，现为校园里的保护建筑之一。作者摄于二〇二二年二月。

清晰的佛朗士肖像了。坐在陈寅恪和祈祖尧神父中间的佛朗士确实有着张爱玲所描绘的肉肉的脸颊，圆圆的下巴，开始稀疏的头发。是黑白照片，自然看不出面色是肉红还是砖红，也看不出眼睛的"磁蓝"，但是我们可以想象。场面既然慎重，佛朗士当天应该是穿了一套他最工整的行头，领带也是正经的领带，不是暗败的宁绸冒充的。在正式的合照里，当然也不会叼着烟。

永远叼着香烟的那个佛朗士只存活在张爱玲的文字肖像中。《烬余录》里描绘的"跷板似的一上一下"的香烟，似乎是学生们在他课上的一个视觉焦点，随着烟雾的缭绕，红色火星画出的弧线，历史的脉络娓娓道出。这根燃烧的香烟一直烧到《小团圆》和《易经》里。《易经》十二章里，烟雾里的布雷斯代先生讲到近代史了，却戛然而止，说："多希望讲下去啊，可是没有时间了。"没有时间是因为快要考试了，也是因为真正的战争就要打上门来了。同一章里继续描绘女主人公琵琶有多么在意她在历史课上的表现。好朋友比比认为她是爱上了历史老师。好像有一点吧，似乎琵琶并没有努力去撇清这个嫌疑。每次在路上看到骑车而过的布雷斯代先生她都会一惊。先生那张泛红的脸，那条蓝色的冒充领带的陈旧缎子，实在太醒目。因为身躯庞大，更显得那辆脚踏车小得可怜。她向他微笑、点头，他腾出一只手来快速地挥一下，努力保持平衡，叼着的烟蒂一路烧将下去。

研习历史，传授历史

嘴角永远叼着香烟的佛朗士老师连续三年教授张爱玲历史课。他在剑桥受的学院训练是古代欧洲史和英帝国史，却在港大的教学内容中融入了亚洲近代史的材料。《烬余录》中说："他研究历史很有独到的见地。官样文字被他耍着花腔一念，便显得非常滑稽，我们从他那里得到一点历史的亲切感和扼要的世界观……"将我面前的这一份不厚的档案反复细读，想琢磨出研习历史、教授历史的佛朗士老师究竟是一个什么样的历史学者，究竟又是什么原因驱使他改革港大历史课的教纲？什么是"历史的亲切感"，什么又是"扼要的世界观"？

展开佛朗士的履历，二十世纪二〇年代，正是青年佛朗士的求学时代，适逢英帝国全球霸权的顶峰时期，当然也是帝国秩序衰落的开始。他在剑桥上学的那几年，剑桥大学正成为大英帝国研究这一门新兴学科的重镇。毕业不久还是年轻老师的佛朗士参与大英帝国史的集体编撰中，以历史研习者的身份近距离目睹全球范围内殖民和反殖民的此起彼伏。以西方为核心的文明叙述在帝国走向分崩离析的二十世纪上半叶也开始破裂，而佛朗士则是这场集体叙述的在场者和参与者。洋洋洒洒的《剑桥大英帝国史》共八卷，一九二九年出版了第一卷，囊括了一七八三年美国独立战争结束之前的帝国史，书的索引就是佛朗士编撰的。

当年英联邦大学里的教授职位只授予极少数的顶尖学者，相当于今天的讲座、讲席、特聘教授。港大的Reader这个职位则仅次于教授，其实相当于今天的正教授。到港大任职的佛朗士不过二十多岁，能有这样的学术认可应该与他参与帝国史的集体撰写有关。在港大教了几年书后，佛朗士在一九三六年夏天申请了研究假，回到剑桥大学，在那里度过了一整个学年，回港后按学校要求写了一封简短的汇报信给校长。在二次大战即将爆发的大背景中如何继续他的历史研究,这封写于一九三七年九月二十二日的短信提供了重要的依据。假如佛朗士的生命没有在三十七岁那一年戛然而止,他作为一个历史研究者的未来走向会是什么,这封信里也有些许提示。信中说他整个学年都在剑桥,在那里念大学的时候,修的是西方历史,而这一次是以一个进修生的身份在汉学教授门下学习中英关系史。在教授的帮助下他攻读了《近代中国外交史资料辑要》的一部分。即使只读了不多的中文原始资料,他已经对第一次中英战争的起源增加了了解。佛朗士说的第一次中英战争,即通常所说的鸦片战争,应该是他新的研究计划,这项研究也会融入他重新设计的三年级历史课中。

佛朗士在信中没有提到这位剑桥汉学教授的名字,但剑桥汉学教授的头衔多年来只授予一位顶尖学者,退休了再传给下一位,所以确定这位教授的身份并不难。佛朗士回母校进修的那一年,剑桥的汉学教授是慕阿德(Arthur Christopher Moule,1873—1957)。慕阿德出生于杭州,能说一口纯正的杭州话,他的父亲和两位叔叔都是英国圣公会在中国的重要人物,这与晚他三年出生的美国人司徒雷登(John Leighton Stuart,1876—1962)十分相似。燕京大学的创始人和校长司徒雷登也出生在杭州,也是一口纯正的杭州话,父母均为美南长老会的传教士。慕阿德在剑桥大学完成学业,成为一名建筑师,又回到了中

> Copy
>
> University of Hong Kong.
> 22nd September, 1937.
>
> The Vice-Chancellor.
>
> Dear Mr. Vice-Chancellor,
>
> You have asked me for a brief account of what work I did in England during my study leave. I kept terms at Cambridge during the academic year 1936-1937 and entered myself as a research student under the Professor of Chinese. I read, with his help, parts of the 近代中國外交史資料輯要, a recently edited book of Chinese documents concerned with Sino-European relations during the 19th Century. Some reading, even if slight, of Chinese sources seemed to me of importance in the study I have been making of the causes of the first Anglo-Chinese war. This reading will also be of great assistance to me in the work I do with the 3rd year class in history in the University.
>
> I also read, extensively, English materials on the same subject in the University Library. Sir Thomas Wade left his collection of books on China to Cambridge and there is a large collection in the Library of early 19th Century pamphlets etc. concerned with Anglo-Chinese relations. If you would like any more detailed account than this I shall be glad to give it to you.
>
> Yours sincerely,
> Sd. N. H. FRANCE.

图二·六　佛朗士一九三七年九月致港大校长的汇报信。香港大学档案馆藏。

国，继续参与家族的教会事务。一九〇八年他迁回剑桥，定居下来，潜心研究中国历史，成为一名中国通，专攻二十世纪前的中外交流史。他与法国汉学家伯希和（Paul Pelliot, 1878—1945）合著的《马可·波罗寰宇记》（*Marco Polo: The Description of the World*）是马可·波罗研究的奠基作之一，由慕阿德负责校订和翻译，伯希和负责注释，但注释中的一条"行在"留给了慕阿德。"行在"（Quinsai）就是马可·波罗笔下的杭州。后来慕阿德把这条长长的注释和其他几条长注释单独抽出，出版了一本影响深远的小册子：《行在，及其他马可·波罗注》（*Quinsai: With Other Notes on Marco Polo*）。佛朗士回母校进修的那一年，在慕阿德的指导下细读《近代中国外交史资料辑要》，制订新的研究课题，同时重新设计港大的三年级近代史课，确实是绝好的机会。

这封简短的汇报信里还提到了一个在中英外交史上举足轻重的人物，即威妥玛爵士（Sir Thomas Francis Wade, 1818—1895）。威妥玛在中国住了四十多年，一八六九至一八八二年担任英国驻华全权公使，一八八六年他将四千多册中文藏书捐赠给剑桥大学，并在一八八八年被任命为剑桥大学的首任汉学教授。他是威式拼音方案的发明人，当年他对北京音的准确记录在世界范围内提供了汉语入门的可行途径。佛朗士说他在剑桥大量阅读了威妥玛捐赠的藏书，他究竟看了哪一些，收获是什么，有什么崭新的思考，对近代史的授课有什么启发，他只是在汇报信的末尾潇洒地提了一句，"关于这一点，如果您想要更多的信息，我很愿意提供给您"。如此简约的一封汇报，想必校长不会深究，校方只是想有一个交代，毕竟佛朗士是拿着港大不薄的薪水去剑桥进修的，而我们对佛朗士曾经的研究课题的了解也就在这里戛然而止。

佛朗士在港大的最后几年，鸦片战争前后的东西文化碰撞和中英外交史已经被他纳入修改后的历史教纲中了，相信他的讲义里是满满的研究所获。"历史的亲切感"说的应该就是被拉近了的大历史，不再是遥远的里程碑式的事件，而是迫在眉睫、正在发生中的现实。港战爆发前的一九四一年秋季学期，佛朗士正在给张爱玲她们那一届学生讲授三年级的历史课，聚焦近代史。《易经》十二章中写道，历史老师嘴角的香烟一翘一翘，讲到日本与西方的相遇，清王朝与西方的相遇，西方商人进入华夏寻求商机，正是中英关系史的节骨眼上，然后就没有时间了，因为要准备大考了，再往后，大考开始的那一天战事爆发，考试自然取消，一切都终止了。

参与历史，湮没于历史

教书和研究之外，佛朗士以极大的热诚投入战争援助中，所以说，他也是历史的参与者。一九四一年八月，他从港大请了假，亲自护送中国红十字会的医疗设备和其他救援物资北上，经重庆抵达陕西宝鸡。档案里有希尔达·塞尔温·克拉克（司徒永觉夫人）以中国红十字会海外分会的名义致香港大学校长的信，解释路途遥远，任务艰巨，佛朗士有可能无法在秋季开学前返回课堂，希望学校能通融些，给他延长假期。佛朗士究竟是哪一天从西北辗转回到香港的已不可考，途中发生了什么样的惊险我们也无从得知。总之，那一年的秋天他安全回到香港，照常教授历史课，只是时不时地在课堂上宣布："下礼拜一不能同你们见面了，孩子们，我要去练武功。"所谓的"练武功"，是参加香港义勇防卫军的操练。最初成立于一八五四年的香港义勇防卫军，除了作战功能外，也提供医疗急救服务。成立初期只有一百多人，其中包括不同国籍、不同年龄和职业的人士，有不少医科生。二战开始之后，义勇军人数增加，到三〇年代末期，不少港大学生也加入义勇军。

十二月八日香港之战爆发，佛朗士被征入伍，驻扎在赤柱的军营。他的死，张爱玲的描绘是这样的："那天他在黄昏后回到军营里去，大约是在思索着一些什么，没听见哨兵的吆喝，哨兵就放了枪。"那一天是十二月二十日，离香港完全沦陷不过五天的时间。赤柱军营周围其实早就布满了日本军队。所以另一种说法是，佛朗士是被埋伏在周

Foreign Auxiliary
to the
National Red Cross Society of China

Headquarters: Bishop's House, Hongkong.

Room No.3, 1st. Floor,
Gloucester Building.

6th. August 1941

D.J. Sloss Esq.,
Vice-Chancellor of Hong Kong University,
Hong Kong.

Dear Mr Sloss,

I think you probably know that Mr Norman France is making his way through China with medical supplies for the Chinese Industrial Co-operatives in the Paochi area.

He writes to me from Liuchow that he has had delays, which can only be expected in Shuikwan and Liuchow and that it may be impossible for him to deliver the supplies in Paochi and return to Chengtu and Chungking in time to be in Hong Kong for the commencement of term. He asks that I should approach you as to whether he might be allowed an extension.

I shall probably see him either in Chungking or on the road between Chungking and Kweiyang but as there is not time to consult you before I leave, perhaps you would be kind enough to write him a letter expressing your views c/o The British Embassy, Chungking. He will call to see the Ambassador on his way north.

Yours sincerely,
Hilda Selwyn-Clarke
Hon. Secretary.

Patrons:
H. E. Madame Chiang Kai Shek
H. E. Sir Geoffry Northcote

Advisory Council:
The Ambassador of Great Britain, and Representatives of other Nations.
The ... Apostolic, Hong Kong.
The President of the Chinese Red Cross, Etc.

President:
The Bishop of Hong Kong.

Chairman:
Rev. Frank Short.

Hon. Treasurers:
Mr. D. J. Sloss, C.B.E.
Mr. S. J. Chen.

Hon. Secretary:
Mrs. C. S. Selwyn-Clarke.

Organising Secretary:
Mr. Max Bickerton.

Bankers:
Hongkong & Shanghai Bank, Hong Kong.
Bank of China, Hong Kong.

Cheques should be made payable to the Foreign Auxiliary.

图二·七　司徒永觉夫人希尔达·塞尔温·克拉克致香港大学校长的信。香港大学档案馆藏。

围的日本神枪手远距离射杀的。这位"练武功"的历史学者，来不及书写他的中西关系史，就被历史湮没了。黄麻角道上的赤柱军人坟场里埋葬着港战中死亡的六百九十一名英国将士，其中就有佛朗士的墓。坟场边上的圣士提反书院，港战时被征为守军的伤兵医院，日军入侵后则成为囚禁外籍侨民的集中营，营中死去的人最后也葬在赤柱坟场，比如佛朗士的老朋友和邻居贝尔福，两位老友最后被葬在同一个墓地。佛朗士是作为香港义勇防卫军的一员被埋葬的，他的墓碑上有义勇军的徽章，他的周围也大多是战死的义勇军成员，年龄多在二十出头，佛朗士卒年三十七岁，算是其中年长的。

图二·八　佛朗士的墓碑，他是作为香港义勇防卫军的一员被葬在这块军人墓地的。作者摄于二〇二一年十二月香港保卫战八十周年。

图二·九 赤柱军人坟场局部。佛朗士的墓位于画面中的中间一排，左起第九位。埋在他周围的多是香港义勇防卫军的成员。作者摄于二〇二一年十二月香港保卫战八十周年。

那时的张爱玲，和其他外埠的学生一样在大学堂的临时医院里做看护，以换来临时的住宿和食物。香港的那个冬天，在张爱玲的笔下是从未有过的寒冷："我用肥皂去洗那没盖子的黄铜锅，手疼得像刀割。锅上腻着油垢，工役们用它煨汤。病人用它洗脸。我把牛奶倒进去，铜锅坐在蓝色的煤气火焰中，像一尊铜佛坐在青莲花上，澄静，光丽。"这是张爱玲特有的笔触，总是能在黑暗和污秽中挑出让人"心酸眼亮"的一个瞬间。几个月后，没有完成学业的她就回到了上海。《烬余录》关于香港之战的文字，是回忆一个其实并不遥远的过去，相距不到两年，却恍如隔世。

那个寒冷的冬天，在陈君葆日记中亦有描绘。长期担任冯平山图书馆馆长的陈君葆，当年和佛朗士、许地山、陈寅恪等同时供职于港大文学院，工作关系之外，私交也很频繁。洋洋洒洒七大厚本的《陈君葆日记全集》从一九三二年一直记录到一九八二年他去世为止，跨越半个世纪，是香港现代教育史和文坛的佐证，涉及众多人物，佛朗士也在其中。一九四二年二月十二日的日记中记载，午后再到位于深水湾的佛朗士住宅，人去楼空，佛朗士已逝，贝尔福则关在赤柱的集中营。冬天已经过去，"门前的桃花依旧在春风中摇荡，徘徊甚久，心中实有无限感慨"。传统文人的隐忍，点到为止，具体感慨是什么，只能意会了。

八百元奖学金的故事

佛朗士生前自称是"Hong Kong Stayer"，可以译作港居者，或者时髦些，说是"港漂"。他是大英帝国殖民历史背景中的一个漂流者。他的学生张爱玲也是一个漂流者，在香港是过客，回到应该是故土的上海依然改变不了流徙的命运。佛朗士和张爱玲是二十世纪殖民、再殖民、反殖民、后殖民的大背景中的一对师生。张爱玲之成为一个作家，或许也正是从佛朗士的近代历史课上开始了对殖民和后殖民的思考,并带着这个课题漂洋过海到了另一块大陆。也许,这就是她说的那个"扼要的世界观"。

我意图挖掘佛朗士和张爱玲之间的师承关系,最初是受经典散文《烬余录》的启发。《小团圆》和《易经》是后期作品,在《烬余录》的基础上增加了新的细节,比如关于八百元奖学金的故事。因为没有找到任何旁证,《烬余录》里也没有提及,这段故事便是介于小说和正史之间的模糊地段。《小团圆》和《易经》中都出现了一个八百元奖学金的故事,假如把安竹斯和布雷斯代都看成佛朗士的化身,那小说叙述中的八百元究竟有几分是历史真实?

这八百元的出现,颇具戏剧性。《小团圆》第一章里一个褴褛的邮差送来一个邮包给九莉,打开一看,是用麻绳捆着的大堆一元和五元的零钱,加起来是整八百元。里面有一封安竹斯先生的手简,大致内容是:密斯盛,知道你申请过奖学金没拿到,请容许我给你一个私人的奖学金,明年你若能保持同样优异的成绩,一定能拿到学校的全奖。钱数很大,但对九莉来说,真正的重点是,"在她这封信是一张生存许可证"。九莉等不及要把钱和信拿去给住在浅水湾酒店的母亲看,"心旌摇摇,飘飘然"。把钱拿给母亲的时候却很尴尬,生怕母亲以为师生之间有什么,更怕母亲误认自己爱上了安竹斯,便忙着辩解:"除了上课根本没有来往。他也不喜欢我。"钱留在母亲那里十分不舍,

"存到银行里都还有点舍不得，再提出来也是别的钞票了。这是世界上最值钱的钱"。至于那封信，就更是宝物了："九莉把那张信纸再折起来，装进信封，一面收到皮包里，不知道是否又看着可疑，像是爱上了安竹斯。"这一个场景，纠缠了母女和师生间太多复杂的情感。

《小团圆》里的这封信，只写出个大概。信的全文却出现在《易经》第八章里，我的翻译如下："密斯盛，冒昧写信给你，是因为听说你来港上学前申请了奖学金但没有拿到。我们有一项奖学金是专为二年级学生里成绩最好的学生设的，我相信你明年一定可以拿到，这样一直到毕业前的学费和住宿费都不必担忧了。至于眼下，请让我颁给你一个我私人设立的奖学金，资助你到明年夏天。你必须收下，而且不要来谢我。另外，尽管未来尚且遥远，你若坚持你的学业，我相信你毕业后可以获得牛津大学的研究生奖学金。"全文呈现老师的信，仿佛是久远的记忆在现实的某一刻里突然被照得通亮，更像是收获了一个漂流瓶，在未来的某一刻将时间的胶囊完好地打开。

八百元港币在一九三九年的香港究竟是多少？一九三五年全球白银危机，香港政府宣布放弃银本位，港币与英镑挂钩，一九三五年的兑换率是十六元港币兑一英镑。八百元港币相当于五十英镑。以佛朗士老师任职港大的一年七百五十英镑的起步薪水为参照，这八百元港币几乎是港大高级教员一个月的薪水。当年港大的学杂费一年是三百五十元港币，八百元的奖学金确实可以囊括学杂费和一年里所有的生活费用。对于囊中羞涩的年轻学生来说，这是一笔巨款。

八百元奖学金的故事在《烬余录》中没有提及。既是私人颁发的奖学金，港大的档案里是不会留下任何痕迹的，所以没有佐证，永远会是一个谜。回到小说的叙述中，因为有这样一份"生存许可证"，九莉才会如此担心历史考不好，不能跟安竹斯交代。第一年他给了她一笔私人奖学金，第二年助她得到了学院的奖学金，可是第三年若是她的历史成绩跌落了，该如何解释。打上门来的现代史截断了一切，取消了考试，可以不用担心考不好，然而战争也抹去了一条鲜活的生命，永远没有了感谢老师并和他解释自己成绩跌落的机会。《小团圆》中安竹斯的死讯传来的时候是这样的一个场景：

"九莉！"柔丝站在浴室门口。"安竹斯先生死了！打死了！"……

九莉继续洗袜子，然后抽噎起来，但是就像这自来水龙头，震撼抽搐半天才迸出几点痛泪。这才知道死亡怎样了结一切。本来总还好像以为有一天可以对他解释，其实有什么可解释的？但是现在一阵凉风，是一扇沉重的石门缓缓关上了。

　　她最不信上帝，但是连日轰炸下，也许是西方那句俗语："壕洞里没有无神论者。"这时候她突然抬起头来，在心里对楼上说："你待我太好了。其实停止考试就行了，不用把老师也杀掉。"

所有的感情都聚集在"不用把老师也杀掉"这一句里。小说的描写相对于散文《烬余录》中的悲愤反而隐忍得多，但其中传达的感情的力量和永远的遗憾却是散文中所没有的。

小说抑或历史

　　关于佛朗士老师的传说，张爱玲应该跟她最好的朋友分享过。一九六七年二月五日宋淇致信张爱玲，一如既往地帮她出谋划策，计划新一轮作品的写作和出版。此时《怨女》的英文版终于找到了一家英国的出版社，中文版持续在香港的《星岛日报》上连载。原版于一九四八年的长篇小说《十八春》将要重版，在港台两地同时推出，但必须另起书名（后改为《半生缘》）。宋淇也建议张爱玲写一篇纪念胡适的文章，因为"大家都在纪念胡适"，况且张爱玲和胡适之间的书信交流本来就是有保存意义的历史文件，这个建议直接促成了张爱玲晚期散文中的巅峰之作《忆胡适之》。接下来他还告知张爱玲，她写的《魂归离恨天》剧本已经交出去了,建议她不妨考虑把三〇和四〇年代的好莱坞片子改编成中国电影,香港的电影公司会很欢迎,如果张爱玲愿意做,应该是个稳定的收入来源。

一长串的建议之后,宋淇这封信的要点在最后一段里,是唯有熟知张爱玲的最最可靠的老朋友才会提出的意见:"近几个月我有一个想法,不知你愿意不愿意试一下?就是拿你的《倾城之恋》和《一炉香》两支故事合为一个,改写成长篇小说:一个上海女郎,投亲,入港大读书,姑妈利用她,她爱上了港大的一个英国讲师,最后是珍珠港事变。结局当然是悲剧,英国讲师非死即被俘……"

宋淇提出这样的建议,是参照了韩素音在英语世界里的出版成功,这样的恋爱公式让韩素音的 *A Many-Splendoured Thing* 给"跑在前头"了。宋淇认为,"如果能拿'倾掉香港这个城'来完成他们的恋爱的 theme 写出来,至少要比她(指韩素音)气魄大得多"。宋淇承认这想法是商业的,但如果可行,就能借此打入英语世界的读者群,带动张爱玲其他作品的销路。宋淇帮张爱玲所策划的是一个突破点。到美国已经整整十年的张爱玲一直没有找到打入英美阅读市场的突破点。宋淇认为,"如果写纯东方背景的小说,很难打得出天下",必须在故事情节的设计和场景上都做足了东西方之间的那个杂糅的空间。他认为韩素音的成功得益于此,而张爱玲的题材和场景设计都太古旧了，太纯粹了，因而很难有华语圈之外的读者群。如果力图走出华语世界，那就必须考虑市场的因素，而韩素音的成功是可借鉴的。

张爱玲显然对好友的这条建议不热心，在三月十五日的回信中，也只在最后一句提到："关于长篇小说还有许多话，下次再谈"。这个"下次再谈"要到了三月二十四日的信中，才有解释："我觉得《倾城之恋》与《一炉香》合并这idea实在好，但是我不能写，因为一定要有感情与兴趣，才值得下本钱——又是好两年的时间——不然勉强做去，结果还是讨不了别人的欢心。"张爱玲这里说的本钱指的是时间，她是舍不得在迎合读者上花时间和精力。她说要写"作者个人的感情可以黏附得上去的"，比如《少帅》的故事在她的脑海里从一九五六年就开始酝酿了，几乎像是和她同步成长，因而必须写完，只是遇到了障碍，暂时写不下去了。信之后的几行里又说"我早已对你们提出黄白恋爱的公式而不写"。可见"黄白恋爱"这个建议宋淇夫妇不止一次提出过。张爱玲拒绝了"黄白恋爱的公式"就是拒绝了韩素音的道路，也拒绝了市场的诱惑。关于佛朗士老师的那一段，无论是散文还是小说，在她都是点到为止，不再深入，无论如何不会有更多的虚构和渲染。

作为一个历史人物的完整的佛朗士应该是存在于小说、散文、档案资料之间的那个层层叠叠的互文空间里。

这样想来，八百元奖学金的真实与否似乎就不是很重要了。没有发生的那部"黄白恋爱"小说也不是什么遗憾。佛朗士在张爱玲的文字里有如此浓墨重彩的登场，并不只是因为在真实生活中他对这位上海来的年轻女生有太多的鼓励和启发，更因为他本身就是一个充满故事和个人魅力的人。佛朗士是一个桥梁似的人物，联结了大英帝国的整个殖民史和战后开启的后殖民叙述。在殖民史的持续演绎中开展对后殖民的思考和反省，是佛朗士作为一个历史学者的自我定位，而他对于历史写作崭新意义的领悟在某一个节点上深深触动了成名前的张爱玲。

触动学生时代的张爱玲的还有生活里最丰富最美好的那一面。佛朗士的那些逸事如同一面打开了的窗户，从那里我们可以窥见殖民地自由知识分子生活中的方方面面，这里有他对物质文明的审视，对东方文字和文化的迷恋，有对环境的关怀，与自然的亲和，还有人与动物的和谐共存。张爱玲描述佛朗士老师的字里行间，更有一些模糊的情愫，不能点明，只能意会。佛朗士的智慧、幽默、潇洒与不羁，对于仰慕他的年轻女生来说，象征着两性世界里所有的神秘和迷人，其中更融合了对于年龄、种族、青春、美貌和个人魅力的种种幻想。佛朗士是张爱玲求学生涯中的一盏明灯。

宋淇为张爱玲勾画的长篇小说没有发生，但佛朗士老师本身就是一部长篇小说,叙述的源头是八十年前的短篇散文《烬余录》。没有《烬余录》里的四小段文字,今天的我不会想到去档案馆里寻找一位历史老师的踪影。短篇散文有长篇叙述无法抵挡的势头,《烬余录》把一个一个小人物放置在汹涌的大背景上,我们反复阅读,读进去了,就打开了一扇扇通向深层历史的窗户。小散文里有大历史,而大历史又湮没了多少个佛朗士。从张爱玲出发,我们不会走向宏伟壮阔,而是更多地靠近了历史的隐晦之处。

三　我师落华生：张爱玲的中文课

历史老师佛朗士和中文系教授许地山无疑是对大学时代的张爱玲影响最大的两位师长。张爱玲笔下对佛朗士有过正面的描写，相比之下，许地山出现在张爱玲的文字里却是披着虚构的面纱，建立师承关系要复杂得多。佛朗士史学训练扎实，却没有留下什么文字。许地山则是文史大家，生前留下丰富的文本和足迹，无论有没有张爱玲这样一位学生，他在二十世纪文学史、文化史、宗教史和学术史上的地位都是无法抹灭的。重建许地山和张爱玲的师承关系，于我们对二者的认知又添加了什么关键信息？

落华生・许地山

多数人看到的许地山只是他一个小小的侧面。对华语世界里长大的几代人来说，"落华生"（亦作"落花生"）这个笔名，定会唤醒不少童年记忆。许地山以"落华生"为笔名最初发表于一九二二年的短篇散文《落花生》，文字浅显、素朴、通透，且充满童趣，自一九二九年被纳入商务印书馆出版的《新时代国语教科书》（初中），在华语世界的语文课本里保留至今。

对熟读现代文学的读者来说，"落华生"更是和五四新文化运动中最早也是最大的作家联盟"文学研究会"联系在一起的。"文学研究会"于一九二一年一月十四日成立于北京，迄今整整一个世纪。包括许地山在内的主要成员标举"研究介绍世界文学，整理中国旧文学，创造新文学"的使命，乃是二十世纪二〇年代鲜明的文学主流。然而熟读张爱玲的大批读者却不一定了解新文学中的许地山，署名"落华生"的《空山灵雨》和《缀网劳蛛》等经典作品的重要性远不如许发表于一九三五年的长文《近三百年来底中国女装》。目前的共识是这篇长文直接影响了张爱玲《更衣记》的写作。近年来不断有研究者撰文，论证许地山在民俗史、服饰史、宗教史和文化史各领域的著述直接启发了张爱玲的早期散文创作。说张爱玲师从"落华生"并不夸张。但我以为，若说许地山的某些著述直接影响了张爱玲的散文创作和她早期的世界观和文学观，则需要更多的证据。一九三九年入学港大的张爱玲，看到四年前在天津《大公报》上连载的长文《近三百年来底中国女装》的可能性极小，这篇长文在许地山生前也并没有收入文集另行出版。许地山一九三九年十一月十日应香港"中英文化协会"邀请做了一场题为"三百年来的中国妇女服装"的演讲,据香港《华字日报》报导,活动"假座香港大学冯平山图书馆",那时张爱玲已经入学,确有可能在现场听了演讲。即使没有去听演讲,翌日的《星岛日报》登载了节选的演讲稿,张爱玲也有可能看到。但要建立直接影响,还需要更多的证据。

师承关系毋庸置疑,要说明传授的和承继的究竟是什么,还需要更多的挖掘和斟酌。和佛朗士老师一样,许地山教授也是一个生命旅程终结于香港的漂流者。许的履历十分复杂,浓缩在一个短短的段落里可以这样描述:许氏祖居地是广东潮州府揭阳县,先祖十六世纪就已经迁到了荷兰人占据之下的台湾,在台南赤崁以教书为业。许地山于一八九四年出生于台南府城的自家庄园,两岁时随家人从安平港坐船过海迁回潮汕。假如母语是家中长辈传授给幼童的语言,那许地山的母语当是潮州话。他三岁于私塾开蒙,稍大一些在广州入读新式学堂,因而粤语也十分流利,又加上学堂里传授的官话和英语,许从小就在一个多层次的语言环境里成长。他十七岁时随父落籍福建漳州,并开始以教书为业,曾在漳州的小学、中学和师范学校里任职,也曾在缅甸仰光的侨校教过两年书。一九一七年赴北京就读燕京大学文理学院和神学院,毕业后前往美国哥伦比亚大学攻读宗教史和比较宗教学,并开始研习梵文和佛教，一九二四年获得硕士学位，随后转入英国牛津大学继续攻读哲学和神学，深入研究梵文和印度学，同时旁听人类学、社会学和民俗学的课程，顺手还掌握了法文、德文、希腊文和拉丁文的阅读。一九二七年回到燕京大学任教，一直到一九三五年接受香港大学的聘请南下香江，任改组后的中文系教授和系主任。他居港六年后倏然离世，葬于香港华人基督教联会薄扶林道坟场，从此长眠于背山面水的港岛山坡上，墓碑上写着"香港大学教授许公地山之墓"。

和她的两位老师一样，张爱玲也曾经是"港漂"，香港是她流徙生涯里关键的一环，只是香港和港大对她究竟意味着什么，到目前并没有一个完整的梳理。张爱玲入学港大文学院，恰逢港大校园里一派空前的开放和澄明。港大建校初期女生人数极少，三〇年代开始逐年递增，校园里的性别比例在张爱玲入校时已趋均衡。二次大战的战火最终也会烧到香港，但在短暂的两年零四个月里，香江无疑是一个相对安宁的港湾，而离开原生家庭的张爱玲需要的正是这样一个自由伸展的空间。港大人文的知识体系在她入学时已趋向开放，课程设置走向国际化，文学经典的传授方式带有早期学科整合的意味，而历史课程更是融入了现代史的内容，将课堂拉近眼下的历史现实。她跟着佛朗士研习历史，又跟着许教授攻读中国文史学，学到的知识最终超越了历史和文学的传统范畴。足迹局限于校园和校园周边的张爱玲，她的文学课却放置在一个广阔的背景之中，其中有社会变迁，有大流徙，有即将到来的大破坏，也有战争动员、教育改革、新文学的流变和文化复兴。年轻的张爱玲潜心读书，对社交和社会活动都不热衷，但在这个转折点上到了港大，是她生逢其时。她从历史系的佛朗士老师那里"得到一点历史的亲切感和扼要的世界观"，在中文系的讲堂上则看到了一位身着长衫、气度不凡的"落华生"，他是当年香港教育界和文化界的风云人物，身上担负着文化复兴和世界主义两大使命。许地山和张爱玲的师承关系要定位于二十世纪三〇年代末、四〇年代初的香港人文大环境中。

从燕京到港大

风云人物许地山在香港度过了他生命最后的六年，在香港大学的历史上留下了鲜明的印记。档案资料里能找到的许地山从英美归来后的影像，无一例外的身着长衫，颜色有深有浅，想必是常见的藏青、浅灰、天青色等。任教北京（北平）燕京大学时期的许地山就开始蓄着胡须，长衣飘飘了。在我们常见的一张照片里，背景是古色古香的一栋教学楼，楼前一株盛开的山桃花树，树上挂着一口钟，是燕园的早春景象。许教授左手揣着讲义夹，右手扶着山桃树。他的长衫下摆飘荡，几乎像是踩着舞步，又像是即将转身摇响那口钟，踩着琅琅钟声迈上讲台。他的眼神专注，姿态则充满了活力和动感。

这样的许氏长衫随后从北平飘荡到了香港。许地山南下香港是本港文教界的一桩大事。港大一九三四年在当时的校长康宁爵士（Sir William Woodward Hornell, 1878—1950）推动下开始重组中文部，力图一扫陈腐的国学，引进国际人才，将现代学科分类融入建系理念。时任

图三·一 燕京大学时期的许地山。网络图片。

北京大学文学院院长的胡适于一九三五年一月四日抵港，前来接受香港大学颁发的荣誉博士学位。这是胡适一生中得到的三十五个荣誉博士学位中的第一个。胡适就文艺复兴即文化再生这个中心命题做过无数次的演讲和撰述，当年在港大本部大楼大礼堂的英文演讲题目即为《中国的文艺复兴》(The Chinese Renaissance)。演讲稿没有保存下来，但主旨应该包含在一九三四年芝加哥大学出版的他的演讲集《中国的文艺复兴》里。港大原本希望他能来主持中文部的重组，胡适推辞了，但对重组计划提了不少建议，并及时向港大高层推荐合适的人才。五月他亲笔致信康宁爵士，力荐许地山来港主持中文部，月底港大校委会一致通过了对许地山的聘请。七月港大文学院院长亲赴北平与许地山面谈，商议聘书中的具体事项，包括任期、职称、薪水和搬家费等等，许地山很快就接受了港大开出的条件，并于八月抵达香港。当年的教授职称只授予极少数的顶尖学者，相当于今天的讲席教授或主任教授，许地山则成为香港大学历史上第二位华人血统的教授。

初来乍到的许地山马不停蹄，任期九月一日正式开始，九月中改组计划书已经上呈了，计划书中提议将中文部改名为"中国文史学系"，并拟定了"中国文学"、"中国历史"、"中国哲学"和"翻译"四个板块，今天的港大中文学院大致沿袭了当年许地山拟定的格局。其中文史哲

```
                                    National University of Peking
                                    Peiping, China
                                    May 10, 1935

Sir William Hornell, Vice-Chancellor
The University of Hongkong
Hongkong

My dear Sir William:
              In my cable telegram to you some two
weeks ago, I informed you with regret that Mr. Ch'en Shou
Yi was unable to accept the appointment offred him by
your University. I have had several long talks with him
since my recent return from Shanghai, and we both realized
the importance of the work to be done in the Chinese
Deaprtment in Hongkong. As Mr. Ch'en could not be away
from Peiping for more than a year, I agreed with him
that he might not be the ideal person to undertake the
reorganization of your Chinese Department.

       After careful consideration and consultation with
Mr. Ch'en, I have decided to recommend to you two Chinese
scholars of excellent standing, Professor Hsü Ti-Shan of
Yenching University and Dr. Lu Kan Ju who has recently
returned from Europe. Their qualifications are as follows:

       Hsü Ti-Shan (許地山) A. B., Yenching, 1920; B. D., Ibid.,
       1922; M. A., Columbia, 1924; B. Litt., Oxford, 1926;
       Associate Professor at Yenching, 1926-31; Professor,
       1931--; author of the following works:(1)即度文學(商務)
       (2) 道教史(商務)印度鄉以前之固明(燕京學報社),
       (4) 達衷集(商務),(5)佛藏子目引得(引得專社),(6)和毀彌陀譯珠(
       (7) 空山靈雨(商務)(8)倚中教考(叢書集)(9)醫話技遲三耶件(北

       Lu Kan Ju (陸侃如) A. B., Natinal University of Peking,
       1924; Graduate Student in Chinese, Ibid., 1924-1927;
       Docteur-ès-Lettres, University of Paris, 1934; Professor
       and Chairman of the Department of Chinese, Chungkuo
       University, Shanghai, 1928-1931; author of the following
       works:(1)屈原,宋玉(亞東)(2)樂府古辭考(商務),(3)中國詩史(
       (4)中國文學史(同編)(大32),(5)詩經什一手選(注譯本,大32)(6)主辭
       专玉語史(譯本,大32).(7) Histoire Sociale de l'Epoque Tcheou(Pari

       Professor Hsü is a student of Sanscrit as well as Chinese
and his long years of teaching experience will doubtless enable
to have charge of your department of Chinese. I have mentioned
Dr. Lu especially because of his wide interest and accomplish-
ments in Chinese studies and because of the fact that as a
```

图三·二 时任北京大学文学院院长的胡适一九三五年五月致香港大学校长康宁爵士的信，推荐许地山担任中文系教授。香港大学档案馆藏。

lectuerer, he will form a very good team with Mr. Hsü.

Kindly acquaint me of your decisions at your convenience, and address your communications to the two gentlemen in my care. I have not been able to write, if any, sooner, because Mr. ~~Shumax~~ Ch'en has been suffering from a severe attack of influenza and I have been waiting for a chance to discuss my recommendations with him before this letter is dispatched.

With warm personal regards,

    I remain,

      Sincerely yours,

      Hu Shih

的课程由许地山和讲师马鉴共同承担,翻译课的老师则是同时担任冯平山图书馆馆长的陈君葆。他们三人都是张爱玲的中文老师。

许地山的建系理念里融合了开放的文学史观和文化史观。在课程设置上,坚持文学种类除了传统的诗文之外必须囊括小说、词曲、戏曲和文学批评,并且强调明清白话文学和现代汉语文学的重要,这样文学现代性也融入了文学史的讲述中。他在民俗学、文化人类学和宗教史等领域的造诣也体现在对人文课程的重新设置中,历史的叙述和比较的视野融汇在一起,从方法论上来讲是超前的,放在今天看来依然是及时的。许地山亲自教授的课程内容则涵盖文学史、文化史、宗教史、古物学,其中还包括一门服饰史。

长衫飘飘的许氏风范

一九三五年之后的文学院和大学各种团体照中频频可见许地山的身影。他的辨识度极高,只要有他在场的大型团体照,密密麻麻的众人之中必定第一眼看到那个蓄着胡须、长衫翩翩、戴着黑框眼镜的许教授。一年四季长衫不离身,即便是学生毕业合照,必须套上学位袍,袍下依然露出飘逸的长衫下摆。多年来千篇一律的团体照都在本部大楼的东侧摆开阵势,老师们居前、居中,学生在后、在侧。男女生的排列因为女生比例的逐年递增而有了一些微妙的变化，但基本是女生在前，男生在后。女士着旗袍或洋装，男士则一律的西服领带。这样的场合往往唯一的例外是许地山教授，他的长衫在四周的西服领带衬托下宛如一面旗帜，是刻意的独树一帜。

我所看到的众多的团体照中最能代表许氏风范的是一九三八年秋季香港大学联会的大合影。那是在张爱玲入学的前一年。许地山的一双小儿女在这张合影里闪亮登场，穿着短袖衬衣和短裤的儿子周苓仲七岁，一身可爱洋装的女儿许燕吉才六岁，穿着浅色长衫的父亲妥妥地坐在他们身后，仿佛是一张家庭温馨照被移植到了一百多人的大合影中。父亲从容、自信，孩子们恬静、美好，周围的大团体成了烘托他们的背景。文学院的教员大多有家小，带小童一起登上公开场面的唯有许教授。他公开的身份除了教授之外，更是一位新式的慈父，当然，这也是刻意地独树一帜。他原本就样貌突出，正式场合违反惯例，却又做得浑然天成，无疑是英联邦校园文化中的一股清流。

大型团体照之外，许地山也出现在不少小团体的合影中。文学院毕业生人数不多，一年两次的合影，拍照地点会选在本部大楼内部回廊边上的小庭园里，背景是红砖和麻石筑成的教学和办公空间。一九四一年文学院的毕业生合影里，女生的数量已经超过了男生。这张合影中的许地山，距离去世只有几个月了，应该是他留在世上最后的影

图三·三 香港大学联会师生于本部大楼前的合照,一九三八年。前排两小童身后是许地山。香港大学档案馆藏。

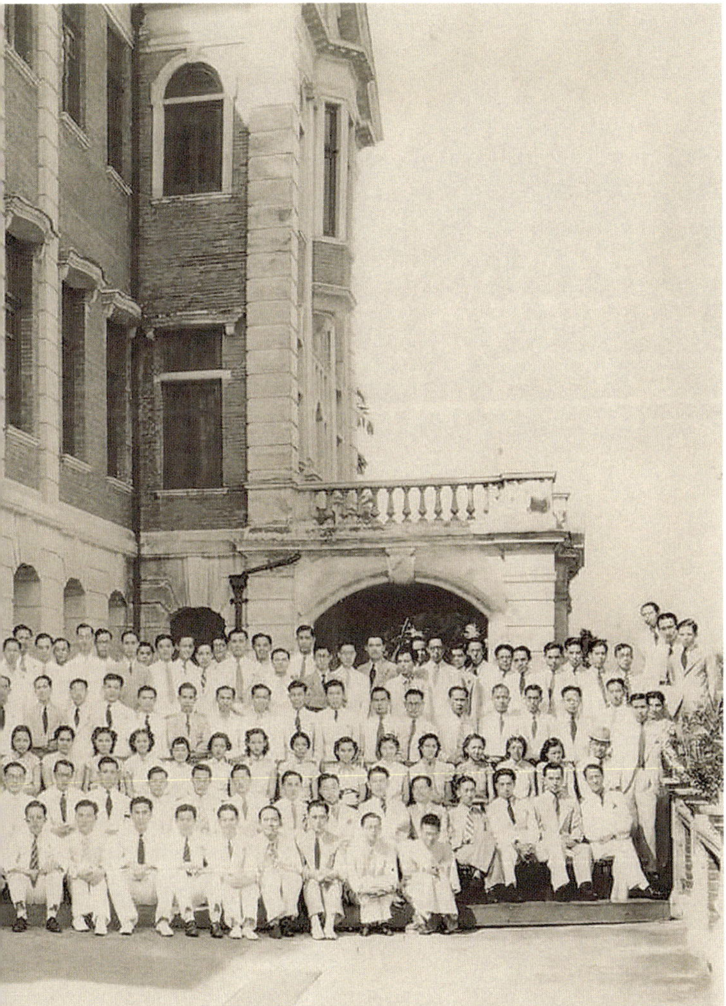

图三·四　香港大学文学院一九四一年毕业生合照,摄于本部大楼内。前排左三是许地山,左二是马鉴。香港大学档案馆藏。

像之一。假如许地山教授没有英年早逝,又假如战火没有在几个月后蔓延至校园,两年后的春天当会有这样一张合影,许地山教授仍然坐在前排,第二排的女生行列里会有穿着学士服、戴着学士帽的张爱玲。当然,这个场景没有发生,它只能是我们的想象。

许地山的倏然离世对港大、香港文教界和各种以他为中心的群体的打击是巨大的,对他的追悼和纪念也成了一九四一年夏秋之际香港文化界的一桩重大事件。六年里除了在校园文化的建树,他更是参与了学校之外的众多团体和活动。看他在港几年的大事记,几乎每个星期都有一场重要的活动，很多活动又有他的主持和演讲。重新组建中文系之后，教学任务逐年递增，去世前的一年里，每个星期的课程都超过二十小时。做过系主任一职的学院中人想必都能体会大事小事的繁重，而从手稿里看，他同时也进行着几项不同的研究和写作计划。来港六年里，社会对他的需求递增，可以想见他的压力巨大，身体的超负荷运作当不是一天两天的事了。一九四一年八月四日下午许地山于半山罗便臣道的寓所突发心脏病辞世，留下妻子和两个尚年幼的孩子。

第二天，八月五日，是大殓出殡之日，到场祭拜人士上千，送葬队伍浩大。九月二十一日，香港四十个文化团体在香港大学大礼堂联合组织了一场"全港文化界追悼许地山先生大会"，其中包括香港大学中文学会、中英文化协会香港分会、中华全国文艺界协会香港分会、燕京大学同学会、国立北平图书馆等。六年里如许地山一般南来香港的内地文化人不计其数，追悼许地山的人群犹如南来作家和文化人的一个大汇合，其中不少是与他一路从五四新文学中走出来的同行、朋友。追悼会特刊里收集了众多文史名家的悼词，其中端木蕻良的挽句将许的经典作品和名字镶嵌在一起，别具一格："未许落花生大地，徒教灵雨洒空山"。特刊封面的头像里，浅色长衫，胡须，深色镜框，是尚在盛年的许地山的标志性特征，在这里成了许氏风范的绝响。

图三·五 全港文化界追悼许地山先生大会纪念特刊封面,一九四一年九月。香港大学档案馆藏。

世界主义的人文观

许地山追悼大会的三个月后,香港沦陷。炮火下的港大校园毁坏严重,所幸学校的档案资料在几代档案员的努力下得以完整保存。最初是许地山的中文系同事马鉴将他的遗稿保存下来,十年前马鉴的后人又辗转将这些珍贵的一手资料捐赠给香港大学。小心翼翼地打开珍藏在档案馆的许地山手稿,里面有英文、中文、梵文不同文字的书写,纸张大小不一,质地脆弱,有的完整,更多的是断章残片,字迹或潦草或工整,往往没有题目,也没有目录,读起来明显是译稿的文字则没有原文的信息。尽管如此，翻阅完毕，一个在多重文化和领域间游刃有余的国际学者形象跃然纸上，让人动容。

我看到的是一份未竟的事业，里面有太多的可能性。比如，许地山曾与夫人周俟松合作，将印度哲学家和政治家萨瓦帕利·拉达克里希南（Sarvepalli Radhakrishnan）写于一九二九年的英文著作《文明底将来》译成中文，于一九三一年连载于《北平晨报》。档案里有一本外表普普通通的笔记本，封面工整地写着"文明底将来，印度罗达克里斯南著，许地山、周俟松译"，打开一看，一页一页整整齐齐地贴着从《北平晨报》上剪下的译文连载，旁注是钢笔标明的字句更正，最后还录下了每一章的页数和字

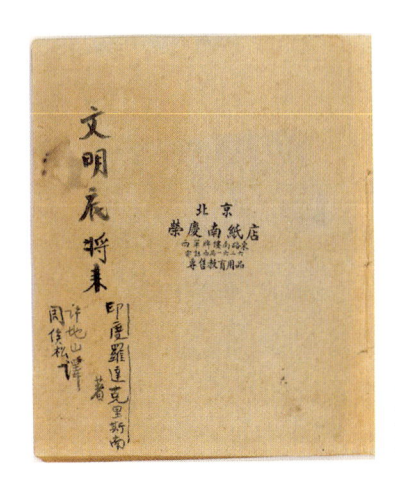

图三·六 《文明底将来》剪贴本封面，一九三一年。香港大学档案馆藏。

数,译稿总字数是三万四千多字。许地山生前应该是计划出版单行本的,但并没有实现,这个译本也没有收入他的文集里。这项翻译完成于他的燕京大学时期,他对拉达克里希南的关注应该源于他在英美深造那几年里就开始的对梵文和印度学的长期研读。拉达克里希南在成为印度第一任副总统和第二任总统之前,就已经是东西方哲学之间的桥梁人物了,当年将他的著作翻译成中文的许地山是否正在思考自己作为一个学者的定位?

许地山在梵文和印度学领域的积蓄深厚,手稿里有太多的例子。有一大沓档案馆标为"人类学笔记"的手稿,打开看来,竟是一部完整的手写的英文书稿,没有标题,也没有目录,但字体清晰、章节完整,当是已经誊抄过的修改稿。很明显,"人类学笔记"这个卷标是错误的。深究下来,惊喜地发现这是一部直接从梵文翻译成英文的印度诗人科科科卡(Kokkoka)撰写于十一或十二世纪的性爱手册《科卡·萨斯特拉》(*Koka Shastra*)。这本手册是把古印度的《爱经》(*Kama Sutra*)放在中世纪背景下重新演绎。英语世界里最早的翻译版本是一九六四年出版的,译者是英国医生康福特(Alex Comfort)。其实康福特本人不懂梵文,他是借助一个梵文翻译者完成英文译本的。翻译完《科卡·萨斯特拉》,康福特意犹未尽,于一九七二年写成一本性手册,旋即成为英语世界里的畅销书,他本人也被冠以"性博士"的称号。许地山手稿中的《科卡·萨斯特拉》翻译至少比康福特的早二十几年，译文风格独特，与康福特的版本对照读来，可以发现有许多不同。译稿虽然是手写的，脉络已经十分清晰，语言也自成风格，章节后还附有批注，显然是一份仔仔细细的誊抄稿。不禁好奇为何许地山生前没有将这部已经十分完整的译稿在英语世界里出版。也许是他打算再做一次修改校对，也许是誊抄了他人的译稿，以留作自己的研究资料。无论是哪种情况，手稿中留下的痕迹都标志着一项大计划的开端，只是这项计划没有等到完全展开，他的生命就过早终结了。

光凭这部手稿，并不能表明许地山曾立志成为张竞生之后的第二位性学博士，他的面向要比张竞生广得多。我想他对于性史的兴趣和对于宗教史、民俗史、日常生活史、服饰史以及文学史的执着是一致的，必须放在跨文化、跨学科的整体结构中去理解。青年时代的许地山曾参与"文学研究会"的开创，世界主义的视野曾是这个大型同人组织最初的框架，只是被之后革命文学的浪潮冲淡了。在燕京大学任教期间，他曾加入一个学术小群体，计划编撰一部"野蛮生活史"，其中内容五花八门，包括饮食史、色欲史、娼妓史、医药史、巫术史、装饰史等等。这个群体项目专注于被大时代大历史掩盖了的潜在的历史脉络，内容涵盖正史所不屑于纳入的领域，这与时代的主

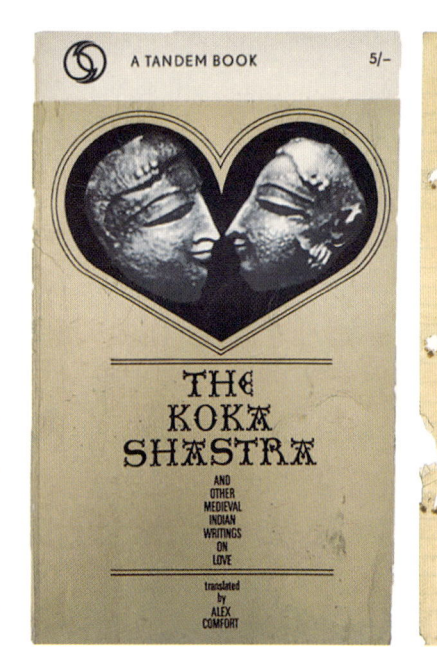

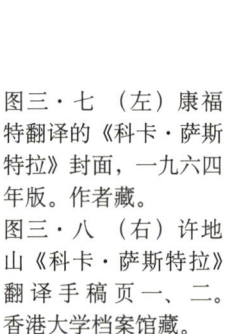

图三·七 （左）康福特翻译的《科卡·萨斯特拉》封面，一九六四年版。作者藏。

图三·八 （右）许地山《科卡·萨斯特拉》翻译手稿页一、二。香港大学档案馆藏。

流明显是格格不入的。可以说，许地山是从文学革命和革命文学阵营里出走了的成员。他最后在殖民地的框架里找到了一席空间，香港特殊的地理位置和文化定位给了他一个窗口和舞台，文明的冲突不再局限于中西二元对立，印度文化也加入跨文化的对话中，形成一个多元的层次丰富的学术框架。许地山对现代性的理解有传统国学的底子，更有西方人类学、民俗学和社会学的框架，再加上印度语言、文学和文化的过滤，呈现出一个杂糅的体系，背后是他在漂流生涯中形成的世界主义的史观和文化视野。也正是这样一个杂糅的学术框架和开放的文化视野可以让他注意到被大时代大历史所忽略的文化潜流。

这样想来，我手中的纸片虽然脆弱，但分量却十分沉重。我的直觉是，相对于许地山已经发表的篇章，这些未发表的断章残篇更多地隐藏着厘清许地山和张爱玲师承关系的线索。多年经营教学和研究的学者们都应该深有体会，率先接触到老师们最新研究的受众往往是课堂里的学生们，新知识的传送在正式成篇成书发表之前就已经在大学课堂里发生了。一九三〇年代的香港是一块养成国际学者的宝地。许地山能在港大施展他的才能，是充分利用了香港处于东西交流门户上的优势地位。许的学术关注完全不以国界、语言和学科为界线，未完的手稿里埋藏了不少大部著作的雏形，英语和汉语双语学术写作是他长期坚持的，成为一个国际学者应该是他的目标。当年他不可能在港大的课堂上大讲性史或野蛮史，但他从学术探索中得来的世界主义的人文关怀和跨学科、跨文化、多语种的学术姿态却是可以传授的。我们可以想象坐在讲堂里听课的年轻的张爱玲，是在这样一个相对澄明的空间里被引导进入了一个崭新的人文框架，并开始思考自己要成为一个什么样的写作者。我相信，许地山和张爱玲师承关系的脉络埋藏在这里。

散页中的日常生活史

许地山教授精心构建的崭新的人文框架中有一部厚厚的日常生活史。这部历史没有完成，但繁复的元素都埋藏在手稿里一沓一沓的散页中间。比如有一大沓卷标为"中国古物笔记"的长二十厘米、宽十二厘米的笔记本散页，让我琢磨了许久。档案馆"古物笔记"这个卷标依然不是很确切，这些散页里布满了各种器皿的示意图，有服饰、妆容、兵器和各种日常物件。说它们散乱，是因为看不出一个清晰的结构。但我能确定的是，它们代表的是一项长期的积累，是多种著作的一手资料，里面是许地山对于古物、物质文化、日常生活史的长期专研的佐证，包含着他用文字和线条构筑的一个切入历史的独特视角。

许地山的长文《近三百年来底中国女装》的初稿就埋在这些散页里，发现这几页初稿在我是一大收获。留下的其实仅三页手稿，只是一个绪论，并非全文，写在燕京大学的信笺上。因为是初稿，跟一九三五年登载在天津《大公报》上的版本有所不同。关于写作的初衷，初稿里是这样写的："我因为研究社会风俗不能不及于衣服，近几年拼命找同好，还没得多少人。我觉得衣服之研究为历史家，社会史家，美术家，宗教学家等所必须的。"登载出来的版本里，这段去掉了，代之以："关于衣服迁变底研究，是社会学家，历史家，美术家，家政学家，应当努力底。本文只就个人底癖好和些微的心得略写出来，日后有本钱，当把它扩成一本小图册。"无论是初稿还是定稿，传达的意思是一样的，对于服饰的关注是许地山的个人"癖好"，这项癖好极少同好，是他在自家书房里长期苦心经营的一项事业。许所说的"本钱"，不知指的是出版的经费，还是做成一个大课题的知识积累。如果是后者，那一九三五年到达香港之后，这份知识积累从来就没有停止过。

燕京大学
YENCHING UNIVERSITY
PEKING-CHINA.

近三百年来之中国女装

绪言

衣服之根本动机有三：1. 复体，2. 遮盖；3. 装饰。衣服之以装饰之动机为最大。在野蛮社会中男子衣服之动机多在装饰上，不见于则多在遮盖上。而装饰往往有很重的性的要素，故野蛮人之装饰多足表性的器官，使足增加性的引诱。故有衣服实性装备之象徵化（Phallic symbolism）。装饰包含画面，涂面，画身，拔毛，剃毛，变形（Deformation，如中国妇女缠足），黥身，烙文身痛剌面身（刺青，烙印）等演变而来。因为它比以上的方法生出许多花样更多故。

衣服之装饰有许多形式，主要的为：1. 战利品（Trophies）之2. 恐怖作用（Terrorizing）；3. 性的引诱作用。4. 职业的表示。5. 地域之表示。6. 宗家之识别。7. 主要用品之腰带（为织品见）。8. 身体之放大与缩小（如文人之袍，或旗袍）。装饰作用有：1. 增高（如高底鞋），2. 增广（如阔腰裙）。3. 指向身体某部之动作（如细腰，足剖弓鞋），印腰带，再毛加记纸。4. 另身体之特别部位（为围项，手足，膝，腰，等处之环），吾缝匠之手术（Sartorial）。

至於衣服之变迁，与社会生活有密切关系。本编单是因男子衣服变迁度较小，而女衣变遷在近八十年，变变得厉害也是指言的。女子生活在过去几十年的变，使一个闲在厨房卧室或针线跳出来，唱电影，跳舞，作买卖黄，当报馆，作官。革命式衣服底装饰岂不跟以变。我因为研究社会风俗不轻不变服，这些年搜存我同好：层度得甚大。我要错衣服之研究史求社会史家，美术家，民家风俗本都有的少帮助。

中国人在满族统治下，衣裳一变。顺治元年十月令行寻制明制，並未强迫人民就薙。顺治二年六月，定鞭型之命內外文武，求遵严整無懷。他命未皆提城鞭庶事件，同月定凡遠位以上及官員長著頂帶品式。四年十月才定

YENCHING UNIVERSITY
PEKING-CHINA.

服饰之制,(文制详见大清通礼卷三十三。)定制上只规定所用质材料和颜色,以及指定什麽款式。可以到康熙时代,甚至经隆乾即帝或外省地方还有不少明制男女。因为,看旧版画及旧清装之必要,及其是妇女们,自明末以至道咸间,变远也缓少。清人衣狠装,可参考现代住江松花江一带之西北旗人。本没有特别新形式。所差者只在袍身不着褶,袖厚不似带而已。清代衣服之特点,在缝纫之应用。女人於震服上用金质钮扣,在明末事(十六世纪)已经有了。但一八清朝候等色也用起来。在圈国之初,西洋人不断来中国,这使国人歌西作人接触,当作式用洋货。至於陷入交换。都是逐渐变迁之原因。只因是因之动。

今当把清代民国衣之义分别说下去。我打算把衣服分若常服,位服,礼服,三类。在常服上应注意之点,为外上洗上鲜亮,接度,结构。可身体之特殊部位,为可健运的多种波形式,中国衣装一向是注重新色和材料,至於形状等总很大的变动,除掉近儿年,後着是不惟奇装要服的。兹是困在因,是中服有什麽必要。当民国七八年,中央在国立学校妖服等颇出来亮点,但那就衣服无过是等一点,以下就现在所穿装,现年不以代意。现代的衣鬼以,简直是一种人工的皮肤在身上。
(J.C. Flügel: The ψ of Clothes, p. 58. 说 It is not because of their splendour, magnificence, or grotesqueness that modesty prob..., but rather because of their exiguity and lack of independent form and development as garments, since indeed they are little more than artificial skins.")

在常服上论样表以外,衣服向头面手足之装饰化亦直接间接。之影响多也在装饰艺术之名下。故我说明我多人工美,主要面之装饰,最主的是鬓,眉,唇,手,足。此中最重要的是足,周氏复足之历史,参看蔡松坡妇人鞋襪考。再入周氏蒙,有继言一本

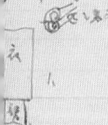

在燕京大学求学时期的许地山就对服饰文化充满了兴趣,他从那时开始收藏有关历代服饰的各种图片和文字资料,一九二〇年就发表过一篇题为《女子的服饰》的短文。在他未完成的计划中有一部中国历代服饰史,《近三百年来底中国女装》其实只是其中一部分。手稿中大量无法归类的笔记大多围绕衣食住行卫五大范畴,字迹十分潦草,是写给自己看的读书笔记。细致的历史考证和归类往往伴有示意图,呈现出一种十分耐看的图文并置的手稿风格。与服饰史并行的还有妆容史,他搜集了大量有关女性妆容的资料,也有一小部分是关于男性妆容的,文字与图绘相得

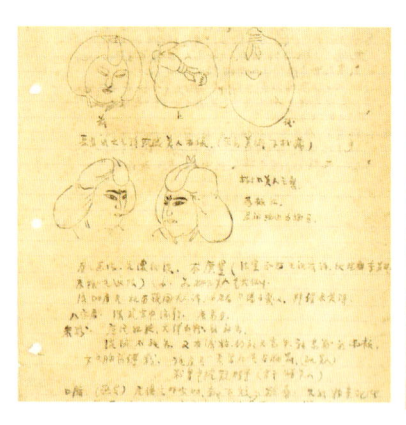

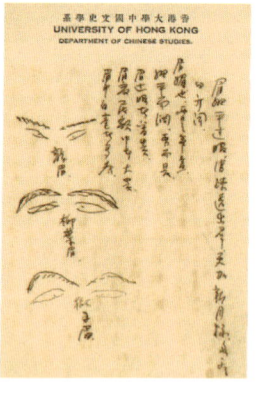

图三·一〇 (左)许地山手稿中关于唐代女性发髻和粉妆的笔记。香港大学档案馆藏。
图三·一一 (右)许地山手稿中关于眉形的笔记。香港大学档案馆藏。

益彰。以史的脉络来阐述日常生活，并将它纳入现代知识体系，许地山在他的书房里经营的是一种潜在的历史写作方法。许的时代尚没有文化研究，他是从现代民俗学、文化人类学和文学艺术研究的交叉中走出了一条学术自觉或半自觉的整合线路。

日常生活里的许地山，自己设计剪裁衣服，种花插花，捕捉蝴蝶制作标本，通音律，会谱曲，擅弹琵琶，爱好野外和摄影。许夫人周俟松回忆，家里所有的窗帘、屏风、地毯、器物上的装饰都是许地山的手迹。闲下他会和孩子们玩过家家，养小动物，做游戏，和朋友毫不羞涩地谈论情欲，海聊私生活的种种。老舍在《哭许地山》一文中说，"他爱说笑话，村的雅的都有……"朋友圈里有他就是快乐。读到这些生活细节，不由得让人纳闷，他的时间都是哪里来的。文化是鲜活的，许地山对日常生活的热爱体现在他的为人为学里。他是文化启蒙者，也是在东西之间游刃有余的世界主义者，而迫在眉睫的战争又激发了他与时代同步的知识分子的热情。

歌声的香港，蔷薇的上海

着迷于潜在历史的国际学者许地山在战前香港是一个重要的公众人物。综合香港作家卢玮銮（小思）所编的《许地山在香港的活动纪程》和当年经手许地山手稿捐赠的香港大学档案馆原助理馆长张慕贞所补充的《〈许地山在香港的活动纪程〉未予收录之事项》来看，许地山在港六年所参与的各项社会活动和各种社会团体不计其数，他在大小公众场合所做的演讲涉及香港社会方方面面，有关于婚姻家庭社会道德的评论，有针对读书之道、语文教育和儿童教育的建议，有参与战争救援、歌咏会和其他群众活动的发言，更有他最擅长的宗教、礼俗、收藏和文化保存方面的诸多意见，甚至还有不少悼词和证婚词。多数讲稿已经不存，但在他的手稿散页里可以发现写在大大小小的纸片上的短文，读起来像是演讲稿。他不是传统的文学研究者，也不是传统的宗教学者，而是一个新型的公共知识分子。将他的活动纪程和手稿里的断片对应起来，整理出公共知识分子许地山对香港社会的知识输入，将是一项十分繁复的工作。

我在许地山留下的散稿断片中还有不少惊喜的发现，其中包括他对于音乐的研究，散稿里有他谱的曲，也有关于古代乐律的笔记。而通音律、会谱曲、善弹奏的许教授在风云突变的时代大背景中却发现了音乐的一种崭新的功用。一九三八年六月至十月的武汉大会战，一时成为全球战事的一个核心战场。歌咏成为抗战动员中的一个普及甚广的大众文艺形式。当年的武汉是歌声中的武汉。战火的灼烧在遥远的香港也能感到，武汉的歌声也因此响到了香港。许地山在大学之外担任的诸多公职中，也包括香港中华歌咏团的名誉会长一职。《南华早报》记载,一九三八年八月二十七日在香港大学本部大楼里的大礼堂(即后来的陆佑堂)将有一场歌咏团的大型活动,是"中国音乐演唱会",带有募捐性质,所有的款项都将捐予内地的战争难民。除了古代民歌之外,合唱团也会表演现代歌曲,第一首歌就是混声合唱《义勇军进行曲》。我在许地山手稿散页里恰巧找到了一份演讲稿,写在薄薄的一页信笺的两面,夹在一大堆关于服饰和头饰的散页中,轻易发现不了。细看之下,相信是那天晚上的演讲稿无疑。演讲很短,但把歌咏会的作用和意义都说得很透彻。他说"中国自来没有真正的歌咏会",因为歌咏历来不是"附庸于戏剧",就是局限于"少数人自己的娱乐"。而音乐是教育"不可一时或缺的手段",因为"一首触动情绪底歌"能流传得"迅速而宽广",人人可唱,无论唱得好不好。既为人人可唱,"同情心便很容易激起,意志也容易统一,因此,歌咏底力量很大"。许又说,当晚的歌咏节目,是选的中国作曲家的作品,有些是有宗教性质的,有些是抒情的,也有军歌,都是"中国人唱自己的歌",因而是"开辟新路径",是"前进底表征"。短短几句,言简意赅,点出歌咏在新时代已然成为一种新兴文化。

两个月后武汉合唱团从广州经澳门访港,演出合唱和抗战内容的音乐剧。十月三十日在香港大学大礼堂的演

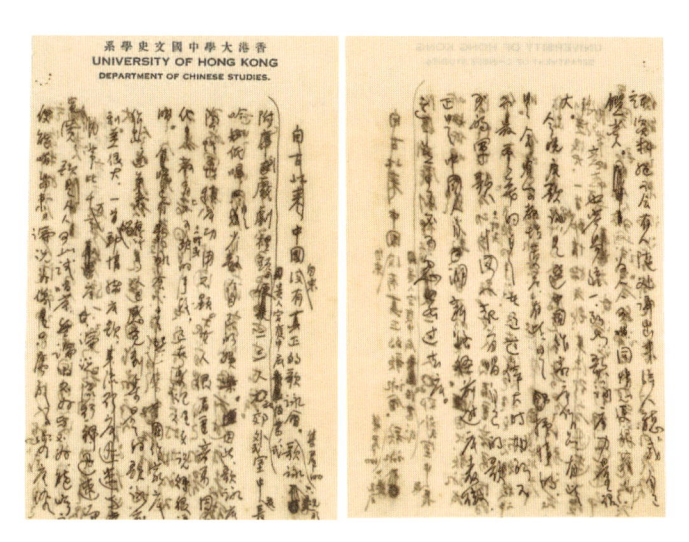

图三·一二　许地山关于歌咏的演讲稿，正反两页，一九三八年八月。香港大学档案馆藏。

出，担任主持的自然是许地山，曲目有音乐剧《人性》，合唱《保家乡》和《八百壮士》等。武汉合唱团之后在香港举行多场演出，在港逗留近两个月才继续到南洋巡回演出。一九三九年七月"香港歌咏协进会"成立，正好是为了纪念聂耳逝世四周年，成员组织有中华书局、商务印书馆、长虹合唱团、香港学生赈济会等十八个文化及学校团体，十一月经港英政府批准成为合法社团之后，在九龙青年会举行成立大会，许地山和蔡楚生分别致辞，接下来是各种合唱表演，并以全体合唱《义勇军进行曲》作结。一时间，香港成了歌声的香港，歌咏成了热潮，各种民间组织都开办了歌咏学习班和合唱团，华人教会、学校、民间社团都开始组织合唱团。这股热潮背后有许地山教授的"推波助澜"。

我在散稿中还发现了一份许地山手写的《义勇军进行曲》歌词，与聂耳版不同。可能他对田汉的歌词并不是太满意，于是自己动手也填了歌词："起来，巩固全民族底阵线！各尽各底能力，担起我神圣的责任！我们要克服了最危急的国难，不但要驱逐外寇，还要消灭汉奸！起来，起来，起来！我们万众一心，拿着武器向敌人冲进。"很难说许地山的版本比田汉的强，不过在一大堆关于古代器皿、服饰、风俗的散稿中猛然看到一页如此热血的呼喊，诧异之外也有一点震动，同时也能想象一九三〇年代那个特殊的氛围，也仿佛能看到即将烧到香港的战火和毁灭。

为《义勇军进行曲》填词的许地山怎么会是张爱玲的老师呢？对待音乐，张爱玲是完全不同的态度。她登载在一九四四年十一月号的《苦竹》月刊上的散文《谈音乐》中，说自己喜欢各种颜色，也喜欢各种气味，即使是平常人们会嫌弃的汽油或者烧煳了的牛奶的味道。唯独不喜欢音乐，尤其不喜欢交响乐，大乐队的合奏给人一种"模糊的恐怖"。"交响乐"是"有计划的阴谋"，"慷慨激昂的演说腔太重"。许地山教授投身的大众歌咏运动恰好是张爱

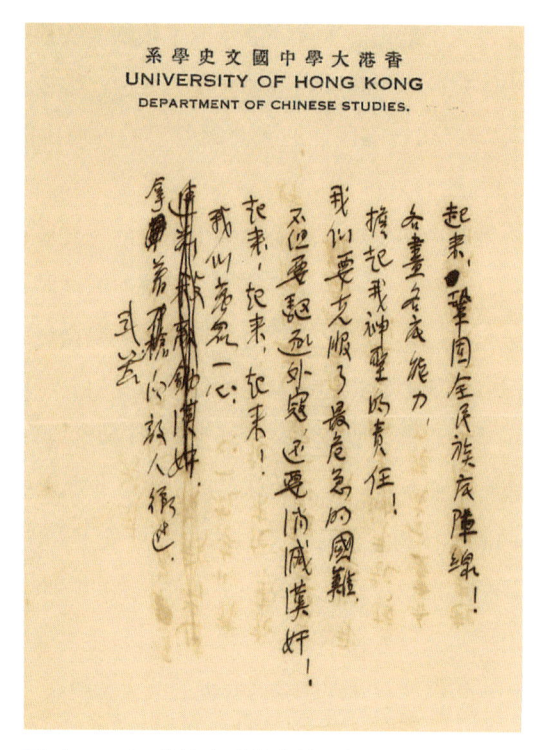

图三·一三　许地山手稿中的《义勇军进行曲》歌词。香港大学档案馆藏。

玲所说的那种"浩浩荡荡"的说教性大众文艺。张爱玲更喜欢娱乐性的流行音乐吗？其实也不一定。她说平常听听《蔷薇处处开》之类的流行歌曲也没什么特别的感觉，但随即描绘了一个夜晚的聆听经验：

有一天深夜,远处飘来跳舞厅的音乐,女人尖细的喉咙唱着:"蔷薇蔷薇处处开!"偌大的上海,没有几家人家点着灯,更显得夜的空旷。我房间里倒还没熄灯,一长排窗户,拉上了暗蓝的旧丝绒帘子,像文艺滥调里的"沉沉夜幕"。丝绒败了色的边缘被灯光喷上了灰扑扑的淡金色,帘子在大风里蓬飘,街上急急驶过一辆奇异的车,不知是不是捉强盗,"哗!哗!"锐叫,像轮船的汽笛,凄长地,"哗!哗……哗!哗!"大海就在窗外,海船上的别离,命运性的决裂,冷到人心里去。"哗!哗!"渐渐远了。在这样凶残的,大而破的夜晚,给它到处开起蔷薇花来,是不能想象的事,然而这女人还是细声细气很乐观地说是开着的。即使不过是绸绢的蔷薇,缀在帐顶,灯罩,帽檐,袖口,鞋尖,阳伞上,那幼小的圆满也有它的可爱可亲。

张爱玲笔下蔷薇的上海与许地山所推动的歌声的香港乍看上去完全无关,是两个完全不同的时空和频道。在对待音乐的态度上,这一对师生仿佛相去甚远。时代曲历来被左翼文人贬为"靡靡之音",但未尝不是许地山所说的"中国人唱自己的歌"。《谈音乐》的结尾,那个坚持在残破的夜晚唱着"靡靡之音"的女人,未尝不是在隆隆炮火之下埋头阅读《醒世姻缘传》的张爱玲的一个折射。但在对待音乐的功用这一点上,这一对师生确实是断裂的。毕竟,张爱玲不是许地山。从许地山骨子里的五四传统到张爱玲所坚持的另类战争叙事,声音作为媒介和隐喻发生了巨大的变化。从香港回到上海的张爱玲,在上海那个宁静的夜晚听到了躁动与不安,大破坏的威胁无处不在。蓬飘的丝绒帘子和锐叫的警车是潜在的骚动,随时可以打破这黑夜。蔷薇的歌声却是光亮,是坚持,与时代的大是大非无关,这里的核心是个体灵魂。"大而破"的夜晚里,歌声中的蔷薇兀自开放着,是战乱年代用文字构筑的声音景观。

乱世图绘

假如说在对音乐的态度上这对师生相去甚远的话,他们在图像上的联系就紧密得多了。通识人文教育与日常生活的休戚相关在张爱玲描绘香港的文字中有诸多体现,这里一定有许地山老师潜移默化的影响。她描绘了各种痴迷和执着,比如对穿衣的讲究、对吃的热衷、于阅读中的沉浸和忘我,但最突出的是对绘画作为一个自我表达方式的彻悟。《小团圆》第二章末尾写九莉快要离开香港了,去了一趟学校附近的高级职员宿舍。一开战,那里的住户弃家而去,人去楼空。她进了英文教授的家,所有的书籍都还在。九莉从书架上抽出一本毕尔斯莱插画的王尔德的《莎乐美》。这本是张爱玲自己心仪的一本书,她在小说里安排笔下的女主人公把插图全撕了下来,说要带回上海,"保存一线西方文明"。这一段在《易经》第十六章有更多的心理铺陈。在人去楼空的教授家里,琵琶很快找到她心爱的书,翻着毕尔斯莱的插画,爱不释手。她要带走图片,因为这样可以节省箱子的空间,而且,图片撕下,书还是放回架子上,这不算偷吧。再说了,这是在战火中抢救文明啊……

可以想象,一九四二年五月从香港回到上海的张爱玲,箱笼里装的便是这些"抢救"下来的文明。箱笼里也应该有不少她自己的绘画作品:

> 由于战争期间特殊空气的感应,我画了许多图,由炎樱着色。自己看了自己的作品欢喜赞叹,似乎太不像话,但是我确实知道那些画是好的,完全不像我画的,以后我再也休想画出那样的图来。就可惜看了略略使人发糊涂。即使以一生的精力为那些杂乱重叠的人头写注解式的传记,也是值得的。譬如说,那暴躁的二房东太太,斗鸡眼突出像两只自来水龙头;那少奶奶,整个的头与颈便是理发店的电气吹风管;像狮子又像狗的,蹲踞着的有传染病的妓女,衣裳底下露出红丝袜的尽头与吊袜带。

《烬余录》中这一段，有太多重新解读的可能。是战争期间特殊的空气成全了张爱玲对绘画的领悟。她没有这样说到文字的重要性，她是用文字来烘托绘画与时代的关联。张爱玲最早触及的媒介不是文字，而是她的画笔。张爱玲研究者们常常拿她的文字和绘画做参照对比，也常常把她画笔下的众多女性置于民国上海仕女画之侧做比较。但这些小小的画作，大多不是插图，更与民国上海的仕女画等没有直接的关联。它们是个人记录，代表的是一种重要的手稿风格。这个风格的形成和她在香港求学的经历休戚相关。《烬余录》中回忆绘画的缘起，始于战乱中的香港大学校园，她的绘画作品，我们也必须放置到当年的情境

图三·一四　张爱玲的散文《中国人的生活和时装》中对昭君套的描绘，一九四三年一月发表于英语刊物《二十世纪》。

中，才能厘清她创作的源头。

张爱玲的散文《更衣记》的前身，是她用英文写就的《中国人的生活和时装》("Chinese Life and Fashions")，其中图文并置的手稿风格发挥自如，浑然天成。这样的手稿风格与她老师许地山如出一辙。许地山图文并置的手稿

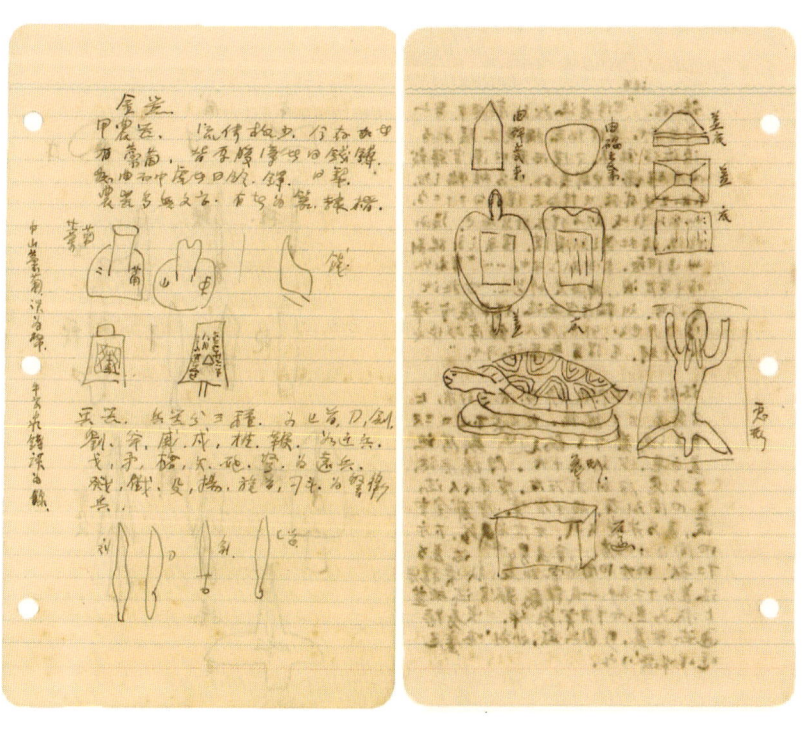

图三・一五　许地山古代器皿研究手稿，页九和四十一。香港大学档案馆藏。

风格不仅在他关于服饰的笔记中比比皆是，他的其他手稿中这样的例子也非常多。比如之前提到的他研究古代器皿的笔记，写在长二十厘米、宽十二厘米的小小的笔记本散页上，里面布满了各种器皿的示意图，图标和文字相辅相成。这里的线条是旁证，是记录，也是一种观看的方式，也可以说，线条是文字的先遣、试探，是初稿。这样的手稿风格是图在先，文在后。文字为图片做长长的批注。作者是以简单的线条探索日后切入文字的方法和途径。

如果说张爱玲图文并置的手稿风格可能来自她老师潜移默化的影响，那许地山背后的人文传承就更加深厚了。图文并置的手稿风格在东西文化中都有丰富的渊源和流变。西方传统中图文并置的手稿风格，从罗马帝国以降蔚为大观，但在印刷业快速发展后便衰退了。而东方雕版印刷中的佛经图绘，更是图文并置的范例。石窟寺院中的经变画，绘图是主体媒介，其重要性往往胜过文字。这些传统或许会通过老师许地山对张爱玲有间接的潜移默化的影响，但她的画笔更多的是她独有的表达。她简单的线条捕捉的是瞬间。《易经》第五章中描写少女琵琶模仿佛教绘画长卷的形式，用简单的钢笔素描记录她被囚禁在父亲家的经历，噩梦般的人物在长长的纸片中反复出现，这是琵琶选择的复仇方式。这里强调的是视觉瞬间的反复和叙述的长度。

张爱玲画笔捕捉的瞬间大多是战争年代所独有的，确实如她自己所言，绘画的契机是"战争期间特殊空气的感应"。仍然以《易经》为例，对照发掘的圣母堂资料，我们可以重新阅读第八章的开端。夜晚从浅水湾回宿舍的琵琶，穿过校园，走上宿舍所在的山坡，抬头看到在天空晃动的探照灯光柱。此刻还未开战，小说里说这是战争迫近的唯一迹象。琵琶说，喜欢这样的效果，因为让她联想到从小心仪的涂鸦手法，此刻居然在一个巨大的空旷的空间隆重上演。巨大的夜空有三道光柱，唰唰地划来划去，像是在急速地行书、作画。光影停留短暂，还没有看清楚形状又被抹掉了，于是重新画过。读者可以想象，打上天空的探照灯，扫射的不是子弹，是光柱，是战争的触角，而绘画则是书写的触角。斑驳光影留下蜉蝣般的印迹，在记录者的眼中，那是必须抓住的瞬间，需要刻在记忆里的历史经验。

有什么是文字不能表达而必须诉诸简单的线条呢？线条和线条的组合有文字所无法达到的简洁、快速、实时和及时。相比张爱玲日后的文字，她的绘画语言从一开始就很直接，一笔一画间满满的比例、透视、平衡、协调，一眼看去就是题旨，也更尖锐，因为捕捉的是更短暂的瞬间，确实如她所说的，过了这一刻就再也画不出来了。文字需要一个铺展的空间，写作如此，阅读亦然；最具有实时性的文字,也需要有时间和空间的奢侈。绘画,尤其是张爱玲式的几笔传神,在非常时期,是比文字更便捷也更直白的表达和记录。将自己的画作和从书里撕下的插图一起,带在流徙的箱笼里回乡或远走。日后的回望,便往往诉诸文字,把那些线条里浓缩的瞬间铺展开来。张爱玲一生里反复的自我重写和自我翻译,印证了她在《烬余录》中说的,最初的那些画确实是好的,"即使以一生的精力为那些杂乱重叠的人头写注解式的传记,也是值得的"。

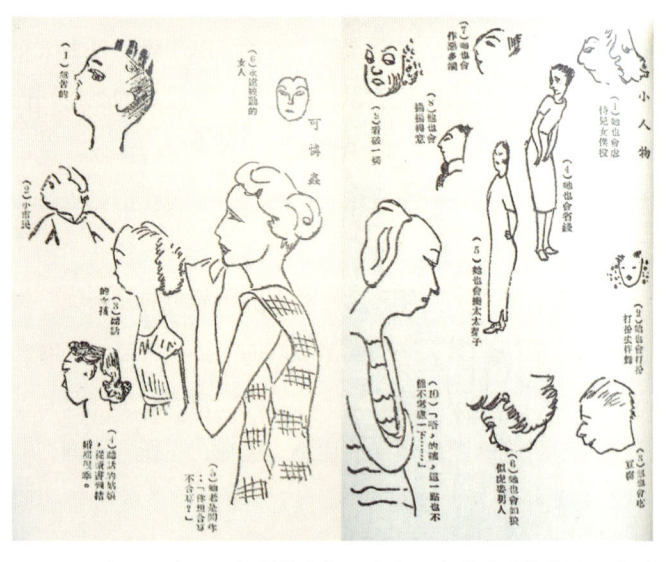

图三·一六 一九四四年版散文集《流言》中张爱玲的绘图,分别在页一三九和一四○。作者藏。

两代漂流者的课堂

当年在许地山的课堂上听课的张爱玲，应该可以感受到，一套新鲜的话语就在老师描绘出的那个历史时空里。课堂和校园本就是一个活跃的话语空间，形成一个讨论的循环系统，老师鼓励学生以同样的角度、相关的方法，切入传统史学所忽略的衣食住行卫，即日常生活和物质文化的范畴。许地山对张爱玲的影响是潜移默化的，他出现在张爱玲的文字里则是披着虚构的面纱的，这里无法避开的重要文本是张爱玲最初发表于一九四三年七月的短篇小说《茉莉香片》。小说中的言子夜教授的原型即许地山这一点是广大张爱玲研究者和读者的一个共识。子夜即"午"夜，"言"和"午"就组成了"许"，穿长衫、学富五车的中国文史哲教授，在张爱玲的大学生涯中不可能有别人。而小说中描绘的言子夜的课堂，也给我们提供了想象张爱玲的大学文学课的一点依据。

长衫和胡须是许地山的标志，张爱玲笔下的言子夜却像是洗白了的，多了几分飘逸："言子夜是苍白的，略微有点瘦削。大部分的男子的美，是要到三十岁以后方才更为显著，言子夜就是一个例子。算起来他该过了四十五岁吧？可是看上去要年青得多。"从小说主人公聂传庆的角度来看，走上讲台的言子夜，穿着中国长衫，有一种"特殊的萧条的美"，这让传庆几乎有点窒息："那宽大的灰色採取斷然的行動,他們兩個人一同走。可是碧落不能這樣做。傅慶囡想到這一部份不能不恨他的母親,但是他也承認,她有她的不得已。她回顧全子夜的前途——

子夜單身出國去了。他回來的時候,馮家早已將碧落嫁給了聶介臣。子夜先後也有幾段蹉跎,至於他怎樣娶了丹朱的母親,一個南國女郎,近年來怎樣移家到香港,傅慶却沒有聽見說過。他不敢揣想,她本是綉在屏風上的鳥——悒鬱的紫色緞子屏風上,織金雲裏的一隻白鳥。年深月久了,羽毛暗了,霉了,給蟲蛀了,死也還死在屏風上。

她死了,她完了,可是還有傅慶呢?憑什麼傅慶就不是綉在屏風上的鳥?籠子裏的鳥,開了籠,還會飛出來。綉在屏風上的鳥也沒有。屏風上又添上了一隻鳥,又怎麼樣呢?即使給了他自由,他也跑不了。

慶要受這個罪?碧落嫁到聶家,至少是清醒的犧牲。傅慶生在聶家,可是他一點選擇的權利也沒有。他是聶家父親二十年,已經給製造成了一個精神上的殘廢,即使给了他自由,他也跑不了。索性完全沒有過免的希望,倒也死心塌地了。但是他現在初次把所有的零星的,蒙昧的與隱淪的可能性,一起,排湊成了一段故事,他方才知道,中國文學史那一課,言丹朱有個哥哥,也許他覺是言丹朱。第二天,在學校裏,上到中國文學史那一課,傅慶心裏亂極了。他遠遠看見言丹朱抱着厚沉沉的漆皮筆記夾子,在前排的左偏,教授的眼光射不到的地方,揀了一個空位,傅慶隔壁的一個男學生便擠了傅慶一下,照授他去坐在她旁邊,另有幾個過頭來,向傅慶微微一笑。她身邊還有一個空位。「就有你這樣的 傅慶囡!你是怕折了你的福還是怎麼着?你不去,我去!」說着,閃閃結結地身來,一手托着腿。她那活澄的赤金色的臉和胳膊,在輕紗拖染中,像玻璃杯裏盛慶的拍酒,然而還是在傅慶眼中,並不僅僅引起一種單純的美感。他在那裏想。她長得並不像言子夜。那麼,她一定是像她的母親,言子夜所娶的那南國姑娘。言子夜是當年已一樣消瘦,其中有一個傅慶所…

图三・一七　张爱玲发表于一九四三年七月《杂志》月刊的短篇小说《茉莉香片》配有她自己画的插图,图中描绘的应该就是年轻时的言子夜和冯碧落。作者藏。

绸袍，那松垂的衣褶，在言子夜身上，更加显出了身材的秀拔。"父亲的苍白和萧条与女儿的浓墨重彩恰好成了对比。小说中言子夜的女儿言丹朱被描绘成"活泼的赤金色的脸和胳膊，在轻纱掩映中，像玻璃杯里滟滟的琥珀酒"，在传庆看来，这哪里能是言子夜的血脉。小说把言子夜背后那个想象的江南和香港的岭南文化对立了。借助聂传庆的眼光，我们在言子夜教授身上读到的是漂流。聂传庆和他景仰的老师都不属于这个地方，他们是此时此地的"异类"，因而他们是同类。

在许地山（言子夜）的文学课堂上所读到的经典，是漂流者随身携带的经典。许地山从小在岭南长大，闯过南洋，也去过北地，游学到新大陆，又渡海到了英伦，辗转再回到华洋杂居的香港，并以一个崭新的文学史观重读经典，传授经典。从英美校园文化里熏陶出来的老师，却坚持常年长衫一件，飘逸的衣装带有现代校园文化的气息，是服饰带来的崭新意义。可以说，张爱玲在许地山课堂上读到的文学经典是焕然一新的经典。她在隆隆的炮火下躲在冯平山图书馆埋头重读明清小说，其实也是在全新的框架里赋予陈旧的叙述新鲜的意义。在漂流者的课堂上用文字武装一个崭新的下一代漂流者，这是学问的传承，也是文字的传授，更是生命意义上的延续。

四 　与斯黛拉·本森同游：张爱玲的英文课

一九四四年三月十六日，上海《杂志》月刊社召集了一众沪上文人，举行了一场"女作家聚谈会"。被邀请的女作家除了张爱玲外，还有苏青、关露、潘柳黛、汪丽玲等，《中国女性文学史》的作者谭正璧亦在座。主持人是《杂志》月刊社的鲁风和吴江枫，他们问了作家们一系列的问题，比如初入文坛的经历，最喜欢的中外作家和作品，写作方法等等。问到最喜欢的外国女作家是谁，张爱玲只有一句话："外国女作家中我比较欢喜Stella Benson。"当时的张爱玲已经在沦陷的上海几个重要的文学期刊上发表了一系列的短篇小说和散文，她的第一本小说集《传奇》将于同年的八月出版，特立独行的风格已经成为她的标志。她"比较欢喜"的这位外国女作家似乎是个谜，没有任何解释，名字连中文翻译都没有。聚谈记录登载在四月号的《杂志》月刊上，白底黑字，孤零零的一句话，几乎能够想象她说完后全场的静默无声,随后另一位女作家汪丽玲滔滔不绝地开始谈她的最爱。"斯黛拉·本森"(Stella Benson)是谁,为何重要,没有下文。

在持续不断的张爱玲热中搜索了斯黛拉·本森的人们发现,本森或许在她自己的时代曾经是个风云人物,如今在英语文学史上却几乎找不到她的痕迹。之后有学者

图四·一 上海《杂志》月刊一九四四年四月号登载的《女作家聚谈会》,在页五十二有张爱玲的一句"外国女作家中我比较欢喜 Stella Benson"。作者藏。

发现，本森嫁了一个姓安德森的人，而这个安德森有两个在美国学界鼎鼎大名的儿子：哥哥本尼迪克特·安德森（Benedict Anderson），一九三六年出生于昆明，日后成长为一位卓有成就的政治学家和历史学家，他的名著《想象的共同体》影响深远；弟弟佩里·安德森（Perry Anderson）则是一位著名的马克思主义史学家。曾经看到有斯黛拉·本森是安德森兄弟的"继母"的说法，其实不然。本森一九三三年英年早逝，她的丈夫一年后续娶，安德森兄弟两个都来自第二段婚姻，他们与斯黛拉·本森没有任何交集。

斯黛拉·本森是谁，这么多年依然是个谜。她究竟写过什么？做过什么？说她曾经有名，是一种什么样的名？究竟是一种什么样的文字上的关联可以将她和张爱玲共同置于世界文学的殿堂之上？同时代英语世界里的女作家，鼎鼎大名的有维吉尼亚·伍尔夫和凯瑟琳·曼殊斐尔（Katherine Mansfield，1888—1923）等，为什么张爱玲偏偏提到一个谁都不知道的名字？张爱玲与本森的文字相遇，发生在哪里，在哪个时间点上？是什么样的大环境和阅读文化促成了这场相遇？是否可以借助张爱玲的热度，打捞一个英语世界里的独特声音，将她重新放置于世界文学的版图之上？本章写作的初衷，就是这一长串的问题。勾勒世界文学史上这场相遇，让张爱玲与本森互为参照，各自点亮她们的文字之旅,是我的目的。这也是我重建张爱玲的文学关系网时一个逃不掉的课题。

帝国秩序下的"中等趣味"

张爱玲和斯黛拉·本森在世界文学这个大场域中的相遇是纯文本的。这场相遇发生的地点是香港,时间是一九三九至一九四一年间,即张爱玲在香港大学上学的那几年,那时斯黛拉·本森早已过世,但她的作品仍在殖民地阅读文化中流传,她的影响一直延续到香港之战爆发、英军溃败、香港被日军占领的一九四一年底。

这场纯文本的相遇,其背景是香港大学的黄金十年,学校的人文传统是在这十年里奠定的。前两章里谈到对殖民和后殖民的思考以及世界主义的人文观是张爱玲从历史老师佛朗士和中国文学老师许地山那里承继的最重要的文化遗产。这一章的重点是香港战前的殖民地阅读文化,也为她的写作定位提供了另一套丰富的文本参照体系。张爱玲是中文系的学生,也是英文系的学生,多层次的文本参照体系中有课堂里传授的英语文学正典作品,也有正典之外大量的二十世纪文学作品。

张爱玲上港大前看过的英语课外书,她在不同的场合多次提到。萧伯纳(George Bernard Shaw, 1856—1950)是她从小就看的,从父亲的家到姑姑的家,萧伯纳宛如家中一个永久装置。《私语》中提到她父亲的一本书,上面的题识用的是英文："天津，华北。一九二六。三十二号路六十一号。提摩太·C.张。"这书是萧伯纳的剧作《伤心之家》，张爱玲译作《心碎的屋》。作家冯睎乾从张爱玲遗稿中整理出版的长文《爱憎表》中也证实了这个小小的书单："我的英文课外读物限于我姑姑的不到'三尺书架'，一部《世界最佳短篇小说集》，韦尔斯的四篇非科幻中篇小说，罗素的通俗哲学书《征服快乐之道》，与几本德国Tauching版的萧伯纳自序的剧本。"藏书不多，但都是精选，是父亲和姑姑的钟爱，也是张爱玲童年和少年时代的阅读记忆。

带着童年和少年的阅读背景，张爱玲到了当年师资齐整的港大英文系。英文系的必读书单中基本都是十七至十九世纪的正典作品，其中有莎士比亚、狄更斯、沃尔特·司各特、奥立佛·高德史密斯、威廉·梅克比斯·萨克雷、乔纳森·斯威夫特、罗伯特·勃朗宁、拜伦、塞缪尔·泰勒·柯勒律治、威廉·华兹华斯、托马斯·哈代、马修·阿诺德等，加上《圣经》和荷马史诗。这个文学殿堂里只有两位女作家：简·奥斯汀和乔治·艾略特。现代作家只有一位萧伯纳。日后对她的文学生涯影响极大的赫胥黎、H.G.威尔斯、毛姆、劳伦斯、斯黛拉·本森等当年的热门作家都不在文学院的必读书单中。可以想见，英文系只是一个平台，从这个平台出发可以走得多远，全赖老师们的引导和张爱玲自己的阅读胃口。

在港大教过张爱玲英文的都有谁呢？年轻教员一般担任一年级的课程，张爱玲入学的第一年，教她英文的很可能是讲师索尔特（Keith W. Salter），另一位讲师贝奇（Bernard Gregory Birch）很可能是她第二年的老师。第三年只上了一个学期港战就爆发了，那个学期的英文老师很可能就是长期担任英文系教授和系主任的辛普森（Robert Kennedy Muir Simpson）。

辛普森教授同时兼任文学院院长，一般只给高年级学生开小课。《小团圆》里有这样一段描写："听说英文系主任夫妇俩都是酒鬼。到他们家去上四人课，有时候遇见他太太，小母鸡似的，一身褪色小花布连衫裙，笑吟吟的，眼睛不朝人看，一溜就不见了。按照毛姆的小说上，是因为在东方太寂寞，小城生活苦闷。在九莉看来是豪华的大都市，觉得又何至于此，总有点疑心是做作，不然太舒服了不好意思算是'白种人的负担'。她不知道他们小圈子里的窒息。"《易经》中也有类似的描写。学生喜欢背后议论老师，而且总是说他们怎样的不堪。现实中的辛普森教授，其实是一个有超前眼光的人文学者。他任职港大三十年，从建系初期一直到战后的重建，都有他的印迹。三十年里，他将英文系的定位从单纯在英联邦范围内加强巩固"英国性"（Englishness），转为以英语文学作为切入西方文明的一条途径和一种方法。辛普森在他的小课上鼓励高年级学生在掌握英语经典的基础上用比较的方法讨论英语文学和其他语言文学的异同,这听上去几乎像是半个世纪后成为学院主流的比较文学和文化研究,张爱玲日后在美国几个高等学府里开展的研究课题或许曾得益于辛普森教授的课堂。在张爱玲上学的三〇年代末,这样的理念无疑是超前的。辛普森对英文系的改革与上一章里谈到的许地山对中文系的改革不谋而合。许地山将他在民俗学、文化人类学和宗教史等领域的造诣融合进中文系的重新设置中,将历史的叙述和比较的视野融汇在一起。辛普森的出发点或许不同,但中文系、英文系同时加强的人文教育的底色都是一种战前世界主义的开放姿态。

张爱玲二年级的英文老师贝奇,应该对她也有不小的影响。黄康显在《张爱玲的香港大学因缘》一文中说退休后的贝奇曾对他提起张爱玲,说他本人极其喜欢毛姆的小说,也曾鼓励张爱玲多读毛姆。当年张爱玲的英文老师中也有两位华裔女助教:赖宝勤和梁文华。港大英文系自建系以来聘任的教员,从教授到讲师和助教都必须是地道的英国人,英联邦的校园里雇用华裔教员会"冲淡"英文教学的"英国性"。这条老规矩在战争年月里不得不松动。赖宝勤是港大英文系历史上的第一位华裔教员,她一九三四年从港大英文系毕业,一九三六年获得那年的唯一一个庚子赔款奖学金赴牛津大学圣安妮学院深造，一九三八年回港即被母校聘任为助教。之后欧洲战事更加吃紧，从英国聘请教员更加艰难，英文系的学生梁文华一九四○年刚毕业即被聘为助教。英文系所有的老师，从资深的辛普森到年轻一代的赖宝勤和梁文华，都有可能把毛姆、赫胥黎、韦尔斯、斯黛拉·本森等等在文学院书单之外的热门作家推荐给他们的学生，因为这些作家和作品就在殖民地阅读文化的中心。现代作家和作品游离于文学正典之外，在二十世纪战争和殖民的背景下，或许是比正典走得更远的文字。

这里必须提到香港殖民地阅读文化中的另外两位关键人物，即前后两任港大校长。张爱玲入学的那一年的校长是史乐诗（Duncan John Sloss, 1881—1964），他长期在英帝国各殖民地供职，本身是一位卓有成就的英国文学学者，是公认的十八世纪英国诗人威廉·布莱克（William Blake）的权威诠释者。与张爱玲的阅读书单有更直接的关联的是史乐诗的前任，即在一九二四年至一九三七年间任香港大学校长的康宁爵士。康宁是港大历史上的第三位校长，任期很长，达十三年。这是香港大学文学院关键的十三年，他在学校各个层面的会议讨论中频频强调人文教育乃治校根本，不能为了社会对医科、工程、商学和教师培训的需求而牺牲了人文教育的投资。康宁任期内聘请了一批国际领先水平的人文学者，包括上一章里讲到的中文系许地山教授。他一九三七年退休返回英国前,将全部藏书捐给了学校。那时学校图书馆的英文藏书十分有限,康宁的捐赠如雪中送炭。他的几千册藏书涵盖极广,有历史、哲学、伦理、教育方面的,也有不少游记、回忆录、诗集和剧作集。港大图书馆早期的捐赠记录已经不存;不少书籍里当年的印迹在重新装订的时候都被抹去了。我能确定康宁藏书中至少有三本斯黛拉·本森的著作,一九三九年入学的张爱玲,可以在学校图书馆中借阅到,包括长篇小说《再见,陌生人》(*Goodbye, Stranger*)和《移植的多比》(*Tobit Transplanted*),以及游记集《世界中的世界》(*Worlds within Worlds*)。

《移植的多比》是本森最优秀的长篇小说,扉页和版权页上有康宁爵士别具一格的手书姓名、购书日期(一九三一年五月)和图书馆纳入目录的日期(一九三七年十月十六日)。其他两本本森著作里没有康宁爵士的签名,但有连续的序号,可以断定都是在同一天被纳入图书馆目录的康宁爵士的藏书。这几本书和康宁的其他赠书一样,散落在书库中。在我的建议下,图书馆发动人力大海捞针,迄今已找回一百多本,连同这三本本森著作一起,安全移入特藏。多年来无人问津的书,虽然纸张泛黄,书页却是平整光洁的。当年的借阅记录已经不存,没有张爱玲借阅的确切证据,但手里捧着这些书籍,仍然可以想象当年张爱玲手里捧读的也是这几本，她就是从这些书页里走进了本森的世界。

香港殖民地阅读文化的长长的书单里有不少当代的女作家，为什么张爱玲偏偏选出斯黛拉·本森为她"比较欢喜"的？这要从本森在同时代作家中的定位说起。"比较"是个关键词，它的背后是一个范围、一块领域、一整套的文本参照系统。对张爱玲影响最大的英语作家，在当年基本上都被划分到"中等趣味"（middlebrow）的作家行列中。所谓"中等"是一块灰色的界限模糊的领域，介于精英的"高等趣味"（highbrow）和通俗的"低等趣味"（lowbrow）之间。这个概念的诞生与二十世纪二三〇年代英美文学阅读市场的扩大有关。一大批现代作家涌现出来，比前几个世代的作家都更加有市场意识，面向读者群中日益壮大的中产阶层，尤其是中产阶层中的女性读者。在批评家眼里，"中等趣味"的文学是对大众口味的妥协，降低了文学的门槛，冲淡了文学的思想意义，也牺牲了真正的艺术价值，"中等趣味"因而成了一个贬义词。在张爱玲阅读的时代，大批"中等趣味"的英语文学作品是在帝国意识形态的架构里得到普及和传播的，与各殖民地的阅读文化和社会经济背景休戚相关。

影响了张爱玲一生的威廉·萨默塞特·毛姆（William Somerset Maugham，1874—1965）即是"帝国秩序下的

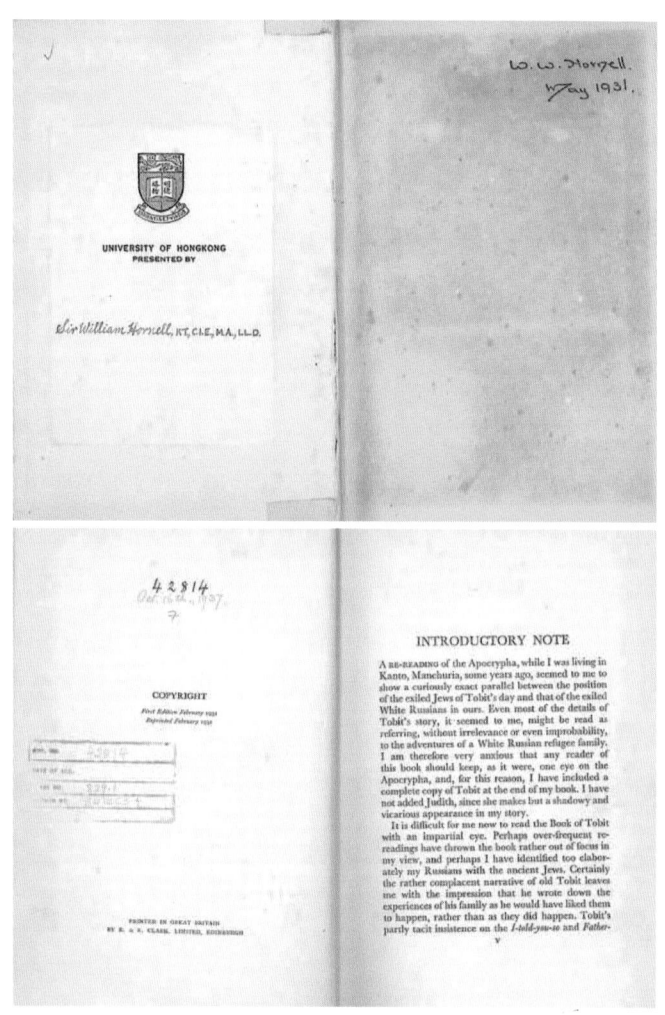

图四·二　港大图书馆收藏的本森长篇小说《移植的多比》的扉页和版权页，有康宁爵士的手书姓名、购书日期和图书馆纳入目录的日期。香港大学图书馆藏。

中等趣味"（imperial middlebrow）的代名词。毛姆对中国向往已久，第一次到中国是一九一九年八月，他和同性恋人杰拉德·哈克斯顿（Gerald Haxton）一起从利物浦坐上跨越大西洋的轮船，先到了纽约，然后坐火车穿越美洲大陆，在旧金山登上跨越太平洋的邮轮先到了香港。香港是第一站，然后北上到了上海和北京，还到了奉天（即今天的沈阳）。毛姆的中国之行成就了三部著作，剧作《苏伊士以东》(*East of Suez*)，长篇小说《面纱》(*The Painted Veil*)，以及短篇素描集《在中国的屏风上》(*On a Chinese Screen*)。《苏伊士以东》颇能代表"帝国秩序下的中等趣味"。剧作于一九二二年九月同时在伦敦和纽约上演，是一出穿插了奸情、自杀、谋杀、种族冲突等惊悚情节的悲喜剧，背景是北京的英国人社会。剧场制作耗费昂贵，一条北京街道的场景被搬到了英美的舞台上，现场的乐队演奏着英国作曲家尤金·戈森斯（Eugene Goossens）创作的仿中国风音乐。两边观众反应都十分热烈。当然，"高等趣味"的批评家们则对其中的"中等趣味"嗤之以鼻。对当年港大英文系的学生来说，毛姆虽然不在正典书单中，却是正典之外的必读作品。张爱玲终生对毛姆念念不忘，频频在她各个时期的文字中提及毛姆对她的影响，有趣的是，每一次提及，几乎都在香港的语境中，比如前面提到的《小团圆》中将英文系系主任夫妇比作毛姆笔下的人物，这当然与她自己的香港经验和阅读经验紧紧相连。

与毛姆一样，斯黛拉·本森也是一九二〇到一九三〇年代香港殖民地阅读文化中的一个重要人物，都属于"帝国秩序下的中等趣味"。她几乎和毛姆同时到达亚洲大陆，而且路线几乎是重合的。本森在香港停留期间曾与毛姆相遇，在英语文坛初露头角的她在一个传教士的集会上被介绍给当年炙手可热的畅销书作家毛姆，她在当天的日记里形容毛姆"慈祥、好玩"。生于一八九二年的她，比毛姆年轻近乎两个十年，第一次跨洋出行，完全没有毛姆的排场。毛姆的随行人员中有翻译、侍从、挑夫，甚至还有厨师。本森单身一人，随身带着两个陈旧的箱子，行囊羞涩。毛姆坐在人力车上观看中国的街区和各色人等，本森则一般是骑驴或马或骡。这两个不同世代、性别、社会地位和背景的英语作家，在历史的同一点上以同样的顺序在一次大战后的世界版图上，殖民地与殖民地之间，游走了一圈。他们是在英文系传授的正典之外对张爱玲影响最大的作家。

殖民地阅读文化中的女性写作

张爱玲和毛姆的相遇在香港，和本森的相遇也是，他们的纽带是香港的人文大环境和殖民地的写作和阅读文化。二十世纪上半叶在大英帝国的版图里行走和写作的女作家不止本森一人，从本森的文学关系网中可以看到一个群体的女性作者，她们大都是所谓的"帝国缔造者"（empire-builders）。她们中间，有的已经很有名，有的初出茅庐，无一例外的出身优渥，从来就不缺一间"自己的房间"。张爱玲简简单单的一句"外国女作家中我比较欢喜Stella Benson"的背后其实是一长串的作家和作品，暗示着经过大量阅读、筛选、对比之后留存下来的创作源头。

在帝国秩序下写作的女作家群体中最有名的当数维吉尼亚·伍尔夫（Virginia Woolf，1882—1941）。伍尔夫年长本森十岁，在本森写作的一九二〇年代，伍尔夫以《达洛维夫人》（*Mrs. Dalloway*）、《到灯塔去》（*To the Lighthouse*）、《奥兰多》（*Orlando*）等意识流小说杰作成为公认的现代主义以及女性主义文学的先锋人物，也是伦敦文学界的核心人物。本森和伍尔夫夫妇的友谊从一九二五年开始持续到本森离世。厘清本森和伍尔夫的关系，也就厘清了本森和英语文学主流的关系，也能解答为何张爱玲自始至终对精英作家维吉尼亚·伍尔夫只字不提，偏偏要说"我比较欢喜Stella Benson"。

一九二五年七月，在亚洲旅居多年的本森回伦敦探亲，被邀请到伍尔夫夫妇在伦敦的家里喝茶，这是她第一次见到这对著名的文坛夫妇。那时的本森已经在伦纳德·伍尔夫（Leonard Woolf）主编的刊物《国家与神庙》（*Nation and Athenaeum*）里发表了不少篇散文。在日记里她形容这对夫妇是"多少有点神经质,但十分睿智的一对",诧异于伍尔夫竟然比她更"脆弱和紧张"。两人间的阶层差别是很明显的。本森在世的最后几年,她们是各种文学奖的竞争对手。一九二七年本森的《再见,陌生人》被提名法国的费米娜奖(Femina-Vie Heureuse),但这个奖最终被伍尔夫的《到灯塔去》得到了。一九二八年本森再次回到伦敦时被邀请到伍尔夫家做客,那天她在日记中描写了主人的高姿态:"关于维吉尼亚·伍尔夫,有一些非常美好和真实的东西,而且非常稀有。看她的模样,听她说话,仿佛在知识生活之外她就没有别的生活了——她十分诚实,诚实得几乎不近人情。但要是这样跟她说,她定会有点受伤。"

和本森来往了几年的伍尔夫,一直到一九三一年四月二十日在致作曲家埃塞尔·史密斯(Ethel Smyth)的信中依然认为本森的作品不够"高级":"斯黛拉·本森我是不读的,因为读到的那些在我看来都写得哆哆嗦嗦的——感伤得发腻,那种所谓的机智脆弱得足以使人的情绪冻结。不过我会再试试看。"一九三二年春天,本森最后一次回到伦敦,应该是她最踌躇满志的一次,因为她的长篇《移植的多比》受到普遍好评,而且得到了两个文学奖,其中一个是她曾经输给伍尔夫的费米娜奖。那年春夏她成为伍尔夫夫妇的座上客。伍尔夫仍然对于本森作品中的"中等趣味"不以为然,甚至在日记中说本森"过于务实,就事论事",像一个"劳动阶层的妇女"。哈佛大学保存的伍尔夫夫妇蒙克之屋(Monk's House)影集里有两张伍尔夫与本森的合影,两人坐在户外,神色严峻,伍尔夫的右手支撑着脸颊。日期注明是一九三一年,但那一年本森并没有回英国。这张合影应该摄于一九三二年的春天,即本森最后一次回英国度假。到了一九三二年年底,伍尔夫在致史密斯的信中说她终于在读本森的《移植的多比》了,虽然晚了一点,却是"充满乐趣"。

一年之后本森的死讯传来,伍尔夫是悲伤的。在本森生前,高高在上如伍尔夫,居然感到了威胁。她们其实是同类人,都有着脆弱的神经和刚强的意志,都是在帝国边缘行走着的坚守着一间自己的房间的女性作者。伍尔夫的日记里写:"好奇怪的感觉啊,像斯黛拉·本森这样的一个作家死了,我都不知道要如何做出反应。此时此刻不再有她点亮,生命里缺了什么。"日记里还有这一段:"我不算很了解她,但记得她那双精致而耐心的眼睛,她微弱的声音,她的咳嗽,那种压迫感。她和我一起坐在罗德梅尔的露台上。而现在,这些印象消失得如此之快,我们本来可以成就一段友谊。"这里的罗德梅尔(Rodmell),就是伍尔夫夫妇的蒙克之屋所在的英国南部小镇,一起坐在露台上的回忆很可能就是那张两人合影里的景象。

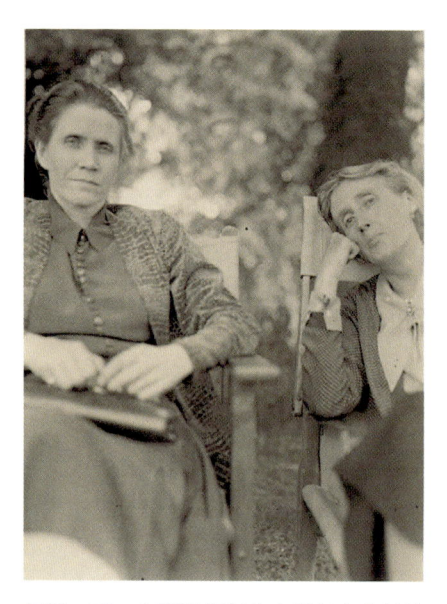

图四·三 本森和伍尔夫在伍尔夫夫妇的蒙克之屋。MS Thr 560, (141). Harvard Theatre Collection, Houghton Library, Harvard University.

在以伍尔夫夫妇为中心的布卢姆茨伯里（Bloomsbury）群体里，斯黛拉·本森只能算是十分边缘的一个编外作家。本森在远东居住的十几年里，每隔两三年有一次回英国探亲的机会，在每一次这样的机会里她都会与同时代甚至更年轻一些的女作家会面，譬如丽贝卡·韦斯特（Rebecca West）、内奥米·密契森（Naomi Mitchison）和温尼弗雷德·霍尔比（Winifred Holtby），她们都成了本森在写作路上的好友。与她友善的作家中也有男性。在伦敦她有一次见到了张爱玲喜爱的另一位作家韦尔斯（H. G. Wells），韦尔斯对她印象极好，读了她的作品，认为她是比伍尔夫更出色的女作家。她甚至也见到了萧伯纳，萧伯纳并没有读过她的作品，但居然认为她也是如同伍尔夫一样的文学精英中的一员，这让本森觉得有点不可思议。本森对精英文人始终抱有一种审慎的怀疑，她也从来不把自己当作精英，不认为自己的作品能进入正典。在她去世前的几年里，她保持了和伍尔夫夫妇、E. M. 佛斯特（E. M. Forster）、薇塔·塞克维尔-韦斯特（Vita Sackville-West，即伍尔夫小说《奥兰多》中主人公的原型）的通信来往。布卢姆茨伯里的文化精英里她唯一喜欢的是薇塔·塞克维尔-韦斯特，在日记里描绘薇塔"比大多数高层的人更容易相处，因为她似乎更有教养，而且不那么急于表现自己有多聪明"。

布卢姆茨伯里群体里的核心人物最早对本森的作品多少都有点不屑，但当年另一位英语世界里名气很大的女作家凯瑟琳·曼殊斐尔却是从一开始就看好本森。一九一九年本森的长篇小说《独自生活》（*Living Alone*）出版时曼殊斐尔就写了书评，说本森是一个天生的小说家，"她写得这样自如，仿佛不费吹灰之力，像一个漫摘野花的孩子"。当年殖民地的阅读文化中的热门女作家还有贝拉·伍尔夫（Bella Sidney Woolf, 1877—1960）。贝拉·伍尔夫的弟弟是维吉尼亚·伍尔夫的丈夫伦纳德·伍尔夫，贝拉在第二段婚姻里嫁给了在殖民地香港任职的汤姆·修顿爵士（Sir Wilfrid Thomas Southorn），位于香港湾仔的修顿球场就是以他命名的，因而贝拉·伍尔夫也被尊为修顿爵士夫人（Lady Southorn）。贝拉·伍尔夫前后出版了二十多本书，最有可能出现在张爱玲的课外阅读书单中的是她一九三〇年代在香港出版的两本远东游记：《中国碎片》（*Chips of China*）和《蚊帐之下》（*Under the Mosquito Curtain*）。但在张爱玲自己的文字中，除了偶尔提及曼殊斐尔，其他与本森同时代的女作家一概不提，着实有点蹊跷。

近年被学者发现并整理出版的一篇《中文翻译：文化交流的载体》（"Chinese Translation: A Vehicle of Cultural Influence"），是张爱玲一九六七至一九六九年在麻省剑桥拉德克利夫独立研究所（Radcliffe Institute for Independent Study）任研究员期间陆续写成的一份演讲稿，其中涉及了不少西方文本，从早期的希腊神话、但丁、莎士比亚、弥尔顿到现代的易卜生、萧伯纳、司汤达、波德莱尔、克努特·汉森、辛克莱·刘易斯、西奥多·德莱赛、尤金·奥尼尔、海明威等等，充分显示了她的阅读量之大，完全有能力完成中西比较文学的课题。然而水晶一九七一年采访张爱玲后写的一篇《蝉——夜访张爱玲》里却说:"至于西洋作家,她谦虚地说看得不多,只看过萧伯纳,而且不是剧本,是前面的序。还有赫胥黎、韦尔斯。至于亨利·詹姆斯、奥斯汀、马克·吐温则从来没有看过。"这究竟是谦虚过度呢,还是别有原因?

一九七四年张爱玲在"中国时报"《人间》副刊发表了《谈看书》和《谈看书后记》两篇散文,其中提到大量的文本,天南海北,从中国古小说到西方的神怪故事,到各种人类学、人种学、社会学的著作,唯独没有提到西方的文学正典。在谈到中国古典小说的铺陈叙述时提到西方的"意识流"小说作为对比,但仍然是只字不提伍尔夫,只简短提到了乔伊斯:"'意识流'正针对这种倾向,但是内心生活影沉沉的,是一动念,在脑子里一闪的时候最清楚,要找它的来龙去脉,就连一个短短的思想过程都难。记下来的不是大纲就是已经重新组织过。一连串半形成的思想是最飘忽的东西,跟不上,抓不住,要想模仿乔埃斯的神来之笔,往往套用些心理分析的皮毛。"言下之意,"意识流"的产生是为了在描绘深层心理的同时保存一些内心的真实,但实在不宜模仿,因为模仿得差了,就是拙劣。《谈看书》发表后,她写信给夏志清,字里行间很希望夏教授也能看一看这篇长文,并很委婉地在信中提到她看西方小说很少,将她与西方文学里的大作家和经典作品做对比恐怕不是很妥当。

这样看来，水晶采访张爱玲的时候，她只说看得很少，表面上似乎是谦虚，其实是怕肤浅的理解会想当然地将她与某些作家作品相提并论。是否早在一九四四年她就能预想到将来有一天会有多少热心的读者将她比作"中国的维吉尼亚·伍尔夫"？因为她小说中大量的内心叙述和繁复的心理刻画，不少人即刻将她的风格与伍尔夫的"意识流"画上等号。这样的比较，在她看来，想必是无法容忍的。她自始至终没有提及伍尔夫，无非有两种可能性。第一是，没有读过；第二是，读过，但不喜欢，而且是非常地不喜欢，因而绝口不谈。她在英殖民地的大学里念英文系，又是从小立志写作的，没有读过伍尔夫小说的可能性极小。所以我倾向于第二种可能性，即绝口不谈。自始至终避谈伍尔夫是有意为之，为了表明个人的选择。她说"比较欢喜"本森，那是跟谁"比较"呢？当然是和本森同时期的英语世界里的女作家，最有名的当数伍尔夫和曼殊斐尔。曼殊斐尔被张爱玲归为闺秀派的代表，明确表示不是一路的。伍尔夫干脆连一个字都没有。"比较欢喜Stella Benson"是一种选择，也是一种摒弃，更是一种自我定位。

本森其人

在女性写作这个领域里，斯黛拉·本森为张爱玲在以伍尔夫为代表的现代主义文学主流之外提供了另一种写作参照，是一种游离于主流文学和精英文化之外的独立声音。那是一种什么样的声音呢？

本森一八九二年出生于英国的什罗普郡，家庭条件优渥，父母都受过良好的教育。从小体弱多病的她无法如其他孩子一样正常上学，在父母的鼓励下，她从九岁就养成了记日记的习惯，一直到生命的最后一刻。"日记如梦，是在外受辱者的内心慰藉"，这是本森在她的游记集《世界中的世界》的前言里写的一句话。年少的本森从片刻不离身的日记里找到了一个忠实的伙伴，一个永恒的心灵空间，长大以后出远门，这个心灵空间可以随身携带，并成为她写作的素材和蓝本。

或许是因为从小体弱多病，早被医生预言活不久的本森，文字的背后总是有一种阴暗和苍凉，一种隐隐的忧郁。她在一九一三年的日记中写："我不想死，我必须一刻不停地动着。"十八岁那年因为肺结核被送到瑞士阿尔卑斯山脉中疗养，因为又得了严重的鼻窦炎需要手术，术后留下了后遗症，使她丧失了部分听觉。她日后作为一个散文家的敏锐和小说家的洞察，或许与她的听觉障碍和视觉的无比敏锐有关。她生前发表的著作一共有十六部，包括八部长篇小说和多部散文集、诗歌集、短篇小说集，加上四十一册密密麻麻的日记，是一笔不薄的文化遗产。她的日记存放在剑桥大学，遵守她的遗愿，在她去世五十年后即一九八三年才开放给公众。本森在文学史上是一个被湮没的人物,日记开放的几十年里来查看的人非常少。日记没有数字化,读者必须到场借阅。好在有一本写得比较完整的传记,出版于一九八七年,传记作者乔伊·格兰特(Joy Grant)自认这是一部完全根据本森的日记写成的人物传记,其中大段大段地引用本森的日记,所有的细节都以日记上的记载为准。这样一部传记,对于无法到场查阅原件的读者来说,无疑是了解本森生平的一个忠实的窗口。

本森在二十二岁那一年离开父母的家,到了伦敦,开始独立。她写诗,写小说,写杂感,同时也投身如火如荼的妇女参政运动。在伦敦的四年奠定了贯穿她一生的社会参与意识和女性平权意识,之后她无论走到哪里,都带着英语世界第一波女权运动的烙印。她的第一部长篇是发表于一九一五年的《我,摆出架势》(*I Pose*),是一部讽刺小说,直接以伦敦的妇女参政运动为背景,女主人公身上有本森自己的影子,如同本森一样,她在东伦敦做小区工作,却无法在女权主义的社会身份认同和女性的个人诉求之间找到平衡。本森发表于一九一九年的长篇《独自生活》,就是曼殊斐尔盛赞的那一本,也同样描绘了一位身处社会边缘的倔脾气女性,与周围的环境格格不入且健康每况愈下,一如当年的本森自己,不断地与恶劣的环境和疾病对抗。《独自生活》写于本森在伦敦的最后一年,但在出版前，她已经离开了伦敦，带着社运的硝烟，跨越大西洋，到了美利坚。这时张爱玲尚未出世。从时间上讲，张爱玲和本森之间隔了整整两个世代。本森的早期小说，张爱玲读到的可能性极小，因为从当年《南华早报》的书讯里可见，一九三〇年代在香港的英文书店里出售的本森著作都是她一九二五年之后的作品。

从一九一〇年代末伦敦的女性平等投票权运动中走出的本森，开始了独自一人的越洋长途跋涉。一九一八年七月从利物浦出发的轮船，在大西洋上走了十天之后到了纽约。几个月里她在纽约、新英格兰和美国南方各地游历，一九一八年年底坐火车跨越美洲大陆，到了西岸，在加州湾区的一个波希米亚风的艺术家聚居村落住下，继续她的小说和游记创作。刚开始独自跨洋游历的本森，资金并不充足，在美国曾尝试打各种零工来补充收入，她在加州大学伯克利分校做过体育教练，做过贵妇人的女佣，为某家公司上门追收账单，卖过书，也做过编辑校对，似乎是只要能找到的工作她就做，筹集了足够的旅费和生活费就开始下一段的旅程。

和毛姆一样，本森对中国有一种强烈的向往。在美国游历了一年多的本森于一九一九年十二月从旧金山坐船跨越太平洋，途经火奴鲁鲁，到了日本。从日本她继续坐船经菲律宾和澳门，最后到达香港。在香港停留了几个月后她又北上到了北京,从北京南下到四川,坐上长江上的邮轮,穿过三峡,到了重庆。在重庆,她遇见了未来的丈夫安德森。安德森全名是James (Shaemas) Carew-O'Gorman Anderson,比本森小十八个月,是中国海关的爱尔兰籍雇员,汉语流利,日后成为一个中国通。在认识安德森之前,本森一直担心婚姻家庭会耗尽她所有的精力,无法成就一个伟大的人生。她在日记中写:"我想有伟大的成就,婚姻是障碍。如果有一天我变得与常人无异,有一个平常的婚姻和愚蠢至极的附庸生活,那我不会再有生存下去的任何幻想。"但认识了安德森,独自行天下的计划就必须调整了。

两人认识一年后在伦敦结了婚,婚后本森追随着丈夫在中国和印度支那各地上任,除了香港之外,上任的地点往往很偏僻,离最近的城市都隔着重重山水。每隔一两年,会有假期回英国休整几个月。假期过后常常又被派遣到另一个偏僻的地方。她总是在各种偏远的小镇里等待着来自"帝国中心"的消息。书籍、期刊、对她作品的各种评论和回馈、大量的信件还有作品的清样,邮政联系着她和英语世界的核心。她说:"英格兰是我的核心。"在一个男性权威占绝对中心的殖民体系里,作为一个殖民官员的妻子,以本森的个性是很难接受这样一个身份的,况且她对殖民体系中根深蒂固的等级制度本来就深恶痛绝。他们结婚多年，一直没有孩子，也让她觉得和周围拖家带小的官员家属圈格格不入。身体的原因使她终于无法生育，这是她最后几年在日记里写下的遗憾。

本森最后一趟回英国探亲是一九三二年，在美国和英国各地累计住了近六个月，之前已经提到，她领取了两个文学大奖，都是奖励她的最新长篇《移植的多比》的。对于英国文学界来说，这部作品预示着一个文学大家的到来。最后一趟回伦敦，她应该是平生第一次彻底地享受那里的朋友圈和文化氛围，文学大奖给她带来了更多的关注，自己也充满了自信，甚至还在伦敦的肯辛顿区用小说赚来的钱买下了一栋小房子，准备将来彻底回英国后住下。但她很快又被丈夫召回中国。安德森被派遣到云南一个十分偏僻的山区小镇，风景秀丽，但气候实在潮湿。本森到达后不久身体情况变糟，安德森申请调职被准，他们搬到了广西北海，那里城市和医疗设施相对完善，本森的健康情况转好。她留下的最后的影像之一，是他们在北海的住宅，本森在回廊上看书，身边是她的爱犬。照片有点像是假象，似乎生活平稳、安逸。本森短暂的一生，只要健康情况允许，就必然是在路上旅行。在北海，健康暂时好转，她的乐观又回来了，又开始了另一段旅行，她最后的日记里记下了巴厘岛的风景和习俗。之后她又随丈夫迁到中南半岛的东京（今天的越南北部），这是最后一次搬

图四·四　本森，摄于一九三二年的伦敦。英国国家肖像博物馆授权。

图四·五 （上）本森去世前不久在广西北海的家中。引自 Joy Grant, *Stella Benson: A Biography* (Macmillan, 1987)。

图四·六 （下）这张速写捕捉了本森的另一个面貌，一九三二年由英国作家、画家及批评家 Wyndham Lewis 绘于伦敦。英国国家肖像博物馆授权。

迁了。肺炎再一次袭来，而这一次是致命的，她在日记上留下的最后一条记录是在一九三三年十一月二十八日，她写道："我掉进了床里。"八天后就走了。

本森一九三三年十二月六日卒于印度支那的一家法国医院。第二天她丈夫将她埋在下龙湾一个小岛上的一块小墓地里。她最后未完的长篇小说《蒙多》（*Mundos*）身后由她丈夫出版，完整的日记遵照遗嘱送往剑桥大学封存五十年。和张爱玲留下的跟宋淇、邝文美四十年七十万字来往信件一样，本森最后的文字遗产是正式发表的文字之外的大量的"附文本"（paratext）。

帝国天空下的魔幻香港

本森独闯世界的架势或许让张爱玲想起了她自己特立独行的母亲黄素琼（后改名黄逸梵），母亲在张爱玲和她弟弟还小的时候就离开了他们，长期在欧洲各地游历、居住、打各种零工。当然，这顶多是一种揣测，真正的联系要在文字里寻找。对张爱玲影响最大的应该是本森的游记。本森的笔调诙谐、幽默，调侃别人时往往不留余地，嘲讽的锋芒也常常针对自己，同样不留情。她听力不好，眼光却犀利，文字背后是个冷峻的观察者，但行文之间也时常有张爱玲所说的使人"心酸眼亮"的瞬间。她的游记集中在两本文集中，即出版于一九二五年的《小世界》（*The Little World*）和一九二八年的《世界中的世界》。

第一本游记《小世界》囊括了从本森一九一八年开始独自周游世界到一九二五年和丈夫一起到达云南蒙自的多篇游历记录,每一篇都以地名为标题,合在一起,是一张涵盖欧、美、亚三块大陆和大陆之间广袤水域的地图。她最初的游记写得难免生硬,正是一个年轻作者第一次面对世界的直感,其中有很多惊艳的成分,更有灵魂受到撞击的那种震撼。或许因为是旅途中所写,文字多少有些粗糙,但正是因为粗糙,更加带有着旅行的节奏,有鲜明的质感。写作和旅行并行,旅行中写就的游记从旅途的各站寄往英国和美国,她的文字都具有实时性,她的读者群就在这样的实时性的文字里培养起来了。这样马不停蹄地行路、写作、发表,看世界的文字资助她继续看世界。

《小世界》以几篇美国游记开始,是英美两个一老一新帝国文化之间的较量,从一个老牌帝国子民的角度来看一个新兴的势不可挡的现代文明。本森第一眼看到的美国是距今一百年前的美国,一次大战后即将进入所谓的"咆哮的二〇年代"(Roaring Twenties),即经济的全面和快速增长,商业和文化的一派繁荣。本森的文字里充满了讥讽,她批判美国文化的粗糙,为了速度而舍去了精致的内涵。比如这一句,明显描写的是纽约曼哈顿的白领生活:"美国报纸是给那些白天只有两分钟闲暇时间的人看的,这两分钟里,他们必须乘着电梯上去办公楼,报纸必须在一分钟之内看完。"讥讽上班族的同时也将美国的出版文化贴上了"廉价快餐"的标签。本森的读者群很大一部分在美国,讥讽归讥讽,英国人和美国人的命运是神奇地联系在一起的:"美国人以游客的身份旅行,我们以淘金者的身份旅行。但是——奇怪得很——我们最终都以诗人的身份回家了。"

在以诗人的身份回家之前,本森还有很长一段旅程。一九一九年年底,她从西岸的旧金山登上一艘日本的蒸汽船跨越太平洋到了亚洲,目的地是香港。三十三年后,张爱玲将遵循同样的路线反向从香港到旧金山。本森坐的不是豪华邮轮,用她自己的话说是"最小的最烂的日本客船"。其实这船叫Persia Maru,是建造于一八八一年的英国远洋客轮,三十年里频繁跨越大西洋和太平洋。一九一一年重新整修后卖给了日本横滨的天洋丸号运输舰公司。本森乘坐的那一年,船的整体状况想必是陈旧了,但应该不小也不烂,依然航行在旧金山和横滨之间一直到一九二六年。本森笔下的太平洋有声有色,我是这样翻译的:

> 几小时的大风将海面完全磨平了;时不时有几缕喷雾像蒸汽一样升腾起来。在呼啸的风声背后有飞舞的雨声和海浪的嘶嘶声,仿佛一条巨龙正被唤醒。海面的平

坦犹如大瀑布在悬崖边缘即将跌落前的那一层水面。假设我是第一个旅行者，我敢确信这里就是这个世界的一个伟大的边缘，注定要跌落的是紧绷着的大海和我那命运多舛的小笨船，倏忽坠入那遥远星辰的一片混沌之中。

张爱玲一九四二年从香港回上海乘坐的也是日本客船，和本森乘坐的这艘有些相似。本森笔下的太平洋也让我联想到了张爱玲笔下的各种色彩浓烈的海，比如她香港传奇的第一篇《沉香屑·第一炉香》中，上海少女葛薇龙第一次到港岛山上的姑妈家所看到的海景："浓蓝的海，海里泊着白色的大船"。又比如张爱玲的战后小说《浮花浪蕊》里的南中国海，也有这样一道地平线上的"伟大的边缘"："她倚在阑干上看海，远处有一条深紫色铰链，与地平线平行，向右滚动。并排又有一条苍蓝色铰链，紧挨着它往左游去。"寂静只是下一场风暴来临前的一种窒息，茫茫无际中随时有跌落地平线的危险。

日本是本森到亚洲的第一站。之后她又途经日本几次，后续印象和第一印象是一致的，仿佛是一个无法更改的牢固的成见。她写日本的女性地位低下："一个女人，独自旅行，从加利福尼亚州来到日本，如同一场沉重的坠落。在加州，女人虽然在本质上并非绝对独立，但在社会上确实是受到尊重的。而在日本她们如同垃圾……"她描写一场专门为她安排的歌舞演出："去的时候像个女皇，因为那整个场面都是为我服务的；离开的时候却感到尘土不如。"她写日本舞，看描写像是歌舞伎，没有任何东方生活经验的她完全看不懂："他们的舞蹈有点像梦游；他们的心灵似乎对他们的脚、手和娇嫩的小身体在做什么没有丝毫兴趣；他们脂粉覆盖的脸上那双冰冷的小眼睛里没有灵感，也没有热情。"写得最尖刻的是这一句："让我感到万分庆幸的是，当我的灵魂最初被归类为女性并交给天使带到地球上释放的时候，它没有被赋予一个日本人的躯体。要不然那个灵魂到现在应该所剩无几。"这里的政治极度不正确要放置到她的时代背景中去理解。本森的写作并没有从根本上超越殖民女性主义的框架，她来自英美第一波女权运动，对于东方文化中制度性的性别歧视带有一种居高临下的审判意味，这一点，她和她同时代的殖民女权没有什么区别。但和毛姆放在一起，反差却是很大的。毛姆在对远东的描绘中力图巩固顺从和沉默的东方女性形象，而本森对这些所谓的传统却是十分的不以为然。张爱玲在《谈女人》等文字中对女性和性别政治的冷眼观察应该是在毛姆和本森之间找到了她自己的定位。

日本只是一个周转站，离开日本时本森坐的仍然是一艘日本船，途经马尼拉和澳门之后到达香港，这一段航程成就了一篇题为《马尼拉—澳门—香港》的游记，第一次漫游世界的本森为我们画了一张一九二〇年代的殖民路线图。开篇是这样一句："占领一块异土有三种方式：一是将它吸收进来；二是被它吸收进去；三是既不将它吸收进来也不被它吸收进去。"这里讲的是殖民和被殖民的关系，这一段旅途的三个点，恰好形象地代表了殖民与被殖民的三种关系。这种直觉的观察，或许有太多谬误，但她写来却是那样的自信，行文里满是生动的比喻。马尼拉是美国人的地盘，是她说的第三种占领方式："马尼拉如同一个装满了油和水的容器。菲律宾人就是地道的菲律宾人；至于美国人——说他们是百分之百真是一点都不过分。"油和水分得清清楚楚，绝不会融在一起，这里也顺手讽刺了一下美国人大大咧咧的做派。而澳门则代表了第二种占领方式："澳门是陈旧的，且比它实际的年岁更陈旧。在这里，我想中国最终是胜者，微醺的葡萄牙在中国的臂弯里昏昏欲睡。"最后一句，形象之极。葡萄牙在澳门的影响是半吊子的，英国在香港的渗透却是彻底的，本森作为大英帝国子民的那种骄傲溢于言表。香港自然代表的是第一种占领方式。

  船上的本森第一眼看到的香港是一个"阴沉的、雾蒙蒙的、倾斜的岛"(that grave and misty tilted island)，上岸之后她就被带到了英国人聚居的太平山顶文化中。这是一个彻头彻尾的英帝国殖民地：

> 香港犹如一块结结实实的英国；从水边到山顶，小小缆车将盎格鲁－撒克逊的文明上上下下地输送。一般的香港人用一种深沉的喉音管中国人叫做"仆欧"，仿佛对于"这些本土人"多一些尊敬便会"降低英国的荣耀"。而香港华人的灵魂似乎也接受了"仆欧"这样的称呼。只有在港岛边缘停靠和摇摆的破屋和渔船才是真正的对应了他们自己鲜明的、缺乏卫生概念的身份特征。小小的红色和金色的纸符吹拂在每一艘渔船的桅杆和船尾，仿佛是在保护这个水上之城免受文明的侵袭。

我的译文保留了本森原文里所用的几个引号。这里的香港人指的是在港的英国人，而香港的华人则成了"这些本土人"(these natives)或者"仆欧"(boy)。将这些种族色彩十分鲜明的标签放在引号里是本森对整套殖民话语本能的质疑。"降低英国的荣耀"这几个字，透过白底黑字都能听到本森那带着讥讽的声调。本森看到的香港是一个垂直陡峭的等级社会。她对那个边缘的"本土人"的香港充满好奇，但从山顶到水边的距离实在太悬殊。立身太平山顶，以一个殖民者的立场和眼光看着山下和水边，隐隐之中，她能感到这个垂直结构的残酷和荒谬。水上之城她只能远眺，但在山顶的社会里她一样的格格不入。这是她对殖民者和被殖民者之间悬殊差异的最初的觉悟,更深刻的批判和反思会在后期的作品中出现。

本森第一次到香港是一九二〇年二月,住了四个月,她在香港的拔萃男书院教了一个学期的课,按她自己的说法,除了数学,其他的科目什么都教,薪水是每月一百四十港币,在当时确实不少了。她自己从来也没有上过正式的学校,不知拿到这份教职,用的是什么样的文凭和学位证明,她的文章里并没有交代。她的读者一定很好奇,她是怎么做到的,每到一个完全陌生的地方,总是能随时打上一份临时工?香港的游记中,也有看戏的记

图四·七 本森在拔萃男书院任教时与学生合影,一九二〇年。引自 Joy Grant, *Stella Benson: A Biography* (Macmillan, 1987)。

录。在日本看歌舞伎完全不能理解,在香港听粤剧是否会好些?本森写在香港看戏的段落,可与张爱玲的《洋人看京戏》对照来读,这确实是一出洋人看粤剧,看了一场不知所云的热闹:"管弦乐队本身看起来令人眼花缭乱。一时间,至少有四个锣手,六个茶盘手,两个没有袋子的风笛手,还有十几个长笛手,他们都在努力地演奏,互相不管不顾,也不参照任何乐谱。"在她听来是杂乱无章的乐队,配上撕破了嗓子乱喊的唱腔,还有几乎是乱舞的动作,她的眼前就是一场闹剧:"所有演员都是男性,但无论是扮演男或女,他们都用紧张的假声唱自己的角色。"联想到本森的听觉障碍,不知半聋状态是否是她完全无法接受东方音乐的原因之一?这也几乎可以和张爱玲在散文《谈音乐》里对交响乐的描绘放在一起读:"我是中国人,喜欢喧哗吵闹,中国的锣鼓是不问情由,劈头劈脑打下来的,再吵些我也能够忍受,但是交响乐的攻势是慢慢来的,需要不少的时间把大喇叭小喇叭钢琴凡哑林一一安排布置,四下里埋伏起来,此起彼应,这样有计划的阴谋我害怕。"两人之间相隔二十余年,但都在东西方的声音交会中真切地听到了文明之间猛烈的撞击。

本森如期离开香港,一路北上,对香港的最后的一瞥写在《小旅程》这一篇里:

香港是一座中国庙宇投射在天空的巨大影子；这座庙宇的屋顶几乎总是被高高的云所笼罩，它的斜坡有庙宇徐缓的弧度，唯独缺少一条巨龙、一两头毛发卷曲的狮子，否则就更像庙宇了。到了晚上，香港倾斜得如此荒谬，几乎丧失了轮廓；山顶的灯光那么高，星星又那样的低。

第一眼看见的那个"阴沉的、雾蒙蒙的、倾斜的岛"在离开的瞬间又出现了。离开了山顶的英国人社会，站在中国人的水边，再抬头看那个山顶，一切都是这样的荒谬。水摇曳，船身晃动，岛屿也在晃动。水雾中，这样的香港只是一个镜像，是个投影，如海市蜃楼般闪烁而犹疑。或者说，本森的香港根本就是一个鬼影。在朦胧的视线中，香港岛就是一个漂浮在海洋上的孤岛，而要离开这座孤岛，必须要在暗沉沉的斑驳光影中穿过一个迷阵：

……我的小船择路而行，周围是黄褐色的帆船，有着石化森林般暗灰色的甲板的战舰，锈迹斑斑的深色蒸汽轮船，以及中国苦力和他们的女人、孩子、猫和鲜花所居住的舢板。小船从阴暗的港口和缠绕的船只中间挣脱出来时，天色已亮……

暗沉沉的天光中第一眼的香港和告别时投射在天空的庙宇，本森对香港的描绘比同时代其他作家的记录多了一层魔幻色彩，很可能是这一层魔幻色彩吸引了年轻的张爱玲。《沉香屑·第一炉香》里，从姑妈家出来的葛薇龙，下山之时，恰逢"大红大紫，金丝交错"的落日时分，一轮诡异的月亮正等候出场。她回头看山上的房子，就有了一种幻觉，"……向东走，越走，那月亮越白，越晶亮，仿佛是一头肥胸脯的白凤凰，栖在路的转弯处，在树桠杈里做了窠。越走越觉得月亮就在前头树深处，走到了，月亮便没有了。薇龙站住了歇了一会儿脚，倒有点惘然。再回头看姑妈的家，依稀还见那黄地红边的窗棂，绿玻璃窗里映着海色。那巍巍的白房子，盖着绿色的琉璃瓦，很有点像古代的皇陵"。日落倏然，月亮高升，一出夜晚的变形记就在眼前，夜晚的港岛山上蜕变成一座鬼城。下一段里又说："薇龙自己觉得是《聊斋志异》里的书生，上山去探亲出来之后，转眼间那贵家宅第已经化成一座大坟山；如果梁家那白房子变了坟，她也许并不惊奇。"这是再一次的强调。这里提到的《聊斋志异》是张爱玲自己给她的读者的提示，但要是觉得《聊斋志异》是这诡异氛围的唯一来源，就未免太小看张爱玲了。

葛薇龙第二次到梁家，"那是个潮湿的春天的晚上，香港山上的雾是最有名的。梁家那白房子黏黏地融化在白雾里，只看见绿玻璃窗里晃动着灯光，绿幽幽的，一方一方，像薄荷酒里的冰块。渐渐的冰块也化了水——雾浓了，窗格子里的灯光也消失了"。幽灵般的隐隐绿光，经过玻璃的折射，透着水汽的侵蚀，陆离斑驳，时现时隐，这与本森笔下那个"阴沉的、雾蒙蒙的、倾斜的岛"竟十分契合，都是镜像。山腰上古代皇陵般的房屋也一如本森笔下投射在天空的庙宇，鬼气森森，甚至带点凶悍。张爱玲的香港半山，是传奇小说和哥特式古堡小说的综合，里面自然有不少《聊斋志异》和《阅微草堂笔记》的影子，也有哥特小说的幽灵、癫狂和魔咒等元素，但我相信那背后也有本森游记中描绘的那个怪诞荒谬的殖民地幻象。即使写的并不是鬼魅或神仙幻境，一众纸醉金迷的殖民地男男女女，从张爱玲和本森的叙述角度来看，个个都带有抽离现实的魔邪之气。从中国传统文化的阵营里抽离出来的张爱玲，在写作生涯的开端就一直在寻找自己的定位。她从文化的内部突围出来，一直往后退，退到有足够的距离时，正好撞上从另一个世界兴冲冲赶来，正孜孜往里观看的英国人本森。这样，两个不同世代、不同文化背景的女作家在她们对香港的观察里保持了一致的距离、相似的角度。

　　本森对于香港这个魔幻之城的描绘自始至终未改，在她最后的文字里愈加发扬光大。她是一个彻头彻尾的女权主义者，她曾经的社运生涯在生命的最后几年再次被激活，那是一九三〇年五月至一九三二年一月间回到香港居住的一年半里。一次大战后成立的国际联盟组织发起针对人口贩卖问题的调查，本森与国际联盟合作，在香港展开了女性被贩卖为性奴的调查。前面说过本森的四十一册日记是她留给这世界的最后一笔财富，光这一年半在香港记下的日记就有十七万个词，里面有她如何加入这场运动的详细记录。使本森深恶痛绝的并非卖淫制度本身，而是那制度背后贫苦女性的非人境遇，尤其是不少未成年少女的悲惨遭遇。她频繁地造访香港各妓院，采访卖淫女，也采访与她一样试图营救被贩卖女性的社运人士。此时的本森以她的文名在香港殖民地的高层圈子里已经有了很高的声望，她充分利用她的政治和文化资本，在香港各机构和国际联盟之间周旋，这一场运动下来，她的知名度更加高涨。伦敦时代年轻的她只是妇女参政运动中的一员，在一九三〇年代初香港抵制卖淫制度的运动中，她俨然是一个领袖人物。她的书籍在香港殖民地的阅读文化中被更加广泛地阅读。前面提到的港大校长康宁爵士的藏书中有三册本森的作品就一点都不奇怪了。

本森的香港日记中多处提到康宁爵士，他是安德森夫妇过从甚密的圈内好友。她的日记里有真灵魂，对在香港遇见的各色人等都有细致入骨的刻画，这一年半里的十七万个词几乎是一个不断转动的殖民地人物画廊。大多数的人物在她笔下是被批判的，他们的浅薄、庸俗、自私暴露无遗，基本的人格简直不堪一击。康宁是少数几个"正派"人物中的一个。本森香港日记里最美好的人物是贝尔福，正是第二章里提到的历史老师佛朗士的好友兼邻居。当年只有二十五岁的贝尔福出现在安德森夫妇的社交圈中，让本森眼睛一亮，很快就看到他人格里有一种安静的智慧的力量，他是她"在香港认识的唯一一个似乎有智力和精神储备的人"，两人对于殖民地文化的批判是如此的合拍。佛朗士和好友贝尔福是同一类人，遗憾的是佛朗士一九三二年才到港大任职，与本森没有交集。

本森留给香港的最后礼物是发表在《南华早报》上的两篇文章，一篇讲香港，另一篇讲澳门。香港的这篇叫《一篇小小的讽刺：斯黛拉·本森谈香港的生活》("A Little Satire：Stella Benson on Life in Hongkong")，最初发表于英国的《无线电时报》(*Radio Times*)，一九三二年六月十日在香港的《南华早报》上转载时，编者有所删减，登载的只是一些片段。文中她将英国殖民者直接描述为受肤浅习俗束缚的一群"幽灵"，他们把香港建造成了一个遥远的伦敦郊区："对于岛上的中国人和中国文化，那些英国绅士和淑女们完全无视，这让我想到，这些英国人是住在香港岛上吗？盘踞在他们贵族生活的山上，他们看上去是那样的稀薄，而他们身旁就是厚实而丰富的中国人的生活。"本森说的"厚实而丰富的中国人的生活",指的不只是在香港的中国人的生活,更多的是"坐一小时舒服的火车就可以到达的边境那一边的那个大大的国家"。这样犀利的批判相对于本森对香港的第一印象,已经到了一个高度自觉的程度。

讽刺笔调和魔幻色彩是本森版的批判写实所不可或缺的叙述元素。一九二〇年的那个"倾斜的岛"到了一九三二年已经成了一个"稀薄"的鬼域,与时代隔绝、活在自己的真空里的殖民统治下的男女则是这"稀薄"的鬼域里的一群"幽灵"。可以说,一九三二年的"小小的讽刺"是本森十几年在英帝国统治区域里行走、观察、生活、反思的结果,是对英殖民文化毫不留情的批判。"那些精致的英国女士们和先生们,他们稀薄的、闪着幽光的鬼魂",这一句背后的锋芒再一次让我想到张爱玲笔下的那个港岛半山的社会,内里脏兮兮,外看闪着诡异的幽光,抽离开来再看,原来就是一座"皇陵"。

《一篇小小的讽刺》登出,香港的英国人社会里一片哗然,不少人给《早报》写信,为香港辩护,远在伦敦的本森随即写了一篇关于澳门的后续文章,题为《一个无知的人在澳门》("An Ignoramus at Macao")。说写作者自己无知,无非是自嘲,本森讽刺的锋芒也总是对准了自己,毫不留情。葡萄牙占据的澳门紧邻着英国占据的香港,因而"一个无知而勤奋的人,在她的旅行笔记里要写下点有内涵的东西,对比英国和葡萄牙的帝国缔造,就是一个最直截了当的题目"。对英国人的香港毫不留情,对葡萄牙的澳门则犀利有加。在本森的笔下,澳门似乎永远停留在一个慵懒而无所事事的"星期日",或许少了香港的鬼气,但一样的停滞在一个永恒的昨日里:"这块昨日非常非常之陈旧,就像一块古老的挂毯,用不同的丝线织成的。里面有葡萄牙的昨日,供奉在烧毁的大教堂里,还有众多的小教堂和修道院……也有英国的昨日,埋在东印度公司充满感伤气息的老墓地里,那是一个被遗忘的花园,到处是长满苔藓、杂草缠绕的墓碑,上面刻着一些著名的英国姓氏……当然也有中国的昨日,沉睡在澳门城墙外的那些残垣断壁的城堡里……"再次联想到《沉香屑·第一炉香》里描绘的那个"非驴非马"的杂糅文化。假如香港是鬼城,澳门直接就被描绘成了一座坟墓。这两篇,是本森留给香港的最后的礼物,是她最后一次为我们提供了张爱玲笔下那个鬼影幢幢的陈旧香港的互文世界。

乱世里的"朱红洒金"

一篇一篇地看来,《小世界》和《世界中的世界》其实是两套完整的长叙述,读者跟着本森,坐着各色船只,穿行在大大小小的水域里。本森看到的世界,在一块一块大大的陆地之外,更有无边无际的水域,她十几年的旅行生涯里，在这片无边水域里穿行的时间或许等同于脚踏陆地的时间。相对于水域的辽阔，她坐的船，无论多大，都只是一艘小船。离开香港的时候她说的"我的小船"其实也不小，是一艘货船，船上的货物是靛青染料，本森是唯一的乘客。这船沿着中国东南海岸线北上，经过上海，虽然没有停，却让她在长江口看到了绚烂的晚霞：

> 长兴号不敢贸然驶入上海这么高级的一个港口，但在某一天夕阳西下时，在一片绯红的海域上，她驶过了长江口。云的视角追随着河流的视角，有一朵巨大的酒红色云彩，仿佛扎根在阳光之中，羽状的尖端垂挂在我们的桅杆上。河流渐渐退入一片雾蒙蒙的低矮山丘中，太阳最后的光耀也从那里沉没下去。

沿着中国东海岸上溯的本森，目的地是北京。和毛姆一样，她迷上了北京。他们看到的一九二〇年的北京，恰值吴佩孚和曹锟的直系军阀在直皖战争中胜出，入主京师。战乱不影响他们继续对北京着迷。本森描写北京的几篇是难得的清澄、祥和，她看到的古都就是苏格兰摄影师唐纳德·曼尼（Donald Mennie）出版于一九二〇年的大型画册《北京奇观》（*The Pageant of Peking*）中的那些景象，层层叠叠的宫殿，绵延的城墙，沉寂的寺庙，喧闹的人群,各种马车和驼队,还有在西方人眼中美得如同世外桃源般的西山。她在北京的坐骑是一匹她命名为伍德罗(Woodrow)的小马。她骑着伍德罗逛前门,描写北京的城墙:"北京是墙的迷宫。中国人热爱墙。一个纯正的中国村庄,即使很小,要是没有一堵高高的墙,就好像没穿衣服。"她描写龙的图腾,是从来没有到过远东的欧洲人对于地球另一端的想象。龙在她的笔下从原始图腾上一跃而起,成了一个可爱的"卷发英雄":"我去北京遇到中国龙之前,从来都没有喜欢过任何卷发英雄。我总觉得它们是人造的。但是,眼前的这条龙却没有一丝丝的伪造,它的每一圈卷毛里都透着真诚。"

在北京停留期间,本森在洛克菲勒基金会开设的一家医院里做放射科的助理,其实那就是成立之初的协和医院。从英国人的香港到美国文化渗透的北京,所到之处英帝国文化总是与美利坚文化冲撞,这样的时时提及也是因为她的读者群有很大一部分是在美国。提到美国文化,她的笔调又有一贯的嘲讽,完全不会顾虑她的美国读者:"我工作的那所建了一半的伟大的美国医院里,星条旗装饰着一切,以维护美国式的道德。"帝国与帝国间的相遇和碰撞在古老的京城中,在曾经的皇家地盘上原样上演。这里的象征意义,本森完全能体会,而且以最形象诙谐的语言表达出来了。

在北京短暂停留后，本森的下一站是四川，坐上长江上的船，眼前是另一片水域，古都的清澄祥和被浓烈的尘土和色彩取代了："整整一个星期，我呼吸着金色的空气；整整一个星期，我的眼睛一直在努力适应着这样的影像，那玫瑰红波浪的金色河流，一天比一天更愤怒的喷涌。"如果说张爱玲的小说中有各种各样的月亮，本森的游记里最美的场景刻画总是留给了夕阳，那色彩让人联想到张爱玲《倾城之恋》里描绘的那个"朱红洒金"的背景。黄昏时刻本森的船只停靠巫山："江的另一边，夕阳沉入金色和玫瑰色。陡峭的悬崖上，一座檐角飞扬的庙宇，黑色的轮廓紧贴着背后的天空。盘根错节的古树，仿佛是从天边剪下的，剪影里还有一头狮鹫，它傲然的胸膛，直指江对岸的巫山。"这座庙宇，没有了香港山上的那种鬼气，而是有一种原始的彪悍。长江上的本森，也让我想到张爱玲《我看苏青》里的那个黄昏的洋台："……我一个人在黄昏的洋台上，骤然看到远处的一个高楼，边缘上附着一大块胭脂红，还当是玻璃窗上落日的反光，再一看，却是元宵的月亮，红红地升起来了。我想道：'这是乱世。'"

本森看到的四川，确实是乱世。或许是钢笔没了墨水，也可能摔坏了，总之没有笔是不行的，于是在中国的腹地，兵荒马乱的重庆街头，几个英国人上街买钢笔，"带着在华欧洲人的令人讨厌的无所谓"。不知是哪一支军阀

的队伍临时攻进重庆城,店铺大多关了门:

> 一家商店让我们查看它的钢笔库存。正看着,听到街道上传来一阵怪异的、暴风雨般的赤脚奔跑声,只见一群惊慌失措的民众从我们的眼前一哄而过,除了轻声的耳语和唰唰的脚步声外没有任何其他声响。小店的店主火速上了门板,转身就消失了。我们默默地坐在柜台后面的小祭坛前等候。外面的街道似乎在人群呼啸而过之后就死去了。那些挂着横幅的、扭曲的、深邃的小房子如同一张张空洞的脸,紧抿着嘴唇。

这一段描写与张爱玲在《烬余录》和《封锁》里描绘的那个空袭警报下的城市,那个冷不丁挖出来的凝固的时空有几分相似,只是重庆街头的本森完全是个局外人,战时香港的张爱玲则是那呼啸的人群中的一员。这不是英国人的战争,所以无所谓英雄或敌人、胜利或失败,个体的面目是模糊的,本森和她的朋友们看到的是没有面目的一大群。本森早期游记里的人群往往是没有面目的,群体中的个体将在她后来的游记里渐渐地清晰了。

重庆街头买钢笔的几个人里也有本森未来的丈夫安德森。有精通汉语的安德森在,几个英国人在燃烧着战火的中国腹地里穿行,其实没有什么语言障碍,但生命危险还是有的。战火中他们乘上英国人的游船离开重庆，中国人的军队，不知是哪一路的，冲上船来抢鸦片："他们的枪指着我们，我们是一小群人畜无害的环球旅行者，身上只带着相机、野外望远镜和驱蚊剂。"当然还有新买的钢笔，唯独没有鸦片。盎格鲁－撒克逊的骄傲似乎在枪下就没有什么用："我平生从未见过盎格鲁－撒克逊的骄傲如此突然而彻底地跌落。"这样写下来，加上足够的自我调侃，顺便也挽回了一点盎格鲁－撒克逊的尊严。

《小世界》——重庆之后的篇章都不是本森的独自旅行。她的婚事在书中重游美国的长篇游记中宣布了："我在环游世界的过程中系上了一条不起眼的红线。"轻松的同时不忘自我调侃："我结了婚，六个月里无忧无虑，努力尽享了闲暇，重游了我曾经紧张兮兮、数着铜板穿越的美洲大陆。"安德森太太于一九二二年十月随新婚丈夫到云南蒙自上任。《小世界》也覆盖了新婚伊始的旅行，在云南各地的乡村之间，以及在云南府即现在的昆明的游历。假如说结婚之前的游记更多的是一种个人的观感，结婚之后随从丈夫在亚洲各地的驻留都更加明显地带着"帝国缔造者"的身份认同。

本森笔下的云南，"朱红洒金"的色彩之外还有各种声响和气味。她对云南特殊地理条件的描绘十分简练："云南是一个被遗忘的省份，一片被世界错置的中国。"到达云

南千辛万苦,需要一个多月驴背上的长途跋涉,但是有一条快捷方式,可以省去不少时间。本森写来,俨然是一个内行的旅行家:

> ……去云南府有一条更快的路——你必须离开中国才能找到它。从香港乘猪船到东京的海防;再从海防出发,一辆小小的叮铃当啷响的法国火车载着你飞向天空三天。你必须在原始的小旅馆里度过两个闷热和跳蚤叮咬的夜晚。第一天,你像蠕虫一样在密密麻麻的香蕉、竹子、软软的棕榈树和蛇形爬行物的丛林中蠕动。第二天,你的火车劈开红色的山脉。第三天,你沿着羽毛峡谷里的一条红色河流前行,这河是扬子江的一个小弟弟……

云南在中华版图的边缘,仿佛因此躲过了乱世的蹂躏。本森笔下的影像丰富多彩,风景之外,人物素描也繁多。重庆街头那些没有面目的群体不见了,节奏慢了下来,一个一个面目清晰的个体开始呈现。本森随身携带的旅行物品里肯定有一本速写本,随时画下各种人物速写,也有各种动物的速写。动荡的旅行途中,简单的线条或许是比文字更直接的记录。图文并置的风格在她的两本游记集里都很鲜明,或许这是张爱玲早期作品中图文并置的另一个可能的源头？

本森图文并置的叙述风格总是会聚焦在母亲和孩子身上，比如这段配合她的速写的文字肖像，色彩和线条都带有温度：

> 部落的妇女憔悴而清癯；她们的衣着像狭窄阴暗的小巷里的灯笼一样艳丽。这里的女人通常穿着褪色的紫红色或玫瑰红色的束腰外衣，亮蓝色或绿色的长裤，系着白色踝带，脚上是尖头弧形的绣花鞋，鞋底加厚，鞋底上也有装饰图案。女人是彝族人，不是汉人，所以没

图四·八　本森作品中的图文并置：云南蒙自的母与子，《小世界》页二〇二至二〇三。作者藏。

有裹足。她的头上兜着一块蓝色的棉布方巾,另有一顶大檐草帽,用一条银链子扣在下颚下面固定住。她的婴儿像螃蟹一样趴在她的背上,用一条艳丽的大手帕兜住;婴儿的小手小脚,手腕和脚踝上都戴着银手镯,悬在大手帕的四个角上;安睡的小脏脸贴着母亲的后颈,头上戴着一顶老虎帽,那老虎长着胡须,眼神凶横。

看到"鞋底上也有装饰图案"这一条,不由得想到张爱玲的《更衣记》:"古中国衣衫上的点缀品是完全无意义的,若说它是纯粹装饰性质的罢,为什么连鞋底上也满布着繁缛的图案呢?鞋的本身就很少在人前露脸的机会,别

图四·九　本森作品中的图文并置:动物速写,《世界中的世界》页七十九。作者藏。

说鞋底了，高底的边缘也充塞着密密的花纹。"能注意到鞋底也有图案的，眼光不是一般的锐利。

在蒙自的两年里，本森和丈夫踏遍了中国云南和印度支那的各个角落，他们所在的山谷在她的笔下被称为"我们的山谷"。云南游记的第二篇，开头就是："我们的山谷里点缀着各色村庄。"这些沿着山坡一层一层的村庄都被她和她的马蹄踩遍了。她描写个旧，红河谷里的另一个小城，居民的生存来源是鸦片和锡矿，她所热爱的夕阳景象又出现在她的笔下，且有一种金属般的质地："我们结束观光时，西方的太阳像一团熔化的锡一样躺在云层中。我们走出城门，白色的罂粟花田衬着灰绿色的山脉，在消失的白昼里隐去……"

如此明亮的意象在《小世界》中很多。本森描写中国云南和印度支那的文字，一句一句翻译成中文的时候总是使我联想到张爱玲描绘的港岛半山和浙南山水间的文字。本森描写沙湾拿吉的绚烂，到处都是浓烈的红色。写当地的"圣树"即紫铆树，一句话就是铿锵的一段："被称为'森林之焰'的树，硕大的炽热的花朵平衡在苍白如霜的无叶枝干上。"这是沙湾拿吉的"野火花"，犹如《沉香屑·第一炉香》中的野杜鹃，"那灼灼的红色，一路摧枯拉朽烧下山坡子去了"，或许更像是"丈来高的象牙红树，在暮色苍茫中，一路上高高下下开着碗口大的红花"。当然还可以联想到《倾城之恋》中的凤凰木,即使是在黑夜里,也是"红得不能再红了,红得不可收拾,一蓬蓬一蓬蓬的小花,窝在参天大树上,壁栗剥落燃烧着,一路烧过去;把那紫蓝的天也熏红了"。

云南的篇章里她对服饰的描绘也是浓墨重彩。澜沧江—湄公河两岸的文化杂糅,体现在男人的服饰上,流出一种令人欣喜的自由:

> 沙湾拿吉的服饰是一种粗枝大叶的花哨;披肩绝不能是素雅的,必须是橙色或者艳红色;绊尾幔必须是生动的,上面绣着凹凸不平的金线或银线;男人的身上可以是一件猩红色和紫色的绊尾幔,配一条苹果绿色的披肩,他当然也可以什么都不穿,以展示自己漂亮的纹身皮肤,仅用一缕洋红色的布条做个点缀;他的头上可以是一条蓝色的头巾,或是一条虎尾,耳后可以别着一朵芙蓉花——湄公河上游似乎对服饰没有任何规范和约束,唯有对色彩的渴望。只有婴儿是朴素的——他们什么都不穿。

读到这里,不由得联想到张爱玲《更衣记》的最后一段,讲到男人装束普遍缺乏自由,除了电车上邂逅的一个男青年:"有一次我在电车上看见一个年青人,也许是学生,也许是店伙,用米色绿方格的兔子呢制了太紧的袍,脚上穿着女式红绿条纹短袜,嘴里衔着别致的描花假象牙烟斗,烟斗里并没有烟。他吮了一会儿,拿下来把它一截截拆开了,又装上去,再送到嘴里吮,面上颇有得色。乍看觉得可笑,然而为什么不呢,如果他喜欢……"服装的意义不就在自由表达吗?太多规范和约束,遏制了对色彩和线条的渴望。乱世中,服装的意义究竟是什么呢?张爱玲用一个场景做比喻:"秋凉的薄暮,小菜场上收了摊子,满地的鱼腥和青白色的芦粟的皮与渣。一个小孩骑了自行车冲过来,卖弄本领,大叫一声,放松了扶手,摇摆着,轻倩地掠过。"《更衣记》最后一句,点出题旨:"在这一刹那,满街的人都充满了不可理喻的景仰之心。人生最可爱的当儿便在那一撒手罢?"在苍凉的背景上聚焦生命的"朱红洒金",描写的似乎是衣服,是装饰,是物质文明,但背后其实是与生命本身的一种对视。

角落里的伪装者

本森的《小世界》其实是大世界。她的第二本游记集《世界中的世界》场面更加广阔,出版于一九二八年,比《小世界》晚三年,其中记录的旅程,从继续在中国云南和印度支那各地的探索到重访日本和美国,更加上在朝鲜和中国东北的游历和居住经验。叙述者不再是一个单数的"我",往往是"我们",是夫妇的同游,共同从一个偏僻的居住地搬迁到另一个偏僻的居住地。从语言上讲,《小世界》中的生涩没有了,散文写作明显更加成熟,本森特有的那种幽默和自我调侃也更加突出。继续对比的话,可以发现《小世界》中那些明亮温暖的段落在《世界中的世界》里几乎不见了,文字基调更暗,对社会议题的讨论也更直接,批判锋芒也更敏锐。如果说《小世界》是一个游记作者的最初尝试,有生涩,有惊艳,《世界中的世界》则是一种有意识的抽离,叙述者的距离感和审慎的态度十分鲜明。也可以说,《世界中的世界》是一种后设游记。

《世界中的世界》的"前言"有一个副标题"写于一场坏脾气",从头读到尾,感觉是对"帝国缔造者"这个角色的总清理,也是对游记这个文类的总算账:

> 年轻时候的旅行是误打误撞,现在的旅行是带着明确的目的。我现在的行李是三个大大的镶着黄铜的旅行衣柜,而不再是两个破旧的手提箱。身边带着实打实的介绍信和信用证明,而不再是一些未成气候的文字样品。还有一个特别好用的丈夫,出门不再是危险的孤独之旅。我们这些成年的旅行者,要么是游客,要么是帝国缔造者;从大陆到大陆,我们有睿智的观察,或者干脆住下来——不会有任何损伤。

这样的旅行和《小世界》中描绘的显然已经不同。对于这种身份和地位的变化，本森充满了高度的警觉。走了很多的路，看了很多地方，依然感觉自己与生俱来的偏见像一层牢固的保护衣，根本脱不下来：

> 我曾经认为无根漂流意味着没有偏见——即脚下的松弛也意味着思维的解放——这是在最好和最精致的意义上说的。但现在，作为一个帝国缔造者，我不相信旅行真能开阔眼界。在我看来，你离伦敦的河岸街越远，你的思想就越萎缩。往往是，帝国缔造者在广阔的世界里游走了一圈后回到家乡，他的脑子已经萎缩得如同一粒扣子。

字里行间确实透露出坏脾气，写作者根本就没想取悦读者，但或许这也是一种震慑读者的方式？这里的游记作者完全不按规矩出牌，率先把旅行的意义消解了。接下来，她对"进步"这个词也发了一通"坏脾气"：

> 也许"进步"根本不是一个恰当的词；"改变"比"进步"好。说"进步"而不说"改变"，无非是给所有新的事物增添一种光环，仿佛所有新事物都自带美德。

这里对"进步"这个概念的批判听上去几乎像是解构主义和后殖民理论的论调，在本森的文字里看到，多少有点惊讶。她的反"进步"其实就是反殖民逻辑，这是本森对自身所处的制度的最有力的反省和批判了。她接着说：

> 所以我认为，旅行会使我们的心灵收缩和褪色，犹如一家劣质洗衣铺，将我们原本明亮而宽松的丝质衣物洗得缩小并褪色了。想要心胸开阔、灵活、明亮的人，应该待在家里——至少要远离那个神赐的广阔大世界。我自己就是这个观点的悲哀的例证，事实就是这样，地平线上漫游的生活使我原有的偏见变得更加不可理喻。

她说的那个"神赐的广阔大世界"就是英联邦遍布各大洲的地盘。年轻时候的她曾立下游遍英联邦每个角落的宏愿，现在身上贴着"帝国缔造者"的标签，意识到这广阔的空间原来是这样的狭小。我们很难把本森的写作看成完全超越了时代的限制，她的话语无论多么犀利，她仍然是在殖民体系准许的范围内发发牢骚，但她确实比同时代作者有更多的自我审视，对自身的限制也就有了一种批判的距离。她强调的是，《世界中的世界》不是一个完全客观的叙述，她承认其中不可避免的偏见，也默认其中许多见解都有政治立场，因而并非完全中立。综观《世界中的世界》各篇，她的批判锋芒大多针对两个她深恶痛绝的弊端：一是各英帝国殖民地中历来掌握着大权和资源的世袭贵族；二是所有社会中父权对女性的压迫。对于阶级和性别问题的敏感是从伦敦时代以来一贯的坚持，本森的一生确实做到了始终如一。

《坐在角落里》是《世界中的世界》的第二篇，其实是另一篇"坏脾气"的前言。假如说第一篇前言是对现代文明和所谓"进步"话语的批判，这第二篇更多地剖析了本森自己的写作角度和方法。第一篇的剖析是针对一个群体，即所谓的"帝国缔造者"，第二篇则是更多针对着自己。两篇前言，都是有解构主义风格的宣言，但本森的时代早于解构主义至少四十年。她写着游记，却把游记这个文类先行解构了，解构了之后再一篇一篇地写来，这样的反思和自省是《小世界》所没有的。

《坐在角落里》开篇第一句就是，"坐在角落里观察的人是完全不可信的"。作为游记作者，所到之处，她就是那个坐在角落里观察的人，是她自己笔下的那个"伪装者"："角落里的人坐在他自己的面具后面，他真诚地认为这是一张端庄的、正常的、完全不讨喜的脸。用这张脸看着他周围的人，每个人看上去都像是一个按着人的形象制造出来的残忍的笑话。"但角落里的"伪装者"也是可悲的："一个角落里的观察者从来没有看到过的真正有趣的东西其实就是他自己的灵魂。从他的角落看出去,什么都可以看到,除却他自己的灵魂。"角落里的观察者以为他能客观地看待眼前的一切,但恰恰是因为他唯一看不到的是自己,缺乏必要的自省意识,他的观察如何客观,怎能可信?本森将自己的写作定位放在了一个临界点上,既有归属感,又有超然的角度,对于描写的一切,有一种临界点上才有的自由和从容。这一点和张爱玲描写中国文化的各篇中的既游离又切入的角度有几分神似。

观察者审慎的距离不只是在本森的散文中,从她《世界中的世界》的批判框架出发,重读本森后期的两部长篇小说,就能看到她游记中的批判意识也延伸到了小说实践中。前面说过,张爱玲应该读过康宁校长藏书中的两部本森小说,即《再见,陌生人》和《移植的多比》。《再见,陌生人》出版于一九二六年,写作时间与两部游记集同期。小说是对美国中产社会的批判,可以和本森的多篇美国游记参照着读,是本森以长篇小说的形式继续让英美两个一老一新帝国文化在她的文字中进行较量。两个女主人公,一个是英国人,一个是美国人。英国人丽娜(Lena)是独立女性、职业钢琴家,一如本森早期小说中的女性形象,有着坚强的意志和病弱的身体,多少有点本森自己的影子。美国人黛莉(Daley)则是家庭主妇,嫁给了一个英国人,她经营的家就像是二十世纪二三〇年代时尚家庭杂志上的那种标准的美国中产家庭，小说描绘了她如何热衷于物欲和商品文化，颇能代表本森笔下的另一种女性形象，即受过教育，有资产，有安逸的生活，并深陷其中。小说有本森一贯的辛辣笔调，对于两位女主人公都有不留情的批判。《再见，陌生人》是继早期的《我，摆出架势》和《独自生活》之后对女性命运的继续探索。

相对于《再见，陌生人》，《移植的多比》对张爱玲的影响应该更直接。小说最早的版本是一九三〇年美国出版的《远嫁的新娘》(*The Far-Away Bride*)，这是美国出版商改的书名。一九三一年在英国出版时改回了本森原来的题目即《移植的多比》。它是公认的佳作，是本森最原创、最细致，甚至是最具有颠覆性的作品。小说一反之前的写作模式，描写的不是英国，也不是美国，而是流亡中国东北的白俄，与《世界中的世界》的两篇前言一起读，可以看到作者对于叙述角度和架构的高度自觉，也可以看到她对于二十世纪战争和动乱背景下大规模迁徙和流亡经验的关注。

一九二五至二六年间，本森随着丈夫被派遣到了中国东北"间岛"，眼前疏阔的北国景观与云南和印度支那的浓稠相去甚远。"间岛"也称"垦岛"是图们江以北的一块区域，现隶属中国吉林省延边朝鲜族自治州。在"间岛"的一年里，她恰好在重读东正教和天主教的《旧约圣经》。

《移植的多比》这个小说名字指的就是《旧约圣经》中《多比传》(Book of Tobias)里的中心人物。以色列家族出生的多比在《多比传》中以第一人称叙述他充军亚述的经历，这让本森想到，流放亚述的犹太人和她在"间岛"看到的十月革命之后流亡的白俄"有如此惊人的相似之处"，于是一个宏大的叙述架构开始在她的脑海里成型。

小说成型的过程本森都记录在她的自序里了。与绘声绘色的小说语言不同的是，这篇自序写得清晰、精练、准确，用的几乎是学术语言，不厌其烦地把"间岛"特殊的历史地理一点一点地描绘出来。在本森笔下，"间岛"历来是兵家必争之地，地理位置的敏感注定了它是一个多元文化频繁交汇的三角地带："虽然是中国满洲的一部分，主要的居民却是朝鲜人。……日本人现在是朝鲜的霸主，因而是间岛的近邻。日本领事馆、医院和学校及其为数可观的日籍职员都驻扎在'间岛'，还有日资采矿企业和铁路营运商，以及相当数量的日本商人。在这里，日本货币几乎完全挤走了中国的货币。……俄罗斯帝国长期以来一直觊觎这块富庶而交通便利的土地，日俄战争的惨败之后，他们依然没有放弃这份算计……"自序的最后一段里她说："'间岛'是个小地方，或许应该说明的是，我描绘的那个村庄，是一幅拼凑的图景，现实中是没有的。书中涉及的俄国人、中国人、日本人、朝鲜人、传教士等等，若是与现实中的任何人物对应上了，完全都是巧合。"无限地贴近历史真实，才需要这样的"免责声明"。小说是虚构的艺术，人物和情节自然不能与现实直接对应，但其中无数的细节都是高度精确的，这与张爱玲小说写作的原则是共通的。

　　长篇小说是写作者的"圣杯"，本森早已不满足于游记写作，她需要架构一个更广阔的、更出其不意的地理时空，把这个移植的故事写成一个真正的大叙述。《旧约圣经》的《多比传》本身的魔幻色彩吸引了本森，在移植并使其重生的过程中保留了大量的魔幻元素。小说取名《移植的多比》，和本森自身云游世界的经历有关，也是她看到了叙述文体的可塑性和可转换性，小说的命名其实包含着对叙述作为一个生命体的深刻认知。《移植的多比》讲的是一个迁徙的故事，也是故事本身在另一个时空和语境里的迁徙。移植的过程中，她也坚决地摒弃了《多比传》第一人称叙述中那些"父权的偏见"，努力使它成为一个"多声道的故事"。《多比传》中最后拯救了多比一家的萨拉（Sara）在本森的小说中变身为塔妮亚（Tanya），内心柔弱，外表刚强，又是一个有本森自己影子的女主人公。叙述以男女主人公的幸福婚姻作结，宣示情感关联可以建立在共情和自由选择的基础上，这很可能是本森最具有乐观色彩的小说了。

　　读了本森的游记，也读了她的《再见，陌生人》和《移植的多比》的年轻的张爱玲，究竟在本森的文字里看到了什么？我认为她是在本森的文字里找到了现代"传奇"的另一个源头。本森的小说创作在写实的架构之外套上一层亦真亦幻的外衣，是其有别于同时代小说主流的特征。这件魔幻的外衣出现在张爱玲的笔下就是再生的"传奇"。

张爱玲在一九四六年出版的《传奇》增订本的前言"有几句话同读者说"里，解释了小说集的封面设计："封面是请炎樱设计的。借用了晚清的一张时装仕女图，画着个女

图四·一〇 张爱玲《传奇》增订本的封面，上海山河图书公司一九四六年版。作者藏。

人幽幽地在那里弄骨牌，旁边坐着奶妈，抱着孩子，仿佛是晚饭后家常的一幕。可是栏杆外，很突兀地，有个比例不对的人形，像鬼魂出现似的，那是现代人，非常好奇地孜孜往里窥视。如果这画面有使人感到不安的地方，那也正是我希望造成的气氛。"那张晚清"时装仕女图"是从吴友如画集《海上百艳图》中截来的一个场景。这里的传统反而没有什么怪异，完全是晚饭后的家常，画面里的人物"幽幽"然，对于未来的凝视浑然不觉。反而是我们的此时此地，即所谓"现代人"的空间，才是真正的鬼影幢幢。从中国传统文化的氛围里突围出来的张爱玲，披上一层"现代人"的伪装，在某个角落里观察时恰好遇见了也在那里的本森。从她们的角落看出去，一个个人形上都叠着鬼影，现代生活则成了移植的传奇。二十出头开始写作生涯的张爱玲就已经能够让多种文化在日常生活中互相冲撞、消长。这冲撞、消长的结果就是她对她所处时代的洞察。她以世俗反现代，又以现代反世俗；以日常反激进，又以批判思维反庸常。当年吸引她的确实不可能是伍尔夫的意识流，而是斯黛拉·本森游离于文学主流之外的独特定位和眼光。

异乡·他乡·世界

斯黛拉·本森是英语世界里的一个被遗忘了的独特声音。因为张爱玲一九四四年的那一句话，"外国女作家中我比较欢喜Stella Benson"，引来我这样一个长长的批注。本森远离英国的十几年里，为英美和英帝国疆域里的英语读者书写广阔世界中一个一个层层叠叠的小世界。上海时期的张爱玲为上海的读者书写香港传奇；再次离开上海后，为英美世界的读者描绘一个曾经的中国；旅居美国四十年里，则为远在太平洋彼岸的华语圈的读者描绘一个不再的世界。她们写作的定位与旅行、游历、流散的经验休戚相关。

本森的游记一般都很短，长至五六页，最短的一两页，但有例外。《小世界》的最后一篇，就长达五十七页，近三万个词，标题是《印度支那游记》，描写了一段漫长崎岖的旅程。读着这一篇，我顺手在一张印度支那的地图上用彩色笔标出了他们的路线。安德森夫妇这一路，换了多次交通工具，先从云南蒙自到了河内，从河内出发，坐火车南下到海岸线上的荣市，从荣市换成汽车，往内陆驶去，进入寮（即今日的老挝），一直到湄公河畔的他曲，换上船，在湄公河里往南溯。他们船的右边就能望见泰国，但泰国不是他们的目的地。湄公河上的船将他们带到沙湾拿吉，换上一辆汽车，往东一直开到越南中部，即当时的安南，到了顺化古城。从顺化，他们乘上沿着越南东海岸往南行驶的一辆破旧的公共汽车，到了广义。在广义又开上汽车，沿着海岸线一直往南，经过芽庄，到了南部的西贡。从西贡又开车进入柬埔寨,到达金边。从金边往北一直又开到暹粒。暹粒的吴哥窟是这趟旅程的一个最亮的亮点,本森用梦幻般的语言描写旅途终点时一身疲惫中的全身心的震撼:"这是吴哥吗?还是丛林赋予我们的一个狂热的梦想?"

读着斯黛拉·本森笔下那些小世界背后的大世界,把其中的一些段落翻译成中文。直译是最适合她的文风的,她的睿智和辛辣转换成另一种文字竟丝毫未损。转换的每一句都让我联想到张爱玲笔下对人、物、空间、旅程以及情感联结的描绘,我能想象本森的这些文字当年是为何能吸引一个年轻的华裔女学生的。长长的《印度支那游记》,道路漫长、崎岖,转换频繁,一路周折,俨然就是一篇独立的《异乡记》。《异乡记》是张爱玲一九四六年初由上海往温州找胡兰成途中写在一个笔记本上的十三章、三万多字。宋以朗整理了这篇残稿,在出版前言里写下:"重看了张爱玲部分作品后,我终于明白《异乡记》的两重意义:它不但详细记录了张爱玲人生中某段关键日子,更是她日后创作时不断参考的一个蓝本。"宋以朗这个"蓝本"的概念十分精确,这三万多字,像是一把钥匙,不仅能打开她日后的各种叙述,也能指向她文字背后那个丰富的文本参照系。

第一次读张爱玲的《异乡记》,一如阅读本森的《印度支那游记》，在一张浙江省的旧地图上，用彩色笔标上了从上海出发经嘉兴、杭州、诸暨、东阳、永康、丽水，最后进入浙南永嘉的崎岖路线。旅途中勤奋书写的张爱玲，在记录的同时就已经做了小说化的处理，地名大多有更动。第一章里，嘉兴是离开上海后的第一站，在她笔下成了"嘉浔"，仿佛是综合了嘉兴和南浔两个江南城镇，或许是因为"浔"字的特殊韵味，水光潋滟中的寻寻觅觅，点出"异乡"和"他乡"的情结："小牌楼立定在淡淡的阳光里，看着脚下自己的影子的消长……经过那么许多感情的渲染，仿佛到处都应当留着一些'梦痕'。然而什么都没有。"第二站是杭州，杭州之后，进入诸暨，在她笔下成了"永浬"，一样的水迹斑斑，只是多了泥土的气息。一路往南，景色单调得多，没有杭州的"十景八景，永远是那一堂布景——黄的坟山，黄绿的田野，望不见天，只看见那遥远的明亮的地面，矗立着……"满目苍凉中偶尔有一些浓重的着墨，比如农历年的各种装饰，乡村的婚礼，还有有声有色的社戏，"大约自古以来这中国也就是这样的荒凉，总有几个花团锦簇的人物在那里往来驰骋"。叙述在即将进入旅途的终点永嘉城前戛然而止，最后的印象中有一条溪水汇成的河流，张爱玲管它叫"丽水"，丽水其实是地名，河流应该是瓯江："……冷艳的翠蓝的溪水，银光点点，在太阳底下流着。那种蓝真蓝得异样……那蓝色，中国人的瓷器里没有这颜色，中国画里的'青绿山水'的青色比较深，《桃花源记》里的'青溪'又好像比较淡。在中国人的梦里它都不曾入梦来。它便这样冷冷地在中国之外流着。"眼前带点诡异的蓝，在她的笔下，流进了历史文本，又从历史文本里，流出了原始的语境，到了"中国之外"，即这世界外的另一个世界。张爱玲的异乡，写的是旅程，指涉的是文本外的世界，她笔下的蓝和绿，未尝不能从字里行间流出，与早她二十年的先驱者本森笔下那玄幻、凶悍、绚烂的山水融汇在一起。

把斯黛拉·本森的旅程和张爱玲的旅程放在一起对照来看，我想到的是，旅途何其艰辛，是怎样的毅力和信念使得在颠簸中也不懈怠，孜孜地写下那些文字，画下那些速写。旅途中的文字，是带着尖锐的触角的文字。旅途中的速写，也是敏感而脆弱的线条。旅途中的伤痛是最切肤的。这样的游记写作，是真正的用身体的书写。本森的跨洋旅行，一如张爱玲的异乡行，如果没有写作的目的，旅行一点意义都没有。本森的随身行囊里，带着日记本和速写本，应该还有一台便携式打字机。在日记本上的记录就是写作的素材，是日后成文的蓝本。速写本上画着大大小小的画，文字之外，也以白描的线条记录所见所闻。至于张爱玲，一九四六年初随身携带的就是那一本薄薄的笔记本，那三万多字的残稿是具有源头性的叙述，尽管"冷门",却是"非写不可"。虽是断章残篇,却有她其他作品所无法取代的价值。她写战后的疮痍,旅途的艰辛,各种各样的车站,夜半时分仍在路途中奔波的人影。偶尔的,她也会有停顿,有安静的片刻,有美丽的景色进入眼帘,有凝视,有慨叹,有苦楚。这样的叙述节奏日后也带入了她更完整的叙述中。

旅行作者的文字里有边城和远方,有异域和他乡,唯独没有故园和家乡。这是我在通读了斯黛拉·本森的小说和游记之后,忽然醒悟的一点,明白了要在怎样一个文本参照系中去重新阅读张爱玲有关旅行和迁徙的文字。张爱玲写的就是异乡,她从来都没有掩藏都市写作者的角度和眼光,正如本森从来就没有掩饰自己来自殖民中心的局限。她们都很清楚,自己就是坐在角落里的那个伪装者。《异乡记》里的"我"有一个伪装的身份,"沈太太",她不辞辛苦去看望的那个人,也有一个伪装的身份,或许是因为他在逃亡中,或许也有可能,从旅程的一开始,他就已经被归了档,成为叙述的一部分,他是"他乡"里的那个"他",一个没有面目的人物。铺张、完整、精致的作品太过匠气,《异乡记》的好处是它所留下的痕迹,是来不及抹去的痕迹,是颠簸的痕迹,也是思考的痕迹,是记录的痕迹,也是小说转换的痕迹,不经意处尽现叙述的轮廓和肌理。

《异乡记》的第二章,"我"经过杭州,投宿在一位蔡医生家。作者细细地描绘蔡家人的模样,弄堂房子里的各色人等,自己的拘束和内心的凄惶,还有屋内的家具、摆设,楼上楼下的各种声响,然后是一大段非常具有张爱玲风格的文字:

> 生命就像她从前的女佣,若叫她找一样东西,她总要慢条斯理从大抽屉里取出一个花格子小手巾包,去掉了别针,打开来轻轻掀着看了一遍,照旧包好,放还原处,又拿出个白竹布包,用一条元色旧鞋口滚条捆上的,打开来看过没有,又收起来;把所有的包裹都检点一过,她自己也皱起了眉毛说"咦?"然而,若不是有我在旁边着急,她决不会不耐烦的,她对这些东西是这样的亲切——全是她收的,她找不到就谁都不要想找得到。

这一段悬在旅途中的回忆镜头,似乎有点突兀,但张爱玲接着写道:"蔡家也就是这样的一个小布包,即使只包着一些破布条子,也显然很为生命所重视,收得齐齐整整的。"这样一句,读来让人豁然开朗。其实她的写作何尝不是如此,不就是一个一个的小手巾包,一个一个地包好,随时可以打开,查看一下,又关上。未完的残篇游记《异乡记》就是在很多次的重复打开之中,在各种衍生叙述中被完成了很多次。一个一个小布包里包含着她写作的多个源头，是写作的蓝图，也是配方，是基本元素。相信其中有一个就是斯黛拉·本森的旅行文本，那个鬼影幢幢的都市，那些无边无际的水域，苍凉背景上绚烂浓烈的线条和色彩，还有那审慎和自省的距离感。张爱玲写作生涯中的各种自我重写、反复转写、重叠叙述，其实就是这些小布包的一次又一次的展开。每一个都是一个小世界，可以循环反复地打开、扩展、缩小、合拢，若是摞在一起，层层叠叠，看上去何尝不就是那"世界中的世界"。

五　　　　　东洋摩登：张爱玲与日本

　　上一章里讲到英年早逝的女作家斯黛拉·本森为后人留下了一笔不薄的文化遗产，包括生前发表的八部长篇小说和多部散文集、诗歌集、短篇小说集。分量与已发表的文字同样厚重的是她留下的四十一册日记，乃重建她写作轨迹不可或缺的"附文本"。张爱玲研究中也涌现了一些"附文本"，其中分量最重的是她百年诞辰前夕推出的洋洋洒洒两大厚册七十万字的《张爱玲往来书信集》，我在前几章里已多次引用。这部书信集的作者有三位：张爱玲、宋淇、邝文美。从张爱玲一九五五年秋天再度离开香港移民美国开始，一直到一九九五年夏天她去世前夕，除了一九六〇年代初有一年多的空缺之外，整整四十年的岁月都浓缩在这些来往鸿雁里。文人信件往往作为档案鳞爪充实我们对一个写作人生的了解，可这样大规模的书信全数呈现，我们看到的就远不止是鳞爪和侧影，而是张爱玲后期写作的一个完整的样貌。过去几十年里涌现了不少张爱玲传记,但真正的张爱玲传记写作必须从这两册书信集重新出发,正如本森的传记作者绝对绕不开她的四十一册日记,伍尔夫的传记作者也断然不能无视已被整理出版的海量的日记、书信、回忆录。伍尔夫自己管这些文学作品以外的大量文字叫"生命书写"(life writing),这是一种综合多种文体和表述的混合书写,是自传也是游记,是信件也是日记,是纪实也是虚构,是诗也是散文,是线型叙述也是大量的散篇和碎片。

《张爱玲往来书信集》中的第一封长信就是这样一个杂糅的文本,作为"生命书写",它为我提供了重新梳理张爱玲与日本的关联的一张路线图。本书的前四章,集中描绘了张爱玲大学时代在香港所建立的多语言、多文化的文本参照系,尚未论及的是她和日本的关联,其源头也可以追溯到港大的岁月。她在战争期间两度遭遇日本文化,第一度是在日本占领下的港大校园,一共五个月,日本的文字和影像紧随着战争的毁灭涌到了面前;紧接着的第二度遭遇是从沦陷香港回到了沦陷上海,这是一段漫长的三年时光,在上海她一跃成为文学明星,也因为这一层干系,战后她脱不了附庸合作主义的嫌疑。战后张爱玲又有两番与日本文化的相遇,一次是一九五二年十一月,再度回到香港的张爱玲,听从好友炎樱的召唤,到了东京,住了三个月后又回到了香港。至于战后与日本的第二次相遇，则只有短短的两天，记录在《张爱玲往来书信集》的第一封长信里。重新梳理张爱玲和日本以及东洋摩登的关联，我的工作就从仔细阅读这第一封书信开始。

战后日本二日游

张爱玲致宋淇夫妇的第一封信凡两千五百字，写在美国"克里夫兰总统号"邮轮的信笺上，密密麻麻写满了六页，是她从香港一上船就开始的书信创作。这两千五百字，既是旅行的记录，也是对好友的倾诉，一路写来，一直写到船停靠太平洋的另一端。单独来看，这是一篇书信体的游记，与《异乡记》风格相近，叙述节奏不紧不慢，层层叠叠的细节，时时穿插记忆的片段，夹叙夹议。因为是书信，假想读者是明确的，是知根知底的、最好的，甚至是唯一的朋友，所以与《异乡记》对比，字里行间少了冷峻，多了些温暖。

这第一封信，之前在宋以朗编的《张爱玲私语录》中已经出版过，但此番在完整的书信集中重新出现，别有一番意义。再次告别香港，是张爱玲四十年流亡生涯真正的开端，是一段有往无返的单程旅行。从手稿上看，风格与张爱玲其他的创作手稿相同，虽是私人信件，字句仍然是有斟酌、有修改的。我从中首先看到的是张爱玲对待旅行的态度，正如前一章在对比张爱玲和本森的游记写作时所说的，假如没有写作，旅行本身没有任何意义。即使是伤痛之旅，也有一种莫名的力量使写作者将自己从旅途中抽离出来，置于一个观察的主体位置，反思个人在大历史中的角色。这样一封书信如同一副假想的镜片，我们戴上它，仿佛可以看到一九五五年秋天结束了第二度香港生活的张爱玲，在两块大陆之间那片浩渺的水域中前行的情景。信于十月二十五日从旧金山寄出，应该是在美洲登陆了，过了美国移民局的检查，才有机会邮寄长信。这两千五百字，俨然是三万多字《异乡记》的续篇。

"克里夫兰总统号"邮轮上的张爱玲，不知是否意识到，她这一趟旅程是沿着一九二〇年斯黛拉·本森第一次到香港的路线往回走，途经神户、横滨和火奴鲁鲁，到达本森当年的起点旧金山。在日本停留的两天，在张爱玲是个重游的机会。根据信中提供的信息可以推测，船抵达日本是在一九五五年十月十三日："昨天到神户，我本来不想上岸的，后来想说不定将来又会需要写日本作背景的小说或戏，我又那样拘泥，没亲眼看见的，写到就心虚，还是去看看。"旅行是为了写作，为了"亲眼看见"，即使是虚构作品，其中涉及的细节也必须高度真实、精确。《异乡记》里记录的浙南行，随身携带的是一个笔记本；这一趟，是邮轮上的信笺，密密麻麻的字迹，写下来了，这趟旅程才算真正发生了。

张爱玲接着说,"以前我看过一本很好的小说《菊子夫人》,法国人写的,就是以神户为背景"。《菊子夫人》是法国人皮埃尔·洛蒂(Pierre Loti)出版于一八八八年的日记体小说,场景是长崎,并非神户,张爱玲的记忆是有偏差的。她人在太平洋中航行,自然无法找原文核实,但这一点偏差不影响我们从中看到她一贯的观看世界的方式。文本是源泉,是灵感,是索引,从文本出发,眼见为实之后再次回到文字中,就形成了自己的写作立场和态度。选择《菊子夫人》这个文本并非偶然,那是十九世纪末、二十世纪初西方观看日本的一个关键文本,风靡一时,被频繁转写、改编,且间接影响了普契尼的歌剧《蝴蝶夫人》的创作。看似随意的提及,其实是张爱玲一贯的高度自觉。正如上一章里所说的,她和本森一样,都是"角落里的伪装者"。带着一个外来者的立场进入一个相对陌生的文化环境里,这样的"伪装者"会小心谨慎保持自己的距离,时时检视自己的角度,笔下涌现的人物素描和街景描绘就充满了浓郁的历史感。张爱玲这封信中最具有历史感的描写是神户街头的这个景象:

> 这里也和东京一样,举国若狂玩着一种吃角子老虎,下班后的office worker把公事皮包挂在"老虎"旁边,孜孜地玩着。每人守着一架机器,三四排人,个个

脸色严肃紧张，就像四排打字员，滴滴搭搭工作不停。这种小赌场的女职员把脸涂得像idol一样，嘴却一动一动嚼着口香糖。

三句话就写活了一群人，有姿态，有表情，有动作，有声音，有节奏，有色彩，有气氛。张爱玲说的"吃角子老虎"，日语叫パチンコ（pachinko），即对东亚游戏文化有极大影响的弹珠机或"柏青哥"，是一九二〇年代的日本发明，至一九三〇年代风靡日本全国。战争年代这种类似赌博的游戏被全面禁止，但在战后的一九四〇年代末期重新出现，日本白领阶层于是重新发现了パチンコ的乐趣。一九五六年七月，日本经济企划厅发表一年一度的经济白皮书，正式宣布："日本的战后阶段已经结束了。我们面对一个不同的局面。恢复期的发展已经结束。往前看，要用现代化的手段达到经济增长。"张爱玲在日本上岸的一九五五年秋天，已经是这个恢复期的末端，空气里弥漫的是速度和能量。吃角子老虎的铿锵和热闹是战后初步繁荣的缩影，仿佛预示着一个新阶段的开始。张爱玲在这个节骨眼上跨洋旅行，路过此地，往里一看，捕捉到这样一幅景象，这是命运安排的一个时机。

信中其他的场景里，张爱玲在日本街头继续寻找一个时代的结束和另一个时代的开始。她的船在日本停靠了两个港口，神户之后是横滨：

> 船在横滨停一天半，第二天近中午的时候我上岸，乘火车到东京市中心，连买东西带吃饭，（饭馆子里有电视，很模糊，是足球赛）忙忙碌碌，不到两个钟头就赶回来了，因为要在三点前上船。银座和冬天的时候很两样，满街杨柳，还是绿的。房子大都是低矮的新型的，常是全部玻璃，看上去非常轻快。许许多多打扮得很漂亮的洋装女人，都像是 self-consciously promenading。

又是简单的几句话，信息量同样十足。"银座和冬天的时候很两样"这一句，明显指涉的是她第一次到日本，即一九五二年的十一月，是深秋入初冬的萧瑟景象。关于这一段经历，我们知道的只有个大概。张爱玲一九五二年七月从上海坐火车到广州，又从广州坐火车到深圳，经罗湖关卡出境，进入香港。她八月回港大注册，随后搬进新落成的女生舍堂何东夫人纪念堂，照原先的说法是要在港大完成因为战争被打断的学业。曾经教过她的贝奇老师，已经是港大文学院的院长了，他为她申请到了新的助学金。可她刚上了两个多月的课就离开了，到了东京，在那里过了一个冬天。第二年的二月回到香港时，发现港大已经在启动程序，取消她的学籍和助学金。一九六六年五月七日寄给夏志清的信中，张爱玲提到了这趟旅程："读了不到一学期，因为炎樱在日本，我有机会到日本去，以为是赴美快捷方式，匆匆写信给Registrar's Office 辞掉奖学金，不知道这份奖学金还在开会讨论，老教授替我力争，然后发现人已不在，大怒之下，我三个月后回港道歉也没用。"这位老教授就是贝奇老师，当年确实非常生气，但退休之后依然记得张爱玲是他最好的学生之一。给夏志清的信寄出一个月后，张爱玲又写了另一封信，给华盛顿的英国大使馆，希望能通过他们取得香港大学的就学证明。她给使馆的信中解释她中断港大的课程去日本的原因，是我们能看到的最完整的解释：好友炎樱在东京，很快要离开东京到美国去，她要赶在炎樱离开前到达东京；炎樱说要帮她在东京找工作，但找工作未果，恰好有美国驻香港总领事馆新闻处（以下简称香港美新处）的翻译工作，待遇不错，所以一九五三年二月又回到了香港。因此张爱玲去日本的原因，她自己就有两种不同的说法。第一种说去日本是"赴美快捷方式"——那时美国刚刚结束对日本的占领，第二种说是为了找工作。或许两种说法不矛盾，赴美不成，试试找工作，找工作不成，只能再回香港。然而在日本的这三个月里究竟发生了什么，我们完全无从知晓。有"文学侦探"之称的林方伟在撰写长文《庞大而热情：炎樱在美国》时,踏破铁鞋,将能找到的与炎樱有关的资料都找全了,唯一的空缺就是一九五二年年底两位女友在东京的这一段生活。很可能这是张爱玲研究中永远不能填补的一个空白了。

港大复学这条后路断了,间接促成了张爱玲接受香港美新处的聘请,就此走上了一条专业写作、翻译的路。两年半后这条路直接指向了大洋彼岸,她在途中重访日本,"满街杨柳,还是绿的"。看似谈的是季节微妙的差异,其实背后是历史的转折和心境的变换。两度游东京,之间相差不到三年,却恍如隔世。她第一次看到的依然是战后的局促和苍凉,而她自己也正是有点前路茫茫;三年之后的第二眼里,这个战败国是那样迫不及待地要甩掉战争的阴影,而她自己也在兴致勃勃地奔赴一块新大陆。"孜孜"地玩着吃角子老虎的白领男人,街上展示欲十足的洋装女人,明亮轻快的玻璃建筑,电视上的足球赛等等,其实是张爱玲即将融入的美国文化的一场预演。

战时日文课

战后重访日本的两日里,张爱玲重新发现了她的日语会话能力:"一个人乱闯,我想迷了路可以叫的士,但是不知道怎么忽然能干起来,竟会坐了电车满城跑,逛了一下午只花了美金几角钱,还吃咖啡等等,真便宜到极点。"这难免让我想到她写于一九四五年的散文《双声》里的两个女朋友,要用最少的钱,吃够最美味的甜点和咖啡,锱铢必较,在哪里都一样。她说自己"忽然能干起来",克服了最初的怯怯,进入了当下的语境。这里的关键信息是,张爱玲是会日语的,而且具有一定的会话能力。她是在哪里学的日语,是在怎样一个情形下学的?

关于张爱玲的日文课,我们的资料依然不多,只能是零星地拼凑。上一章里提到的当年的英文系助教梁文华二〇〇三年在致管沛德的一封私信中有这样一段:"日本占领港大几天后,一名俄罗斯人出现在本部大楼的角落大厅,开始免费教授日文。我去过一两次,想看看究竟怎么回事,但一共呆了不到半个小时……我觉得被日本人打败已经是够糟糕的了,没有必要再去学他们的语言!"第一章里提到日本占领香港后,滞留港大校园的学生被统一安排到梅堂居住,梁文华是留在校园的为数不多的教员之一,她协助王国栋院长处理临时医院的杂务,同时也负责照看梅堂宿舍里的学生。她在日文课上出现,并非对课程的内容好奇,而只是想确认学生的安全。梁文华现已去世,无法向她求证关于这名俄罗斯人更多的信息,但这简单的一条回忆却从旁证实了张爱玲在《烬余录》中的相关描绘。张爱玲是在沦陷后的港大校园里学的日语,日语老师不是日本人,而是一位年轻的俄国男士。在张爱玲的笔下,这位俄国老师以初级日文为媒介,公然与女学生们调情:

除了工作之外我们还念日文。派来的教师是一个年青的俄国人，黄头发剃得光光的。上课的时候他每每用日语问女学生的年纪。她一时答不上来，他便猜："十八岁？十九岁？不会超过廿岁罢？你住在几楼？待会儿我可以来拜访么？"她正在盘算着如何托辞拒绝，他便笑了起来道："不许说英文。你只会用日文说：'请进来。请坐。请用点心。'你不会说'滚出去！'"说完了笑话，他自己先把脸涨得通红。起初学生黑压压挤满一堂课，渐渐减少了。少得不成样，他终于赌气不来了，另换了先生。

这位头发剃得光光的俄国日文老师在长篇小说《易经》第十八章里又长回了他的黄头发，这个段落，我是这样翻译的：

　　所有学生都必须去上日语课。一个个头大大的、土黄色头发的年青俄国人每周来两次教我们日语。谁都不把这课当回事，男生们更是公然展示他们的不屑以示抗议。对琵琶来说，在当前形势下看来，这却是无用中的有用。她多想努力的学习啊，好像以此可以弥补内心中对布雷斯代先生的亏欠。俄国人知道他是不受欢迎的。学生不好好学他也不追究……

这里的信息是：滞留在校园里的学生，上日语课是强制的。一九四一年十二月二十五日，英军投降，日本占领香港。一九四二年二月二十日，"香港占领地政府"登场，由矶谷廉介出任"香港总督"，"东亚文化协会"和"东亚研究所"随即成立，日本驻港当局开始积极推广日化教育，英语被禁止使用。中小学每星期必须教授四小时的日语，教科书完全更换，大学校园里也安排了日语课程。语言之外，文化生活也要全面东洋化。《军政下的香港：新生的大东亚核心》一书中提到，日军在南进过程中，在各殖民地全面停止英美电影上映这项政策最早是从香港开始的，可见香港在所谓的"大东亚共荣圈"中的关键地位。香港沦陷前，港岛和九龙的三十八家电影院里放映的大多是英美电影，且以好莱坞电影为主。即使是在港战中，枪林弹雨之下，一些影院仍然继续营业，因而有《烬余录》中这个鲜明的场景："同学里只有炎樱胆大，冒死上城去看电影——看的是五彩卡通——回宿舍后又独自在楼上洗澡，流弹打碎了浴室的玻璃窗，她还在盆里从容地泼水唱歌。"这个场景只能发生在港战惨烈的十七天里。香港沦陷后，英美电影不能上映，取而代之的是香港现存的华语电影（日语文献中分为"北京话电影"和"粤语电影"）和引入的日本电影。另外，城市面貌也要改变，道路首先要更名，干诺道改为住吉通，皇后大道改为明治通，德辅道改为昭和通，港大外围的般咸道则改为大正通。这些变化，对滞留在校园里的港大学生是有直接影响的。

那为何日语老师是个俄国人呢？兼通日语和英语的俄国人，以英语为媒介，给居住在殖民地香港和上海的不懂汉语的外籍居民教授日语，应该是太平洋战争背景之下的东亚都市中的特殊风貌。至于俄国人能操娴熟日语，则是建立在俄国及其后苏联和东亚之间长期的军事与文化往来的基础之上。圣彼得堡的俄罗斯科学院东方文献研究所的历史源远流长，最早始于十八世纪彼得大帝时期，被视为俄国亚洲研究的始祖。俄国革命之后，不少熟谙东亚语言的俄国人流亡各地，俄国人教日语的现象，不仅限于香港，在上海，亦有白俄以此谋生。在张爱玲对上海的描写中，就有白俄老师开设钢琴和日文课程的镜头。最初发表于一九四三年的经典散文《公寓生活记趣》中有沦陷上海公寓中的种种声响：一个德语流利的小男仆，将电话中的对答译成德文，说给他的年轻主人听；一名种族、国籍不详的女子，在钢琴上弹奏着贝多芬；另外还能听到一位俄国男士在教授日文。日本占领之下的上海，没有了英国人和美国人，但曾经的两大租界里，依然居住着其他欧洲人和俄国人。公寓中各式各样的声响，结合不知哪里弥漫开来的炖牛肉及熬制中药的浓郁的香气，呈现出上海世界主义的特殊图景和声景，这是日本的军事占领所无法抹去的。

假如现实生活中的张爱玲确实如她笔下的女主人公琵琶一样，珍惜"无用中的有用"，专心地学了几个月的日语，聪慧如她，基本的会话应该是能掌握的，况且这是在战时的高压之下学的语言，印象深刻。好友炎樱的日语也应该是那时学的，炎樱战后在东京工作，搬到美国后也有到日本出差的经历，确实是将这门强制下学来的语言派上了用场。至于张爱玲的日语记忆，我们知道她在一九六一年秋天，回香港小住前先到了一趟台湾，在那里她听到了山地人说的日语，并在大小城镇看到了诸多日据时代留下的痕迹。她在一九八〇年代写的游记《重访边城》中回忆这一段旅程，提到那些会日语的山地人一有日本电影放映的时候就会到城里来看；在乡下坐长途汽车时，乘客许多说着日语，"他们的年青人还会说日文的多得使人诧异"。她在文中多次提到给她做向导的一位"年青的朋友"，其实就是当年还在台湾大学外文系念书的王祯和。丘彦明在《张爱玲在台湾》一文中记录了一九八七年与王祯和的一场访谈，王回忆当年为张爱玲做向导，带她到了自己的家乡花莲，借宿在父母家。这篇访谈里一个重要的细节是，张爱玲与王祯和母亲的日常交流是用日语的。她的日语背景为她在唯一一次台湾行中找到了一个切入台湾殖民史和后殖民文化的途径。当然这是后话了。

在沦陷香港除了学习日语之外，与日本和日本的事物的关联就没有太多的文字数据了，只有长篇小说《小团圆》和《易经》中的一些片段。《小团圆》里写女大学生在校园里遭遇日本兵，有惊无险：

> 比比回来了之后，陆续听见各救护站的消息，只有一站上有个女侨生，团白脸，矮矮的，童化头发，像个日本小女学生，但是已经女扮男装剪短了头发，穿上男式衬衫长裤，拿着把扫帚在扫院子。一个日本兵走上前来，她见机逃进屋去，跑上楼去站在窗口作势要跳，他倒也就算了。竟是《撒克逊英雄略》里的故事。不知道是否因为香港是国际观瞻所系，进入半山区的时候已经军纪很好。宿舍大礼堂上常有日本兵在台上叮叮咚咚一只手弹钢琴。有一次有两个到比比九莉的房间来坐在床上，彼此自己谈话，坐了一会就走了。

这里说的《撒克逊英雄略》少了两个字，当为林纾翻译的《撒克逊劫后英雄略》，是十八世纪英国小说家沃尔特·司各特所著的长篇历史小说，里面有英雄骑士，也有忠贞的爱情。遥远的文本进入眼前的小说描绘中，是张爱玲一贯的信手拈来，丝毫不费功夫。《易经》里也有类似的一段,写在香港各处肆虐的日本兵,到了港大校园里却比较收敛,这在港战的其他回忆录中也有佐证,并非张爱玲杜撰。《小团圆》和《易经》是小说,虚构的骨架里,细节却是精准的。

东洋"坎普"

战后重访神户和东京的张爱玲,在短暂的停留中重新发现了自己的日语会话能力,逛街看衣服就更加轻松自如。她从百货公司出售的和服衣料里就能触摸到时代的脉搏,信中简短的描写宛如经典散文《更衣记》的战后续篇:

> 公司里最新款的标价最贵的和服衣料,都是采用现代画的作风,常常是直接画上去的,寥寥几笔。有几种cubist式的弄得太生硬,没有传统的图案好,但是他们真adaptable。看了比任何展览会都有兴趣,我一钻进去就不想出来了。

依然是简简单单的三句,无例外的信息量丰富。战后和服衣料与时俱进,出现简约的立体派的图案一点都不奇怪,东洋摩登本来就是一种杂糅风。这种混搭的设计美学,在张爱玲上海时期的散文中就有诸多描绘。《更衣记》自不用说,《童言无忌》里也有几个段落,写她曾有段时期频繁出入上海虹口的日本商店,主要是为了浏览大幅大幅的日式衣料,权当是逛美术馆,也确实"比任何展览会都有兴趣"。当然她也时常去虹口看日本电影,那里影院密集,我想象她当年看日本电影也是抱着看展览的心态,关注的是银幕上展现的物质文化。在张爱玲的虹口游记中,一位肆情纵意的东洋摩登消费者的形象跃然纸上。她说,日本衣料是一场视觉盛宴,中国文化逐渐丧失的配色风格,被奇迹似的保存在日本的设计中。她又说,每匹日式花布都是艺术,但可惜的是,日式缝裁的细节破坏了花布本身的整体性。张爱玲版的东洋摩登,底色是杂糅,方法是融会贯通。她认为最合理的安排是日本花布搭配中式缝裁,并因此继续设想日式花布的视觉感可以成为汉语诗歌的一个主题:

> 日本花布,一件就是一幅图画。买回家来,没交给裁缝之前我常常几次三番拿出来赏鉴:棕榈树的叶子半掩着缅甸的小庙,雨纷纷的,在红棕色的热带;初夏的池塘,水上结了一层绿膜,飘着浮萍和断梗的紫的白的丁香,仿佛应当填入《哀江南》的小令里;还有一件,题材是"雨中花",白底子上,阴戚的紫色的大花,水滴滴的。

这里所描绘的日式布料,仿佛从未受到历史情境的浸染，被洗净了似的。其实，将它们洗净了的是张爱玲的文字。战争年代的服饰，难免有战时体制的渗透，日式丝质和服，常在细节处出现右旋的黑色"卐"字或太阳旗的图样，以日常服饰宣告日本乃轴心国成员。然而，在张爱玲的美学品味中，我们找不到任何与战时意识形态相关的蛛丝马迹。她的文字有过滤净化的作用，同时也是一种黏合剂。她将几种看似冲突的元素并置，创出一种互有反差却又彼此映衬的混搭风格，不仅呼应彼时的大东亚杂烩意象，也让人领会她重塑传统的新潮观点。

传统服饰的现代化演绎，也是上海时期张爱玲的亲身实践。理念并没有止于文字，她所偏好的东洋摩登，是可以穿在身上的。这里要提到张爱玲上海时期留下的最重要的影像之一，即和李香兰的合影，摄于一九四五年七月廿一日，距离二战的终结与日本的投降，仅相隔不到一个月。歌影双栖的李香兰（山口淑子），战争背景下的一个变色龙般的人物，在日本帝国即将分崩离析的前夕穿行在东北、上海、台北、东京等处，所到之处，众星云集。这一趟是她在战争结束前最后一次到访上海，于是在《杂志》月刊主办的一场纳凉会上，这两位女主角被放到了同一个影像中。照片的奇特构图及不甚协调的视觉风格似乎可以视为帝国终结前夕、日中组合摇摇欲坠的一个预言。

图五・一 一九四五年七月《杂志》月刊主办的纳凉会上张爱玲与李香兰的合影。©宋以朗、宋元琳,经皇冠文化集团授权。

无论从哪个角度看来，这张照片的构图都极为诡谲。爱护张爱玲的读者会把她的姿态看成是一种抗拒，然而在张爱玲自己的回忆中，似乎并没有任何抗拒的痕迹。她在晚年出版的《对照记》里回忆当时的情景，说摄影师要求她坐着而李香兰站着的理由是她太高了，两人同时站着，会显得李香兰过于矮小。但让李香兰侍立一旁不是更加奇怪吗？我们可以想象当时的场景，摄影师显然无法使两位女主角的视线望向同一个方向。李香兰以她单纯恳切的眼神认真注视着镜头，而张爱玲则是个难以被镜头捕捉的麻烦角色。她歪斜着靠在椅子上，裸露的双腿交叉，指向画面左侧，深不可测的眼神，却又投向画面的右下方。

两位女主角的着装风格也是极其的不协调。照片中的李香兰，穿着方方正正、乏善可陈的一件旗袍，像个办公室女职员，旗袍上的皱褶，仿佛诉说着在打字机前辛勤工作一天后的疲惫。然而颈上的那串珍珠项链，与职业妇女的设定又是冲突的——毕竟，哪个出入办公室的女职员，会在大白天里戴着珍珠项链呢？至于张爱玲的裙装，才是我要说的关键。在《对照记》里，张爱玲说到这件裙装的衣料，源自她祖母留下的一条被面，换言之，这是一件家族里的古董。布料陈旧，质地脆弱，她自己说是"陈丝如烂草"，至于色彩和图案，似乎有点日式衣料的意味，"米色薄绸上洒淡墨点，隐着暗紫凤凰，很有画意"。《杂志》

月刊的报导中,将这件裙装描绘为"西式衣服"。事实上,这件裙装完全不像当时流行的任何一件西式衣服。张爱玲的时装,没有明显的时代标记,也没有文化的归属性,因而难以跟进,无法成为潮流,只能是独树一帜。

这件裙装的设计者是炎樱,她是联系张爱玲与东洋摩登的关键人物。上海时期一跃成名的张爱玲,在公众场合出现的时候身边总是有这样一位机智、明朗、爱说爱笑、敢作敢当的女友。炎樱是张爱玲起的名字,她原名法提玛·摩希甸(Fatima Mohideen),父亲是阿拉伯裔的锡兰(今斯里兰卡)人,母亲是天津人。两位女友相识于即将离开上海到港大念书前夕,一同坐船到的香港,三年后从香港返回上海,也是结伴坐船离开的。炎樱在港大念医科,和张爱玲都住在山坡上的圣母堂女生宿舍,开战后也一起参与救护工作,共同经历了"清晨四点钟的难挨的感觉——寒噤的黎明,什么都是模糊,瑟缩,靠不住"。回到上海后更是形影不离。大学时代外表不起眼的张爱玲在回到上海后个人着装风格几乎在一夜之间焕然一新,她在公众面前以新进人气女作家的身份出现的时候,深度近视眼镜没有了,发型流畅了,衣服每一件都有设计感,而且穿出了独一无二的个性。在她追求的个人风格中,好友炎樱是一个积极的参与者。

直接地说,炎樱设计的这件裙装,标志的是沦陷上海的"坎普"(camp)。两位女友一起,将东洋摩登做成了"坎普"。上海时期的张爱玲曾与炎樱姐妹(炎樱有一个小她五岁的妹妹,后来也上了港大医学院)共同打出了一个时装设计的广告,一九四五年四月在上海《力报》上连载的一篇张爱玲的《炎樱衣谱》,可以说是她们共同书写的一则"坎普"宣言:"除了做广告以外,如果还有别的意义,那不过是要使这世界美丽一点——使女人美丽一点,间接地也使男人的世界美丽一点。人微言轻,不过是小小的现地的调整。我不知道为什么,对于现实表示不满,普通都认为是革命的,好的态度;只有对于现在流行的衣服式样表示不满,却要被斥为奇装异服。"短短的文字,开宗明义之后,一共描写了三件"奇装异服"。第一件是"草裙舞背心",是炎樱对一大条绒线围巾的改造,从"中间抽掉一排绒线,两边缝起来,做成个背心,下摆拖着排须,行走的时候微微波动,很有草裙舞的感觉",有点夏威夷风,也有西部牛仔的格调。第二件叫作"罗宾汉",是一件男式"苔绿鸡皮大衣",本来是中国风,但穿上却像是"出没于古英国的'绿森林'里"的罗宾汉。第三件的杂糅风最为鲜明,一件"绿袍红钮",是旗袍,却更像是"西班牙式的短外衣",布料用的是"印度软缎",而整体效果却是"暗绿,桃红,十七八世纪法国的华靡——人像一朵宫制的绢花了"。最后这一句里的"宫制的绢花"应该是《红楼梦》里摘来的元素。古今中外大会合,当年炎樱的设计若真如张爱玲所描写的这般,那杂糅风可真是登峰造极了。

将一个日常对象转化成别样用途的对象,如果说是夸张的话,那是一种高度自觉的夸张,是充满了戏剧感甚至是喜剧感的夸张。衣服是随身携带的袖珍戏剧,穿衣者全神贯注、自我陶醉,穿出另类风格,这就是"坎普"的定义,指涉的是一种从日常走向偏锋的文化。苏珊·桑塔格(Susan Sontag)在发表于一九六四年的《坎普笔记》("Notes on Camp")中为这种夸张而高度戏剧化的美学品味正名,她给出的定义十分宽泛,西方歌剧里的那些炫耀性的动作和装饰性的颤音是"坎普",Tiffany公司那些新艺术风格的灯饰也是"坎普",奥斯卡·王尔德(Oscar Wilde)颓靡奢华的唯美主义则更是"坎普"。桑塔格说,"'坎普'指涉的是与'严肃'的一种全新的、更复杂的关系。一个人可以严肃地对待轻浮,也可以轻浮地对待严肃"。这样看来,张爱玲在纳凉会上穿的那件"陈丝如烂草",原来是东洋摩登背景下的一个极其严肃的轻浮实践了。那种夸张和喜剧感在方方正正、端庄合体的李香兰的衬托下尤其突出,打破画面的平衡应该是刻意而为,完全不看镜头的张爱玲彻底操纵了那个镜头。

经典散文《更衣记》中最后描写的两个场景在上一章对比本森和张爱玲对于服饰的态度时已经解读过,这里可以放在东亚"坎普"的上下文中再次解读。《更衣记》通篇描绘的是女人服饰眼花缭乱的变迁,相对而言,"男装的近代史较为平淡",西装自有成规,中装则"长年地在灰色、咖啡色、深青里面打滚,质地与图案也极单调",也正是因为如此,"男子的生活比女子自由得多,然而单凭这一件不自由,我就不愿意做一个男子"。男装如此乏善可陈,《更衣记》漂亮的收尾却是两个年轻的男性点缀的。那个在电车上邂逅的男青年,"用米色绿方格的兔子呢制了太紧的袍,脚上穿着女式红绿条纹短袜,嘴里衔着别致的描花假象牙烟斗,烟斗里并没有烟",这种夸张和刻意,几乎是王尔德本尊现身于一九四四年的上海了。而最后那个镜头里,秋天黄昏的菜市场,遍地狼藉,"一个小孩骑了自行车冲过来,卖弄本领,大叫一声,放松了扶手,摇摆着,轻倩地掠过",这让满大街人无比"景仰"的"一撒手",如此飞扬的最后一笔,不就是"坎普"落实于沦陷上海的一个定义吗?

张爱玲和炎樱的友谊与合作,因而是一种美学上的共同追求。炎樱是枢纽,是通向各种文化中五花八门的物质呈现的桥梁。张爱玲在早期散文中频频写到炎樱,她如何妙语连珠,如何无视规范,如何天真,如何热闹,炎樱无疑是她笔下精心塑造的一个人物。然而炎樱也是张爱玲的影像代言者,刚刚成名的张爱玲,在上海公寓顶层上的一组照片,穿轻盈的裙装,做出各种的姿态,就是炎樱的杰作。炎樱的母语是英文,对中文的理解仅限于一些日常对话,但这不妨碍她参与张爱玲作品的装帧设计。《烬余录》中说,"由于战争期间特殊空气的感应,我画了许多图,由炎樱着色"。一个画画,一个着色,配合得天衣无缝。张爱玲接着写,"有一幅,我特别喜欢炎樱用的颜色,全是不同的蓝与绿,使人联想到'沧海月明珠有泪,蓝田日暖玉生烟'那两句诗"。炎樱的中文水平有限,李商隐的晚唐奢靡和忧郁,完全是张爱玲的解读。一九四四年小说集《传奇》初版的时候,张爱玲用了自己设计的封面,"整个一色的孔雀蓝,没有图案,只印上黑字,不留半点空白,浓稠得使人窒息"。一九四五年《传奇》再版时,则换了炎樱的设计,"像古绸缎上盘了深色云头,又像黑压压涌起了一个潮头,轻轻落下许多嘈切喊嚓的浪花",这是她写在《〈传奇〉再版的话》里的。《传奇》一九四六年出增订版的时候用了炎樱的另一个设计,就是上一章里提到的那个鬼气森森的构图,这里再引一次:"封面是请炎樱设计的。借用了晚清的一张时装仕女图,画着个女人幽幽地在那里弄骨牌,旁边坐着奶妈,抱着孩子,仿佛是晚饭后家常的一幕。可是栏杆外,很突兀地,有个比例不对的人形,像鬼魂出现似的,那是现代人,非常好奇地孜孜往里窥视。如果这画面有使人感到不安的地方,那也正是我希望造成的气氛。"

明明自己擅长画图，却要将封面设计的重任交给女友，而这位女友也当仁不让，用线条和色彩完美传达张爱玲所要指涉的那种诡异的现代鬼魅，两人之间的默契很不一般。可以说，炎樱身上有张爱玲的痕迹；也有可能，张爱玲的另一面是炎樱。虽然从个性上讲，她们是那样的不同，却互为镜像。《传奇》三版，三个不同的封面，从极简的初版，到抽象图案的再版，再到怪诞诡谲的增订版，就是东洋摩登走向了更加现代，也因而更超越时代的"坎普"。

这样想来，张爱玲战后途经神户和东京，在街上看到的时装女人和橱窗里的立体派和服设计，之所以会有共鸣，会"一钻进去就不想出来了"，恰恰是因为这些景象让她联想到了曾经的那个"放松了扶手，摇摆着，轻惜地掠过"的"一刹那"。

字里行间的日本

服饰之外，张爱玲上海时期的作品中多处提及日本诗歌、绘画、电影以及表演艺术。她不是诗人，现代派诗歌也似乎不属于她的品味范畴。但整体而言，她并不排斥诗。她个人对日本和歌情有独钟，短小微妙的诗句，对她有着不着痕迹的影响。写于一九四四年的散文《诗与胡说》中引了一首和歌，关于诗的背景，她只约略说这是周作人（1885—1967）的翻译。诗如下：

> 夏日之夜，有如苦竹，竹细节密，顷刻之间，随即天明。

张爱玲并未提到，这首和歌的原作者是日本平安晚期至镰仓早期的西行法师（1118—1190）。西行是一位擅于描写个人精神世界与孤独状态的知名和歌诗人，他有一首《题不知》，根据东京风间书房一九七一年版的《山家集全批注》，原诗如下：

> 夏の夜は篠の小竹の節ちかみそよやほどなく明くるなりけり

由周作人演绎的西行和歌，在表现上和日文原文相差不大，除了"小竹"被他改写成了"苦竹"之外——或许是因为他对"苦竹"和"苦雨"的偏好，又或许他是想为日本的侘寂美学添加一丝苦涩。除此之外，张爱玲也没在文中提及，周作人的翻译，和他最初写成的模样略有不同。据张爱玲和周作人的研究者止庵考证，张爱玲这里所引用的，其实是被周作人逐出师门的学生沈启无（1902—1969）改写的版本。周作人的原始版本是："夏天的夜，有如苦竹，竹细节密，不久之间，随即天明。"这与沈启无的改写版极为相似，区别是细微的。也许对张爱玲而言，和歌的原始来源并不重要。她在文中引用和歌，为的是表达她对理想诗歌的观点，即语言必须简洁雅致，意象必须有深度，能给身处乱世的人带来片刻的宁静和惊喜。在《诗与胡说》的结尾里她写道："所以活在中国就有这样可爱：脏与乱与忧伤之中，到处会发现珍贵的东西，使人高兴一上午，一天，一生一世。"

张爱玲显然不是唯一一个对西行法师四行诗的简练美学深深着迷的中国作家。同一首和歌，也于一九四四年十月，作为图像设计的元素之一，出现在胡兰成主编的散文杂志《苦竹》月刊的创刊号封面上。这个封面的设计者不是别人，恰好又是炎樱。炎樱这位张爱玲的影像代言人，最擅长的就是各种程度的杂糅，这个封面设计也不例外。西行的和歌以灰绿色小字印在白色竹节中，衬以温暖的绛红背景。白色竹节的周围，错落有致地描画着写意风格的微暗竹叶与竹枝。"苦竹"两个字也犹如竹叶一般点缀在画面中。炎樱的中文没有达到能读诗的水平，将西行的文字嵌入图像，当是旁人的主意。

以《苦竹》月刊为中心而形成的小社群，对创刊号的视觉表述应该是极为满意的。赞美封面的文章见于该刊第二期。作者就是周作人的前学生沈启无，题为《南来随笔》，以作者从北京到南京的夏秋行旅中的点滴观察连缀写成，文中有意地表示他曾对一个未具名的朋友提起西行

图五·二 一九四四年胡兰成主编的《苦竹》只出了四期，这是创刊号的封面。炎樱设计。

的和歌，并指出这首小诗唯有以线条和色彩来传达，方能清楚展现夏日苦竹的神韵。别人不一定会注意，沈启无自己是一定看到了，《苦竹》封面设计中沿用的，正是他改写的西行和歌，而并非周作人的原版。窃喜之下，他在文中惊叹道：

> 最近看到《苦竹月刊》，封面画真画得好，以大红做底子，以大绿做配合，红是正红，绿是正绿，我说正，主要是典雅，不奇不怪，自然的完全。用红容易流于火燥，用绿容易流于尖新，这里都没有那些毛病。肥而壮大的竹叶子，布满图画，因为背景是红的，所以更显得洋溢活跃。只有那个大竹竿是白的，斜切在画面，有几片绿叶披在上面，在整个的浓郁里是一点新翠。我喜欢这样的画，有木版画的趣味，这不是贫血的中国画家所能画得出的。苦竹这两个字也写得好，似隶篆而又非隶篆，放在这里，就如同生成的竹枝竹叶子似的，换了别的名字，绝没有这样的一致调和。总之，这封面是可爱的，有东方纯正的美，和夏夜苦竹的诗意不一定投合，然而却是健康的、成熟的、明丽而宁静的，这是属于秋天的气象的吧，夏天已经过去了。

难掩欣喜的沈启无，趣味其实是有点偏差的。所谓

"东方纯正的美",事实上并不"纯正"。炎樱的影像语言,其实是一种跨文化的成品;换言之,此一意象背后的概念是"冲突",而非"和谐"。而这正是东洋摩登中常见的视觉策略,即结合对比元素来构成表面和谐的整体。平安时代后期的四行诗,在此成了促进战时上海文化混合的奇特媒介。张爱玲在文章中引用和歌,并参与了《苦竹》月刊封面视觉理念的构成,她和炎樱推崇的杂糅风格,在沦陷上海,几乎有了一种文化先锋的意味。

张爱玲对日本和歌的偏爱,也延伸到她对日本浮世绘人物画的特殊兴趣上。散文集《流言》中有几篇像是文物列表一样的作品,比如《谈跳舞》和《忘不了的画》,处处可见日本文化的痕迹,简直可以读作张爱玲彼时接触的日本文字和影像的一个目录。《忘不了的画》中有一段,讲到浮世绘中以艺妓一天二十四小时的生活情境为主题的《青楼十二时》,这是喜多川歌麿(1753?—1806)的名作。借着《青楼十二时》,张爱玲说到中日之间的差异:

> 中国的确也有苏小妹董小宛之流,从粉头群里跳出来,自处甚高,但是在中国这是个性的突出,而在日本就成了一种制度——在日本,什么都会成为一种制度的。艺妓是循规蹈矩训练出来的大众情人,最轻飘的小动作里也有传统习惯的重量,没有半点游移。

这里的表述，近乎一种刻板印象。张爱玲断言，中国的艺妓是个性，在日本则是制度，她对日本传统艺术的认知，明显地只停留在浅层表面。接下来的描绘，写的全是印象：

> 《青楼十二时》里我只记得丑时的一张，深宵的女人换上家用的木屐，一只手捉住胸前的轻花衣服，防它滑下肩来，一只手握着一炷香，香头飘出细细的烟。有丫头蹲在一边伺候着，画得比她小许多。她立在那里，像是太高，低垂的颈子太细，太长，还没踏到木屐上的小白脚又小得不适合，然而她确实知道她是被爱着的，虽然那时候只有她一个人在那里。因为心定，夜显得更静了，也更悠久。

张爱玲描绘的这幅画，其实并不存在。日本学者池上贞子在《张爱玲和日本》一文中委婉指出，张爱玲应是误将喜多川歌麿同一系列里的几张不同的画混为一幅了。丑时的一幅里，女人的一只手里确有一炷香，但另一只手下垂，没有捉住胸前的衣服。女人捉住胸前衣服的是子时的一幅，而身边出现小丫头则是戌时的一幅。《忘不了的画》是借由回忆快速写就的文章，其中引述的画册内容，并未经张本人再次确认过。不过,文本与历史脉络的正确性,张爱玲并不在意,毕竟她的那几篇文章,说穿了只是对艺术风格的一些随思绮想。她以数幅手边的美女画为例,在似乎并未理解喜多川歌麿创作脉络的前提下,径自谈论着日本社会在制度上的表面特征。从今天我们的角度来看,她的确忽略了,那种不可方物的美和奢靡恰恰是建立在对吉原游廓的女性的永恒降格与消费之上。

张爱玲罗列的日本清单中也有当年流行的日本电影。当年虹口海宁路和乍浦路的交会处有四家电影院,即虹口大戏院、求知大戏院、昭南剧场以及东和馆剧场,同时上映各种日本电影。中国左翼作家及电影工作者们经常为了观看日本电影而造访虹口,尽管很少有人在文字中坦白招认这样一种危险的趣味。与他们不同的是,张爱玲在文字中从不回避自己经常到虹口看日本电影一事。她最钟爱的日本电影,是以跨国观影者为目标受众的情境音乐剧,比如一九四一年的《阿波の踊子》与一九四二年的《歌ふ狸御殿》。

在太平洋战争爆发的几个月前,名导演牧野雅弘(又名牧野正博)正在拍摄《阿波の踊子》。彼时牧野已完成了将近三百部电影,是公认的日本音乐剧的行家。在美丽的德岛拍摄的《阿波の踊子》,在牧野的策划下,成功提高了阿波舞蹈节的文化定位。阿波舞蹈节是盂兰盆会的传

图五・三 （上）《阿波の踊子》录影带封面。作者藏。
图五・四 （下）《歌ふ狸御殿》录影带封面。作者藏。

统节目之一，在一九三八年受战争影响之前，每年八月皆于当地如期举办。在战争的背景下，牧野对传统节庆的重塑，不仅抚慰了海外的日本侨民，更作为一场视觉及音响的盛宴，吸引着包括上海和香港在内的日本占领区的电影观众。在上海的张爱玲，必然留意到《阿波の踊子》的男主角长谷川一夫，他以霸气的日本男人形象，在《白兰の歌》《支那の夜》等电影中拯救了李香兰扮演的中国女子。至于《歌ふ狸御殿》，则是众多"狸御殿"即狸猫公主题材的电影之一。导演木村惠吾执导了一系列的"狸御殿"电影，最早的一部发行于一九三九年，最晚的出品于一九五九年，每一部都非常卖座，木村也因而成为战时及战后人气很旺的导演。张爱玲提到的是一九四二年的这一部，由宫城千贺子主演，她是深具才华的千面女演员，在电影中反串男主角。宫城在战前是著名的纯女性表演团体"宝冢歌剧团"的一员，在战争期间开始电影事业，参与了许多情境音乐剧的演出。

张爱玲在战争期间的电影品味，和她一贯的美学倾向是一致的。她在散文《谈跳舞》中写道："有一阵子我常看日本电影，最满意的两部是《狸宫歌声》（原名《狸御殿》）与《舞城秘史》（原名《阿波之踊》）。有个日本人藐视地笑起来说前者是给小孩子看的，后者是给没受过教育的小姐们看的，可是我并不觉得惭愧。"相对而言，深受知识阶层偏爱的沟口健二及小津安二郎的电影反倒引不起她的兴趣。她明显偏好夸张情节、梦幻设定以及音乐剧，也就是能吸引中产阶级观众的电影类型。在港大念书的时候她就已经是"中等趣味"的文学的追随者了，在沦陷上海她的自我定位是一个中产小市民品味的文化消费者。

张爱玲以看展览的态度逛和服衣料店、浏览画册、看日本电影，她观看舞台表演也一样，看的是物品的戏剧化展示。她对日本表演艺术的看法基本上是一种物质文化层面的解读。日本东宝歌舞团一九四〇年代间频繁造访上海及其他亚洲城市。张爱玲在《谈跳舞》一文中，以可观的篇幅描述东宝在舞台上创造出的奇幻的物质世界，东宝的舞台是外部世界的缩微版，是一个个精妙的幻象。她评论东宝的舞曲《狮与蝶》："像是在梦幻的边缘上看到的异象，使人感到华美的，玩具似的恐怖。这种恐怖是很深很深的小孩子的恐怖。还是日本人顶懂得小孩子，也许因为他们自己也是小孩。"小孩子的世界既华美而又恐怖，这里或许有她自己的童年经验。舞台上玩偶世界般的布置，被她转喻为对日本本身的指涉。接下来的几句里更是将舞台上的呈现延伸为对整个社会的观感：

> 日本之于日本人，如同玩具盒的纸托子，挖空了地位，把小壶小兵嵌进去，该是小壶的是小壶，该是小兵的是小兵。从个人主义者的立场来看这种环境，我是不赞成的，但是事实上，把大多数人放进去都很合适，因为人到底很少例外，许多被认为例外或是自命为例外的，其实都在例内。社会生活的风格化，与机械化不

同,来得自然,总有好处。

这个小壶小兵的意象,重复出现在张爱玲其他漫谈日本事物的文字间。在她所认知的日式物质文化体系中,在随性的评论及片面的观察之下,张爱玲有意无意地预见了战后在美国占领的阴影下才出现的对日本文化的一种袖珍化、阴柔化、幼童化的诠释。

东宝歌舞团的巡回演出行程在池上贞子的《张爱玲和日本》一文中也有记录。从这记录可知,一九四三年的三到六月,该舞团造访了上海,先后在南京大戏院和上海剧院演出。张爱玲在《谈跳舞》中提到的《狮与蝶》,很可能是这场巡回的舞码之一。一九四三年四月,李香兰客串演出。她在南京大戏院献唱电影《支那の夜》的中文与日文主题曲,一时成为演唱会的热点。而配合她表演的,是穿着戏服的日本舞者前捧日本旗(上升的太阳)、后拿中国旗(青天白日)的身影。相信在一九四五年纳凉会的那张合影之前张爱玲已在上海舞台上见过李香兰,甚至也看过该场演出。也就是说,张爱玲对日本文化进行种种阴柔化、幼童化、袖珍化的描摹时,自身恰好置于帝国总策划的那些盛大场面中。这样想来,她的文字对策中确有一种微妙的对抗性,正如那件"陈丝如烂草"是对镜头的一种轻视和揶揄。日本殖民帝国的宣传机器极力标举自身雄性的伟岸，张爱玲却对它进行了反向的表述。对中国与朝鲜（以及东亚和东南亚）的阴柔化，是日本宣传机制重诠亚洲秩序的策略。而张爱玲的描绘，其实是翻转了日本原来用以区分自身／他者的性别设定。张爱玲与日本有关的物品清单，在美学指涉上一面倒地呈现出散漫、微小、阴柔、稚气、怪兽化等特征。在此，我特别强调"散漫"二字，以彰显张爱玲的写作模式——她所描写的日本，是随性的，并没有一个系统，甚至是破绽重重的，经不起推敲。也正是因为这些言辞的散漫和随性，才使得它们可以在那样的一个高压环境中生成、发表、流传。

青绿山水间

上海时期张爱玲文字中的这些微妙的对抗，因为太微妙了，想必在战时能体会到的人很少，在战后应该也就被更强大的声音所淹没了。然而我们如果完全不谈张爱玲与日本的关联，不去细究东洋摩登在她的美学想象中曾经的位置，我们对于她丰富的文本参照系的了解就缺了一块。历来认为张爱玲的文学奇迹是中西二元文化交融的产物，这种二元对立的观点忽略了战争环境所带来的一个特定的文化版图。战时的文化是多元的、杂糅的，张爱玲在战争时期的写作恰好是这多元文化碰撞的产物。

从沦陷香港到沦陷上海，张爱玲在她的写作初期无法完全摆脱东亚意识形态的桎梏。日本文化最早在张爱玲生命中是占领者的文化,伴随着残酷战争的烙印。但日本也是旅途中转站的文化,是陆地与陆地之间那条海洋通道的文化。对于张爱玲来说,一生中可以列举的四次与日本文化的相遇,每一次都产生不同的碰撞。与日本文化的关联,伴随着她作为一个独立写作者成长的轨迹,也是她写作的时代里地缘政治急速转变的一个晴雨表。日本的文字和影像在她的写作中不是一个最为主要的参照系,却是一个一直都在的背景。东洋摩登在西方文明和中国文化传统的表征之间,代表了另一个立足点和角度,是张爱玲美学观的源头之一,也是她的一个文本策略。最终,在美国几十年的流亡生涯中,提到日本的地方少之又少,但点到之处,都是关键,比如晚期散文《重访边城》中的那个挥之不去的殖民日本的阴影。

一九六一年十月,流亡美国多年的张爱玲回到香港,原计划要住上一年,但一九六二年三月就离开了。这是她一生中第三段也是最后一段在香港的居住。与以往的几趟旅程不同的是,她是坐飞机回来的。回到香港之前,先飞到了台湾,这就是前文里提到的她一生唯——次踏足台湾。对这趟旅程,张爱玲留下了中文和英文两个不同版本的游记。英文版一九六三年发表于美国双周刊《报导者》(*The Reporter*),题目是《回到边陲》("A Return to the Frontier")。以《重访边城》为题的中文版游记则是张爱玲遗产继承人宋以朗在整理手稿时发现的,一如宋以朗所指出的,很可能写于更晚的一九八〇年代,不是英文版《回到边陲》的翻译,而是更为细致深入的改写。将两个版本放置在一起对照地读,可以清晰地看到张爱玲是如何沿着一九五〇年代中叶离开的路线原路折回,从一个流亡者的角度观看被殖民的香港以及后殖民的台湾,其中细节尽现她对台湾、香港乃至整个东亚的地理文化想象。在这样的想象中,即使没有直接提到日本,日本和日本的事物依然是萦绕不去的一个背景。

《重访边城》是游记,也是回忆录,其中穿插多条时间线,错综复杂。有一段鲜明的回忆是张爱玲第一次看见台湾岛的景象,时间设定在一九四二年,是当年学业被战争打断的她与炎樱一起坐海船从沦陷香港返回沦陷上海的途中所见:

> 我以前没到过台湾,但是珍珠港事变后从香港回上海,乘的日本船因为躲避轰炸,航线弯弯扭扭的路过南台湾,不靠岸,远远的只看见个山。是一个初夏轻阴的下午,浅翠绿的欹斜秀削的山峰映在雪白的天上,近山脚没入白雾中。像古画的青绿山水,不过纸张没有泛黄。倚在船舷上还有两三个乘客,都轻声呼朋唤友来看,不知道为什么不敢大声。我站在那里一动都不动,

没敢走开一步,怕错过了,知道这辈子不会再看见更美的风景了。

从这样一个角度描绘台湾,或许张爱玲想说的是,在一九六一年第一次踏上台湾岛之前,她其实早就见到了它,而且是在战争的背景上看到了它美丽的轮廓,虽是远远的一瞥,却牢牢地刻在记忆深处。这个最初的台湾岛的印象在她的早期散文中已经出现过。前面提到的她写于一九四五年的散文《双声》,模拟的是当时时兴的座谈形式,叙事者张爱玲,在一家咖啡店享用咖啡和点心,同时与貘梦——叙事者的女性同伴,亦即炎樱的化身——开始了谈天说地:"坐定了,长篇大论说起话来;话题逐渐严肃起来的时候,她又说:'你知道,我们这个很像一个座谈会了。'"标题《双声》建立在巧妙的双关之上。"双声"意指两个或多个字以同样的子音起头,常与押同样韵脚的两个或多个字的"叠韵"并称。文中的两个女子,是两个吻合的声道,她们漫无边际地闲聊各种话题:中国和西方的恋爱论述、不同文化脉络下的罗曼史建构方式、已婚未婚间的两性关系比较、不同年龄层女性的时尚潮流以及日本文化精髓之特殊性。当话题转至日本主题时,叙事者这样描绘两位好友的共同记忆:

三年前，初次看见他们的木版画，他们的衣料、瓷器，那些天真的、红脸的小兵，还有我们回上海来的船上，那年老的日本水手拿出他三个女儿的照片给我们看；路过台湾，台湾的秀丽的山，浮在海上，像中国的青绿山水画里的，那样的山，想不到，真的有！日本的风景听说也是这样。船舱的窗户洞里望出去，圆窗户洞，夜里，海湾是蓝灰色的，静静的一只小渔船，点一盏红灯笼——那时候真是如痴如醉地喜欢着呀！

将这两段相隔近四十年的文字叠在一起阅读，可以看到，同一个记忆的场景，文字风格虽有不同，"青绿山水"一直都是关键的视觉元素。文本永远是出发点，张爱玲文字里时时出现的"青绿山水"，其源头是中国古画和古诗词。她的记忆如果有底色的话，应该就是那种参差渐变的蓝和绿，也就是前面提到的炎樱着色的"沧海"与"蓝田"。这样的例子非常多。本书第一章曾引用散文《谈跳舞》里的一段，描写从港岛山上圣母堂宿舍看到的一抹海湾和海上的岛屿，宛如"小时候吃饭用的一个金边小碟子，上面就描着这样的眉弯似的青山，还有绿水和船和人，可是渐渐都磨了去了，只剩下山的青"。记忆的轮廓模糊了，底色里的青绿依然鲜明。又如第四章曾引用的《异乡记》中对浙南瓯江水色的描绘，"那蓝色，中国人的瓷器里没有这颜色,中国画里的'青绿山水'的青色比较深,《桃花源记》里的'青溪'又好像比较淡。在中国人的梦里它都不曾入梦来。它便这样冷冷地在中国之外流着"。看着眼前的景色,叙述者依然是要回到古画古文中去寻找源头和参照系。张爱玲的青绿,从传统的文本中流出,跨越时空,从江湖融入海洋,又从一个世代流向另一个世代。作为一个美学范畴,她的青绿也具有跨文化、跨语际的能量,从一个语境流向另一个语境,以至于在她人生的每一个阶段、每一段航程里都有青绿的参差做底色。台湾印象的两段文字也不例外,在乱世的版图之上第一次看到台湾岛,记忆中的轮廓移植到眼前远远一瞥的山和海中,然后又辗转汇入"听说"过的想象中的日本风景,亦真亦幻的"青绿山水"是层层叠影,也是一个时间的胶囊。《重访边城》写于张爱玲的生命后期,回忆起当年才二十出头的自己,站在日本船的甲板上,看见的战时地景似乎从一开始就是一个脆弱的幻象,但这脆弱的幻象,却比什么都牢固,坚实地驻扎在她的东亚想象中,挥之不去。

张爱玲的战时地景在战后的回想中,依然是在不同的世界之间,有一片宽阔的水域联系着岛屿和岛屿。张爱玲与日本的相逢,因而有多种层次,其中有"烬余",也有重生。战争年代所建立的参照系中有日本的语言,有书页里的美人、风景、小兵、小壶、小孩,有远远一瞥似乎是书中剪下的青绿山水，还有精致隽永的诗、热闹的音乐剧、杂糅的服饰和衣料。到了战后，参照系中有了亲眼所见，一九五五年那篇书信体游记中描绘的战后日本的各种复苏，还有在后殖民台湾所见的挥之不去的日据时代的阴影，是她在冷战氛围中对东亚地缘政治的重新想象。张爱玲对于日本的想象与整个东亚的命运微妙地彼此系连。这些微妙的联系，从外面看仿佛是一种疏远，或许可以说是一种最亲密的孤绝。究竟是什么因素促成了张爱玲与日本之间的联结？我想应是一种既淡陌又熟悉的、惘惘的情绪，长久萦绕于她丰沛的创作生涯间。

六　　隔世看红楼：
　　　　文字家园与离散叙述

上一章里讲到张爱玲与日本的关联可以追溯到她在香港大学的最后一年，日本的文字和影像紧随着战争的毁灭进入了她的文本参照系。张爱玲与《红楼梦》的渊源自然早得多，可以追溯到从童年到少年的阅读经验。《红楼梦未完》中回忆："小时候看《红楼梦》看到八十回后，一个个人物都语言无味，面目可憎起来，我只抱怨'怎么后来不好看了？'仍旧每隔几年又从头看一遍，每次印象稍有点不同，跟着生命的历程在变。但是反应都是所谓'揿钮反应'，一揿电钮马上有，而且永远相同。很久以后才听见说后四十回是有一个高鹗续的。怪不得！也没深究。"这里的"小时候"究竟有多小，"很久以后"又是多久，都是模糊的时间概念。她在散文《童言无忌》中说，"童年的一天一天，温暖而迟慢，正像老棉鞋里面，粉红绒里子上晒着的阳光"，因而她说的"很久以后"，其实也不过是从童年过渡到少年的那几年，十四五岁的她读了父亲藏书中的《胡适文存》，其中有一篇《〈红楼梦〉考证》，从那里她开始知道各种版本之间的差异，《红楼梦》竟然是残篇，后四十回原来是续书。她后来在《忆胡适之》中又说到当年的恍然大悟，说怪不得"看到八十一回'四美钓游鱼'，忽然天日无光，百样无味起来，此后完全是另一个世界"。既然后四十回乃"狗尾续貂"，中学生张爱玲就动手创作她自己的后四十回，取名《摩登红楼梦》，将故事搬到民初的上海，一共五回，回目还是她父亲拟的。

离开上海到香港读大学，小时候熟读的明清小说重新捧起时，其背景已经是一九三〇年代末的香港文艺小复兴，文学院课堂上老师潜移默化地传授开放的文学史观，战争和毁灭却即将到来，这是在本书前几章里讨论过的。这个时期的张爱玲尚未开始在《红楼梦》考据上下功夫，她大多数的课余时间里应该是在阅读那个长长的殖民地书单上的英语文学作品，沉浸在毛姆、赫胥黎、韦尔斯、本森的世界中。重新捡起白话小说是在炮火下的校园，在冯平山中文图书馆的藏书架间孜孜地读着《官场现形记》和《醒世姻缘传》等。回到上海，开始写作，《红楼梦》的烙印处处都是，香港传奇第一篇《沉香屑·第一炉香》中的睨儿和睇睇，不仅样貌是"《红楼梦》时代的丫环的打扮"，说起话来也是活脱脱的平儿和金钏儿再世。上海时期的每一篇小说都能做到以微妙的动作和话语来细致缜密地刻画角色内心的曲曲弯弯，是把《红楼梦》的语言功夫学到家了。发表于一九四四年的散文《谈跳舞》中写道："譬如《红楼梦》，高鹗续成的部分，与前面相较，有一种特殊的枯寒的感觉，并不是因为贾家败落下来了，应当奄奄无生气，而是他写得不够好的缘故。高鹗所拟定的收场，不能说他不合理，可是理到情不到，里面的情感仅仅是sentiments，不像真的。"这是把后四十回的变味，仍然都算在高鹗的账上，可见胡适那篇《〈红楼梦〉考证》对她影响之深。要再过二十年，张爱玲方用长长的篇幅来证明，续书作者很可能不是高鹗，也不是程伟元，而是一个洞悉曹家盛衰内幕但品味实在庸俗不堪的"无名氏"。

真正发现红学考据能打开一个无限丰富而宽阔的文本空间，是张爱玲二度来到香港的那几年。《红楼梦未完》中回忆到，一九五四年左右在香港初次读到根据脂砚斋的点评推断小说中主要人物真正结局的红学论著时，"实在是个感情上的经验，石破天惊，惊喜交集，这些熟人多年不知下落，早已死了心，又有了消息"。她没有明说这是哪一部红学论著，凭年代和内容推测，我认为极可能是《石头记》脂本研究的开创者俞平伯出版于一九五二年的《红楼梦研究》。一九五四年俞和他的脂本研究被最高领袖定性为"在古典文学领域毒害青年三十余年的胡适派资产阶级唯心论"，作者和书一起遭了殃，在全国成为学术大批判的对象。当年在香港读到此书的张爱玲对这本论著和它的作者的遭际应该是有所知的。《红楼梦》可以带着走，曾经的家是再也回不去了。这一点，她一九五二年七月从上海坐火车到广州，又从广州坐火车到深圳，经罗湖关卡出境进入香港时，就已经洞若观火了。

专研《红楼梦》的志向始于张爱玲的二度"港漂"，与流亡生涯的开端刚好吻合。她说的"感情上的经验"仿佛讲的是版本的出入，小说人物的钩沉，自己对小说中诸多人物命运的牵挂，其实那背后何尝不是历经战乱离散的人生沧桑。《红楼梦》小说中的人物在原著作者无数次的重复修改之后仿佛死而复生，各种版本间的差异犹如搭起了多个平行宇宙，人物命运悬挂在宇宙与宇宙间，竟然生死未卜。张爱玲在她的后期写作中重新走向《红楼梦》应该是命定，是漫长的流亡生涯让她看到那个庞大的文本参照系的一隅，竟一直站立着一部陪伴她一生的源头性著作。《红楼梦》就是那个随时可以回归的文字家园。

"晚期风格"

带着战争、革命、大变迁的时代烙印以及个人生命史中的伤痛经验，张爱玲重读《红楼梦》，读得切实，读得现代，读得让人怦然心动。一九六〇年代后半叶，步入人生中年的她，开始系统的《红楼梦》研究，一钻进去就是

圖六・一　一九七七年皇冠版《紅樓夢魘》的封面，由張愛玲親自設計。©宋以朗、宋元琳，經皇冠文化集團授權。

十年的光阴，文章陆续发表于《皇冠》杂志和《联合报》，一九七七年结集出版，题为《红楼梦魇》。

我认为《红楼梦魇》是张爱玲"晚期风格"的代表作之一。这里说的"晚期"，不完全是一个时间概念。关于作家和艺术家"晚期风格"的论述最早是西奥多·阿多诺（Theodor W. Adorno）一九三七年在《贝多芬的晚期风格》（"Late Style in Beethoven"）一文中提出的。以贝多芬为例，阿多诺说晚期的风格往往具有一种"灾难性"，其成熟"与人们在果实中发现的那种成熟不同。它们大部分不是圆的，而是有褶皱的，甚至是被蹂躏的。没有甜味、苦味或锋芒，它们不屈从于单纯的快感"。这是以纹理的深刻强调"晚期风格"的突出。爱德华·萨义德（Edward Said）则沿用阿多诺的"晚期"概念，在他自己的晚年写成一部《论晚期风格》（*On Late Style*）。书中考察了贝多芬、托马斯·曼、让·热内等伟大艺术家在他们生命的最后阶段所创作的作品。萨义德的第一章题为《及时性和晚到性》（"Timeliness and Lateness"），分析了贝多芬最后的六首四重奏和《庄严弥撒》等，得出的评价与阿多诺的判断十分相似："晚期贝多芬，是一种义无反顾的疏离和晦涩（remorselessly alienated and obscure）。"萨义德超越阿多诺的是他进一步将这种"晚期风格"定义为"一种流亡的形式"，这里的"流亡"是一个美学概念,是以文字或音符构建一种与主流秩序的对立、疏离、冲突。这样的定义自然能联系到创作者自身实际的流亡经验。"晚期风格"和流亡经验的综合十分适合用来分析张爱玲一九七〇年代写作高峰期的作品。

并非每一个作家到晚期都会有这样的爆发,也就是说,那种"义无反顾的疏离和晦涩"其实是非常少见的。风格是否属于晚期,也要等到作家的生命终止,甚至很多年后,待所有的作品都呈现出来,有了一个完整的样貌,也让我们这些后来人有了足够的距离之后,才能看出是否有一个区别于早期或前期的"晚期风格"的脉络。因而"晚期风格"这个概念本身就是脆弱的,它不是一个铁板钉钉的事实,其中有很多读者、评论者、观众的主观意愿。从我们今天的位置能够看到张爱玲"晚期风格"的形成完全有赖于张爱玲遗产继承人宋以朗近二十年来持续不断地整理并出版她的遗稿,包括所有生前未出版的作品,完整的和不完整的,都已悉数进入面向公众的张爱玲文学遗产,我们终于可以完整地看到她后半生的写作样貌。我这里说《红楼梦魇》是张爱玲"晚期风格"的代表作之一,是把这部作品放在她最后一个写作高峰期里,与同时期其他的作品对照而得出的结论。

进入最后一个写作高峰期是一个曲折的过程。一九五五年秋天坐上美国"克里夫兰总统号"邮轮兴致勃勃地奔向美洲大陆的张爱玲，在刚到美国的几个月里，试图以一长一短两篇英文作品作为她打入英文出版市场的敲门砖，这是在本书的第一章里已经提到的。长的作品是英文版的《赤地之恋》(*Naked Earth*)，与同时期完成的《秧歌》英文版的顺利出版不同，《赤地之恋》频频碰壁，十分影响情绪，但张爱玲在给邝文美的信中只是轻描淡写地说"有点低气压"。短的作品题为"The Spyring"，即《色，戒》的英语前身，张所欣赏的美国作家约翰·马昆德（John Phillips Marquand）看到小说稿，十分欣赏，建议她投到《纽约客》《哈珀斯》《大西洋月刊》等主流刊物，并说如果有类似的作品集成一本短篇集，一定有市场。这是张爱玲在一九五六年一月给邝文美的信中提到的，字里行间张爱玲自己对马昆德的判断是抱怀疑的，果然"The Spyring"也一直没有找到出版的渠道，躺在那里十几年后才被宋淇提议改写成中文发表。

一九五六年六月，已经在新罕布什尔州的麦克道威尔文艺营的张爱玲在致邝文美的信中说："这原子笔在这种皱纸上写，非常别扭，但是我除了给你写信外从来不用写，总是打字。"刚到美国的一两年里，写作都是在打字机上用英文打字，唯有给香港的好友写信，才是唯一的手写，也是唯一的中文书写。次年三月张爱玲在文艺营完成的是另一部英文长篇，题为 *Pink Tears*，是上海时期短篇《金锁记》的扩充和转写。之后的几年通信里，小说被称为《粉泪》或《红泪》，反复修改后改为 Rouge of the North 即《北地胭脂》，但无论叫什么名字都是连连碰壁，她的"低气压"持续不断。一直到一九六四年，完成了最后一部国际电影懋业有限公司（以下简称电懋公司）的剧本后，她听从宋淇的建议将《北地胭脂》改写成中文版《怨女》，于一九六六年八月开始在香港的《星岛晚报》连载，《皇冠》杂志也开始转载，是港台两地同时发表的操作，而英文版到一九六七年才在英国出版。从《金锁记》到《粉泪》，再到《北地胭脂》，最后到《怨女》的漫长而艰难的过程，对于张爱玲似乎是一种启发，让她意识到她的读者仍然是在华语世界。宋淇在一九六六年九月九日的信中对她说："《怨女》能一稿两投，可说是近年少有的奇迹，而且是大报和大杂志，要凑合两方的时间、字数、条件很是不易，其中经过之曲折，所须要的口舌和笔墨也不必多说，不过我还是觉得很值得，因你究竟是中国人，已经有十年没有在中国刊物上发表过作品，现在正是让你重新和中国读者结缘的良好时机。"

从《张爱玲往来书信集》中一九六六年和一九六七年的通信中可见，除了《怨女》和《北地胭脂》的最终出版之外，另有两桩重要的事件直接影响了张爱玲后期写作的走向。首先，一九六六年宋淇在信中多次提到平鑫涛和皇冠出版社，九月九日的信中更是正式提议由皇冠出版社全权代理她作品的发行和出版："皇冠的出版人平鑫涛很有魄力，同时也是《联合报》文艺副刊的编辑。我认为他最有实力而最可靠，不如交给他可以放心一些。"促成张爱玲和皇冠的好事的也有夏志清，这在夏编注的《张爱玲给我的信件》中有足够的文字证据。皇冠最终成为宋淇所说的"衣食父母"，对张爱玲来说意味着稳定的版税收入，生计自然不成问题了，从此往后，她只写她自己想写的，只做自己想做的，不想来往的人绝不来往，皇冠和宋淇夫妇一起成了她和外部世界之间的一个安全屏障。坊间各种传记作者笔下的张爱玲晚年，常常被描绘成"凄凉""惨淡""孤独终老"，其实她所拥有的自由写作的空间在我们这个时代已然成了一种奢侈。

一九六六至一九六七年间的另一桩重要事件是，张爱玲恢复了单身生活。她初到美国就开始为生计奔波，一九五六年与美国作家弗迪南·赖雅（Ferdinand Maximilian Reyher）结婚以后，是在婚姻中继续为生计奔波。婚后不久，赖雅的健康开始出现状况，连续中风，张爱玲成为主要照顾者，也是家庭收入的主要来源。张爱玲持续不断地写剧本，并以此为生，是流亡最初十年的状态，下一章里提到的"一部流亡改编史"，实属不得已。一九六六年十月，她搬到俄亥俄州牛津小镇的迈阿密大学驻校半年,一九六七年春天在纽约短暂居住后,于七月搬到麻省剑桥,开始在拉德克利夫独立研究所为期两年的研究计划。赖雅八月也搬去剑桥与她团聚,却于十月下旬突然离世。生活的大变故,在与最好的朋友的通信中都是一笔带过,不愿多说。十一月一日致宋淇的信中她只匆匆提到一句,而且是夹杂在其他的事情中:"我只急自己该做的事没做,大大小小的deadlines都来了,而Ferd廿四日突然去世,详情下次再讲。"到了"下次"却并没有"详情",也没有"再讲"。给夏志清的信中则这样说:"Ferd八月底搬来,上月突然逝世。收到九月十六日的信迟未作覆,想必你会原谅。"惊涛骇浪,她都自己消化了,这是她一贯的作风。但毫无疑问的是,一九六七年的秋天,她的生活重心开始彻底转移,潜心写作、研究,从此时开始,再无旁骛。我说的写作高峰期,就是一九六七年秋天在麻省剑桥开始的。

一九六八年七月还在美国念硕士研究生的殷允芃得以到麻省剑桥访问张爱玲,访问记登载于八月号的《皇冠》杂志。读到这篇访问记的张爱玲,说"写得极坏",但因为"harmless"(无害),也就容忍了。对于我们来说,殷允芃的这一篇十分珍贵,不仅是因为张爱玲的访问记实在太少(当年水晶和殷允芃能够见到她,并且经她应允将访问记发表,是多么的不容易),更重要的原因是它让我们依稀能看到在后期写作转折点上的张爱玲,她当年的模样,她的写作状态和生存环境。殷允芃上门访问的时候,张爱玲已经在剑桥居住了一年,她给年轻的访客煮咖啡,却没有咖啡匙,她跟客人解释:"真对不起,汤匙都还放在箱子里没打开。反正也在这儿住不长久的,搬来搬去,嫌麻烦。"住了一年依然没有小汤匙的家,自然不会有很多摆设:"她的起居室,陈列得异常简单,但仍然给人明亮的感觉。或许是那面空空的,黄木梳妆台上的大镜子。旁边是个小小的书架,摆着的大半是些英文书,右角上有本《红楼梦》,书架顶上斜竖着一张鲜艳的、阿拉斯加神柱的相片。并立的,是一幅黑白的旧金山市夜景。"《红楼梦》在极简风的室内十分醒目,书架上有,桌上也有:"窗旁的书桌上,散乱的铺着些稿子,剪报,和一本翻开了的《红楼梦》。"漂流的家,小汤匙可以没有,却断断不能缺一部《红楼梦》。一九八八年六月二日宋淇致张爱玲的信中还担心她随身是否有一套"干净"的《红楼梦》,推荐买一套俞平伯的八十回校本,说他自己写文章都用这个版本:"我知道你不喜欢累赘太多,但你似乎不可一日无《红楼梦》。"这是真正的知冷暖的朋友。

一九六六和一九六七年间的张爱玲,开始调整自己的写作定位,她结识的几位美国汉学界的学者,包括夏志清、刘绍铭、韩南等,都对她有或多或少的影响,使她萌生了要以《海上花》英译和《红楼梦》研究打入美国学界的愿望，麻省剑桥的两年只是一个开始。虽然周围都是学者，这么多年，在研究方面对她影响最大的依然是远在香港的宋淇。《红楼梦魇》的写作，是离散书写，是与精神家园的一个隔空的、持久的对话，坐在这场隔空对话一端的是张爱玲，另一端则是宋淇。这两位好友，在书信里频繁而热烈地讨论着的其实是当年十分热门的中西比较文学的课题。比较文学作为一门相对新兴的人文学科发展到张爱玲写作的二十世纪六七〇年代恰好从曾经的"欧洲中心论"中脱离出来，转入"世界文学关系研究"中，东西文学比较和全球文学成为时髦。而中西比较文学作为一个新兴的学科则在大陆之外的华语区兴起，身在其中的宋淇是个关键人物。宋淇和他背后的比较文学和跨文化研究恰好为张爱玲的《红楼梦》和《海上花》工程提供了一个必要的学术背景。

可以这样说，《红楼梦魇》是张爱玲的比较文学；同一时期的《海上花》英语翻译，也是张爱玲的比较文学。在《红楼梦魇》中，比较是体系，比较是方法，比较也是她的分析语言。比如《自序》里，她将《红楼梦》成书的时代放置在一个世界文学的范畴里，那时"旧俄的小说还没写出来"，因而《红楼梦》不仅是中国文学的先驱，也是世界文学中的先驱，而且上下左右一看，它竟是这样一个孤独的高峰："中国长篇小说这样'起了个大早，赶了个晚集'，是刚巧发展到顶巅的时候一受挫，就给拦了回去。"正是所谓的前无古人，后无来者。这里说的是比较的体系。《自序》里她又将《红楼梦》在后世被"庸俗化"与《圣经》在西方世界的普及作比较，文学先驱成为家喻户晓的通俗题材，上下左右一看，也并非没有先例。她在《三详红楼梦》里引用宋淇《论大观园》的分析，说《红楼梦》"几乎遵守了亚里士多德的三一律；人物、时间、地点都集中浓缩于某一个时空中间"。这里说的都是比较的方法。再看她的分析语言，里面涉及的文学参照系丰富多彩。她在《二详红楼梦》中说，警幻仙子是"东方爱神"，就像在《国语本〈海上花〉译后记》中说《海上花》中的李漱芳是"东方茶花女"，而另外一个女性人物"浣芳虽然天真烂漫，对玉甫不是完全没有洛丽塔心理。纳博柯夫名著小说《洛丽塔》——拍成影片由詹姆斯梅逊主演——写一个中年男子与一个十二岁的女孩互相引诱成奸。在心理学上，小女孩会不自觉地诱惑自己父亲"。信手拈来的比较和对照，轻松自如。她在《自序》里形容前八十回各种版本之间的交错"像迷宫，像拼图游戏，又像推理侦探小说"，而"早本各各不同的结局又有'罗生门'的情趣"，这已经超出了中西比较文学的架构，是真正的跨文化多元视角。最有趣的是，因为对续书的深恶痛绝，她《自序》里也将后四十回比作"弥罗岛出土的断臂维纳斯装了义肢",实在是让人恨得牙痒痒的。

阅读一九六八年前后宋淇和张爱玲之间的通信,可以想象张爱玲在麻省剑桥的书桌上应该是满满的,应该比殷允芃看到的那些要多,想必是因为有访客,书桌被她清理了。摊开的《红楼梦》之外,应该还有一部《海上花》的英文译稿,加上《十八春》转成《半生缘》的改写稿,而持续写作中的长篇《小团圆》应该是另外一摞。这一时期的张爱玲并没有完全放弃她的英文写作,她持续在修改的是《雷峰塔》和《易经》两部相对完整的长篇以及最后未能完成的《少帅》。这是一个十分充实和勤奋的作者的画像,完全推翻了之前所认定的美国生涯写作停顿的断言,而且足够构建一条"晚期风格"的脉络。一九六八年六月二十六日致宋淇的信中她说自己的写作是万千头绪,最后也只好回到"脑子里最基本的东西,如《红楼梦》"。最基本的东西,就是离写作的灵魂最近的。这个写作高峰期终止于《色,戒》《浮花浪蕊》《相见欢》三篇短篇小说相继出版的一九七〇年代末。国语版《海上花》出版于一九八三年,那之后,张爱玲就很少有新的作品问世了。

黄昏的洋台,风中的台阶

《红楼梦魇》是张爱玲的"晚期风格"代表作之一,其标志是它独特的文体,它不是严格的学术著作,也不是纯

图六·二 一九八三年皇冠版《海上花》的扉页。©宋以朗、宋元琳，经皇冠文化集团授权。

粹的文学创作。题为梦魇，意为疯狂，书页中细细写来，却是平淡至极。张爱玲的分析语言介于散文、文学分析、文字考证之间，它属于无法归类的文字，可以看成张爱玲独创的一种杂糅风格。

贯穿张爱玲的写作生涯，从战争到和平，从大陆经香港到海外，她自始至终以一种高度自省式的语言来题名她的文字。传统的正名到她的笔下却是创出了现代汉语的别样风采。在《红楼梦魇》的《自序》中她谈到书名的来源，说"梦魇"二字乃来自宋淇的戏称，形容的是对小说《红楼梦》的"一种疯狂"。其实我想"梦魇"的说法应该最早来自俞平伯。本章开头提到张爱玲一九五四年左右在香港很可能读到了俞平伯的《红楼梦研究》，而宋淇对俞平伯的脂本研究就应该更熟悉了。俞在他的自序中这样说《红楼梦》："我尝谓这书在中国文坛上是个'梦魇'，你越研究便越觉糊涂。""梦魇"之说随即在这个"中国文坛"上流传甚广，但很快就被贴上"主观唯心主义不可知论"的标签，俞本人则成了"胡适的反动哲学遗毒"。

《红楼梦魇》之得名来源于俞平伯也好，宋淇也好，其中的姿态兼及写作的自由和批评的审慎，十分契合张爱玲一贯的态度。在书的《自序》中，她也提到了她其他作品集的命名。其中最发人深省的是她对出版于一九四四年的散文集《流言》的书名迟到三十年的批注。她称这个词来自一句英文诗"写在水上"(written on water)。写在水上的文字是流动的话语，驻留片刻即消声灭迹。"流言"字面的另一层含义是我们通常所谓的"风言风语""流言蜚语"，文章应如"流言"般轻灵、自由而迅疾地四下传播以触动尽可能广泛的读者群。

其实"流言"一词的含义伸展性极大，猛然一看让人联想到苏轼所云"（文章）大略如行云流水……"，说的是行文格式及风格。更有英国浪漫主义诗人约翰·济慈（1795—1821）墓碑上的残句："这里躺着一个人，他的名字写在水上"(Here lies one whose name was writ on water)，诉说的是人生的无常和生命的脆弱。最早提醒我与济慈建立这一层联系的是德国汉学家顾彬，当年我还是学生，他听了我的一场演讲后，当场说，你应该去趟罗马，去看看济慈的墓碑。后来我把《流言》翻译成"Written on Water"是得益于顾彬的提醒。这一层绝妙的联系在《张爱玲往来书信集》中被证实了。宋淇在一九七九年十二月十六日致张爱玲的信中提到："你文章中曾提过名字写在水上，这是Keats替自己拟的墓志铭：'Here lies one whose name is writ on water.'四十年前我读到时，感动得不得了，后来他友人在上面加画加字，令人气短。文中又引过一句近似Brevity is wit of the soul. 语出莎翁的 *Hamlet*，请原谅我这引经据典的老毛病，大概受了钱钟书的影响。"张爱玲的回应见于次年即一九八〇年二月九日的信："'名字写在水上'Keats全句更深刻动人，我当时没能领略，完全忽略了……"亏得宋淇的博学强记，还有引经据典的专业习惯，这一条水中流动的典故如今读来犹如金石刻凿。

石刻的文字诉说的却是水性人生。文如流言，意即像水一样的灵动、快捷；文如流言，暗示像闲言蜚语般的轻佻、不经意；文如流言，动乱年代文字与生命一样脆弱、不堪一击。张爱玲的自我定义讲的是内容，也是形式，更重要的还在于，她对散文体裁的重新命名包含了她对一个特定历史时期文化生产状态的洞察。假如《流言》的命名指点的是从语言渗透到结构的实时性和瞬息性，那么怎么理解《红楼梦魇》的题名呢？简单地说，"流言"一词烘托的是战乱书写的现世感，而"梦魇"的说法点出的则是现世文字的隔世之感。

张爱玲上海时期的一篇洋洋洒洒的长文《我看苏青》中，以印象的笔法勾勒出她对于现世的图解：

> 她（苏青）走了之后，我一个人在黄昏的洋台上，骤然看到远处的一个高楼，边缘上附着一大块胭脂红，还当是玻璃窗上落日的反光，再一看，却是元宵的月亮，红红地升起来了。我想道："这是乱世。"晚烟里，

上海的边疆微微起伏，虽没有山也像是层峦叠嶂。我想到许多人的命运，连我在内的；有一种郁郁苍苍的身世之感。"身世之感"，普通总是自伤、自怜的意思罢，但我想是可以有更广大的解释的。将来的平安，来到的时候已经不是我们的了，我们只能各人就近求得自己的平安……

《我看苏青》最初发表于一九四五年四月。其中的"我"坐在自家的洋台上，极目远眺，望着城市起伏的边界，静观历史潮来流去，好像整幅画面就只是一部冗长曲折的传奇剧中的一幕而已。身处历史之中，却已经将自我从眼前的一幕中抽出，放到了将来的某一点某一刻，写作是为了未来，为了还没有发生的一切，现世抒写于是有了隔世的沧桑感和距离感。二十几岁的张爱玲看到自己在未来的某一刻，恍如《红楼梦》的作者一般，在十八世纪的没落孤独中追忆逝水华年。

张爱玲似乎对"黄昏的洋台"情有独钟。类似景象两年后又出现在战后的上海。在《太太万岁》剧本的"题记"中，她写到自己关注的小人物，他们生之琐碎，死之传奇：

> 我这样想着，仿佛忽然有了什么重大的发现似的，于高兴之外又有种凄然的感觉，当时也就知道，一离开

那黄昏的洋台我就再也说不明白的。洋台上撑出的半截绿竹帘子,一夏天晒下来,已经和秋草一样的黄了。我在洋台上篦头,也像落叶似的掉头发,一阵阵掉下来,在手臂上披披拂拂,如同夜雨。远远近近有许多汽车喇叭仓皇地叫着;逐渐暗下来的天,四面展开如同烟霞万顷的湖面。对过一幢房子最下层有一个窗洞里冒出一缕淡白的炊烟,非常犹疑地上升,仿佛不大知道天在何方。露水下来了,头发湿了就更涩,越篦越篦不通。赤着脚踝,风吹上来寒飕飕的,我后来就进去了。

这里逼真写出的是战后的惘然若失和现世的不可久留。一九四七年的张爱玲仍在坚持描写小人物和他们贫乏无奇的生活。正如她自己所说的那样,电影《太太万岁》描写的是"一个普通人的太太",而"上海的弄堂里,一幢房子里就可以有好几个她"。着眼于小人物,绘出的却是大图景。这样既细微又宏大的写作契机借助的是"黄昏的洋台"这样一个特定的美学范畴。这个画面融合的是一个介于白天与黑夜之间的过渡性时刻(黄昏)和一个介于私人空间与外面世界之间的过渡性空间(洋台)。张爱玲暗示的是,只有通过这一转瞬即逝的矛盾时刻才能获得对战争与和平的洞察力。黄昏是短暂的,洋台也不是一个可以长期逗留的地方。过了此一刻,写作的体验就只能像是在梳篦沾湿的头发,不再顺滑随心。

这里"黄昏的洋台"代表的是张爱玲对阈限(liminality)即过渡性空间/时间的浓厚的兴趣,比如黄昏、洋台、介于记忆与现实之间的虚幻领域、介于过去与现在之间的短暂时刻等等。从她"黄昏的洋台"上,张爱玲的叙事拒绝任何深层的结构或宏大的意义,历史不再被表现为一个不断发展进步的直线过程;正相反,它被打破为无数的碎片,人们可以将它们重新组织起来并赋予全新的意义。在这重组的时空中,现世与隔世交叉重叠,而主体通常都被一种深切的不确定感所浸透,这是张爱玲描绘的历史观。

二十几年后这样的历史观以同样鲜明的意象出现在另一篇经典散文中,即张爱玲发表于一九六八年《明报月刊》二月号的《忆胡适之》。《忆胡适之》能够写成,又是宋淇和邝文美的功劳。宋淇在一九六七年二月五日致张的信中说:"前几天整理书桌,发现Mae曾代抄录下胡适给你的信,和你回答胡适的信,但你第一封信却没有留底。我觉得你可以拿这段经过写一篇文章……大家都在纪念胡适,这封信至少可以令大家更进一步了解胡适的为人——humility和读书的precision。我相信《皇冠》一定会登的。"张爱玲三月十五日回宋淇的信中答,当然要写,自己正好申请了拉德克利夫独立研究所的研究基金,申请项目是英译《海上花》,恰好是胡适的影响,怀念胡适的同时也可以谈谈《海上花》。七月到达麻省剑桥后,想必第一年里在她的书桌上,一边是《海上花》的英文打字译稿,另一边则是中文手写的《忆胡适之》。

胡适致张爱玲的第一封信写于一九五五年一月二十五日,那时的张爱玲还在香港,目标已经是大洋彼岸的英语文学主流市场。胡适写信,是因为收到了张爱玲一九五四年十月从香港寄给他的小说《秧歌》。信里他赞扬《秧歌》在风格上做到了"平淡而近自然"。张爱玲致胡适的原信完好保存在胡适日记中,可见胡适的器重,他在回信中也引用了张的措辞:"我读了你十月的信上说的'很久以前我读你写的《醒世姻缘》与《海上花》的考证,印象非常深,后来找了这两部小说来看,这些年来,前后不知看了多少遍,自己以为得到不少益处。'——我读了这几句话,又读了你的小说,我真很感觉高兴!"

宋淇和邝文美该是有多超前的眼光,能看到多少年后张爱玲和胡适之间的通信会是重要的史料。眼光敏锐、视野超前还不够,还要加上手勤、不辞辛劳。在没有复印机的年代,留底本就是要手抄。张爱玲的第二封信,也亏得邝文美的手抄保存,日期是一九五五年二月二十日:"《醒世姻缘》和《海上花》一个写得浓,一个写得淡,但是同样是最好的写实的作品。我常常替它们不平,总觉得它们应当是世界名著。《海上花》虽然不是没有缺陷的,像《红楼梦》没有写完也未始不是一个缺陷。缺陷的性质虽然不同,但无论如何,都不是完整的作品。我一直有一个志愿,希望将来能把《海上花》和《醒世姻缘》译成英文。里面对白的语气非常难译,但是也并不是绝对不能译的。"读到这里,我们才恍然大悟,翻译《海上花》的愿望,原来与研究《红楼梦》的计划一样,起源于张爱玲二度在香港居住的那几年。

《忆胡适之》是张爱玲后期散文中的巅峰之作,张爱玲记录了最早的通信往来之外,也描绘了在纽约与胡适的几场会面。一九五五年刚到纽约的张爱玲,住在救世军办的一个女子宿舍里,胡适来看她,告别的时候她送了出来,接下来的场景颇有一点永恒的意味:

> 我送到大门外,在台阶上站着说话。天冷,风大,隔着条街从赫贞江上吹来。适之先生望着街口露出的一角空蒙的灰色河面,河上有雾,不知道怎么笑眯眯的老是望着,看怔住了。他围巾裹得严严的,脖子缩在半旧的黑大衣里,厚实的肩背,头脸相当大,整个凝成一座古铜半身像。我忽然一阵凛然,想着:原来是真像人家说的那样。而我向来相信凡是偶像都有"黏土脚",否则就站不住,不可信。我出来没穿大衣,里面暖气太

热，只穿着件大挖领的夏衣，倒也一点都不冷，站久了只觉得风飕飕的。我也跟着向河上望过去微笑着，可是仿佛有一阵悲风，隔着十万八千里从时代的深处吹出来，吹得眼睛都睁不开。那是我最后一次看见适之先生。

上海的那个黄昏的洋台此刻似乎变成了曼哈顿冷风中的台阶，那一阵风也仿佛是从寒飕飕的上海初秋一直吹到了冬天灰蒙蒙的赫贞江上。我们今天叫哈德逊河的，胡适和张爱玲都译作赫贞江。胡适有一首写于一九三八年的诗，叫《从纽约省会（Albany）回纽约市》，一直以来是被当作爱情诗来读的：

> 四百里的赫贞江，
> 从容的流下纽约湾，
> 恰像我的少年岁月，
> 一去了永不回还。
> 这江上曾有我的诗，
> 我的梦，我的工作，我的爱。
> 毁灭了的似绿水长流。
> 留住了的似青山还在。

风中的台阶上的适之先生不知是否让一旁的张爱玲想到了这首早年的白话诗,眼前这条赫贞江对胡适的个人意义都写在这些清澈明了的诗句里了;但张爱玲透过胡适凝望赫贞江的面容看到的,自然是远远超过了爱情诗的内涵。"隔着十万八千里从时代的深处吹出来"的"悲风"或许是赫贞江上自然的风,但也是穿过了几个世代并跨越了千山万水的风,从战争年代一直持续到战后的颠沛离散。在曼哈顿的某个台阶上,在"空蒙"的灰色天光中,两代人的离乱和漂流的经验叠在一起,现世的景象里透出隔世的苍凉。

驻足现世的张爱玲抒写的似乎永远是一种隔世之感。她写香港之战的长文《烬余录》中的第一段开宗明义写的就是隔世体验:"我与香港之间已经隔了相当的距离了——几千里路,两年,新的事,新的人。战时香港所见所闻,唯其因为它对于我有切身的、剧烈的影响,当时我是无从说起的。现在呢,定下心来了,至少提到的时候不至于语无伦次。"两年时间不长,但仿佛已走过了一生。直写现世,难免语无伦次。以隔世之感梳理现世才能看出个头绪。又譬如小说《封锁》里写寂静,"并不是绝对的寂静,但是人声逐渐渺茫,像睡梦里所听到芦花枕头里的窸窣声"。芦花枕头里的嘶嘶作响,又挨着睡梦的边缘听来,尽写渺茫、隔膜。这里的自我,愣是又从现世的战乱中抽出了，居高临下，仿佛站在未来一个近乎真空的点上。她在战乱中写切肤体验，用的却是战后沧桑的眼光。而在战后的大洋彼岸，却又能一眼看到一层一层的过往经验，文字里诉说的仿佛都是陈年往事。透过适之先生铜像般的侧影，莫非她看到的是多年前黄昏洋台上的自己？

很可能，张爱玲系统研究《红楼梦》，是在写作《忆胡适之》的过程中萌生的计划，这里宋淇对《红楼梦》的持续兴趣也起了推波助澜的作用。《忆胡适之》发表后，一九六八年二月九日宋淇致张爱玲信中说："我最近猛读《红楼梦》，发现我十余年前所写的文章观点仍是正确，同时又有几点重要的新发现，可以补充并unify前文，自己觉得很得意。你文章中所说从前读到后四十回，顿时觉得'天日无光'，可谓深得我心。我最近强迫自己试读后四十回，仍然失败。非但情节上不能自圆其说，而且人物性格上也不统一，完全与前八十回的人物矛盾，可以说是out of character。林黛玉怎么可能劝贾宝玉攻举业，而说八股文中也有好的作品？"于是两位好友相约一起"彻底扫除"后四十回的坏影响。二十世纪六七〇年代的张爱玲，远了她情有独钟的"黄昏的洋台"，远了残酷的大上海，远了战争，远了革命，接受的是一种永远的离散生涯。但她独创的美学范畴和写作策略不变，可以说曹雪芹的《红楼梦》为张爱玲提供的恰是一个可以随身携带的"黄昏的洋台"

或是"风中的台阶"。从空间上远离了苏青走后的洋台和《太太万岁》的洋台，也告别了吹着悲风的赫贞江，所幸还有《红楼梦》，为她提供了一个跨越时空的阈限，处身其中，继续在现世与隔世的纠缠中谱写她的离乱叙述。

张爱玲在《红楼梦魇》的《自序》中说《红楼梦》和《金瓶梅》是她"一切的泉源"，而其中更以前者为甚，是几十年离散生涯随身箱笼中的保留物。其实贯穿全书她最想说明的是红楼未完，后四十回是"假的"，不可信，考证《红楼梦》是为了对前八十回的绝对忠实。她大肆渲染红楼未完的遗憾，就像走过轰轰烈烈的前半生，后半生怎么写，都是"狗尾续貂"，不足道也。她反反复复地通读前八十回，读到每一个字和它的位置都刻在了脑海里，没有书页摊在眼前，也能真切再现。这与同一时期张爱玲反反复复用双语书写她自己的前半生是异曲同工的。反反复复的隔世写作恰是张爱玲离乱生涯中的常态。《小团圆》如此，《雷峰塔》和《易经》亦如此。读《红楼梦魇》，也应放在这一框架中。

文字家园

《红楼梦魇》出版后几十年里系统研究这本书的人不多。我最早读到的是台大中文系郭玉雯教授认认真真书写的几篇论文，还结集出了书，叫《红楼梦学：从脂砚斋到张爱玲》。另有上海朱大可教授的一篇《红学及"X学家"

的终结》，是对红学和张爱玲都持批评态度的："她'十年考据'的成果《红楼梦魇》，沉陷于枯燥乏味的文字考据，仿佛是对鲜活人生的一次彻底的背离。在经历了情场的诸多挫败之后，张爱玲这种古怪的'出家'方式，向我们昭示其对于尘世情缘的绝望，但它却为红学的乏味本质，作了最深刻的诠释：《红楼梦》本来是题写生死爱情的热烈宣言，而'红学'却成了逃避爱情的寂寞寺庙。"大多数人提到《红楼梦魇》的时候都说那是一部红学专著，说张爱玲从八岁就开始读《红楼梦》，与《红楼梦》结了一辈子的缘，由她来考证《红楼梦》，再合适不过了。但历来熟读《红楼梦》的人多了，并非每一个痴心的红迷都要走上考证之路，究竟张爱玲为什么在二十世纪六七十年代寄寓海外的煮字生涯中偏偏要赶一趟红学的集呢？

在探讨张爱玲与《红楼梦》的关系史中有一本书不能不提，书名《定是红楼梦里人》，出版于二〇〇五年，作者非他，乃一代红学大师周汝昌先生。周老说张爱玲是彻底的红迷，张的论述中含诸多真知灼见，尤其是那些与周本人的理论不谋而合的观点，譬如后四十回乃伪作，脂砚斋是个女性等等。眼下之意，是相见恨晚，英雄所见略同。夸张爱玲，是周汝昌作为大师的大度；近九旬高龄写出厚厚的一本《定是红楼梦里人》，可叹可佩；不厌其烦地评点《红楼梦魇》，则是他多少赶了潮流。

周老文章中有诸多在理之言，譬如《红楼梦魇》非"学院派论文"，因而摒弃了各种"洋八股土八股气味"。他更指出张爱玲的"省略"文风，话从不说到头，点到为止，"惜墨如金"，需要细心的读者去慢慢参悟。这些都说到点子上了，而周老自己正是花了很多功夫去慢慢参悟的，但仍是不明白的时候居多。首先《红楼梦魇》这个书名，周汝昌说他不理解，也不喜欢，《红楼梦》是美好的东西，读《红楼梦》怎么说是噩梦一场呢？噩梦的美感在哪里，他看不到，说张爱玲这样题名"不严肃、不虔诚"，有损曹雪芹和他盖世杰作的形象，是不相信自己，也是"不相信别人、群众、一切后贤来哲"。说她在红学道路上起步晚，临近中年才第一次看到脂本，而且"受到别家误说的干扰"，她自己的"误读误会"也实在太多，所以在红学探佚上的贡献实在不大。如果是这样的话，又为什么如此当真，一点一点地细细评来呢？他常常这样发问：真是奇怪了，张爱玲那样聪慧的一个人，怎么会那么想呢？众多想不明白的地方，他在书中小心翼翼地提出，与早已作古的张爱玲商榷，倾慕之情溢于言表。这是同代人之间的惺惺相惜，也是文人慕才女，名士述红颜。他说历来红学是男人的天下，像张爱玲这样的"女流"则是旷世难得的佼佼者。

堂而皇之称张爱玲为"女流"（哪怕是"女流"中的佼

佼者），这还是我第一次在当代的张爱玲热中读到。言下之意是，即使书中有众多纰漏，考虑到乃出自一个非专业的女性之手，已经是了不起了。这样的提法之硬伤就不提了，关键是周老忽略了张爱玲自身的写作历程以及与她写作生涯休戚相关的二十世纪战乱与离散的背景。周老读出了张爱玲写作的不落套数，但他阅读的症结仍是将张爱玲谈红放在红学研究的历史背景中。他显然没有想到，《红楼梦魇》以考据为名，写的却是个人沧桑，考证文章亦可做个人书写。张爱玲的写法与正统红学相去甚远，假如非要冠以红学专著的称号的话，也顶多是这一传统中的边缘性写作。那么研究《红楼梦魇》，必然需要研究者也徘徊在红学传统的边缘，另创一种新颖的批评模式。一部《红楼梦魇》远不足以使张爱玲成为一个红学家，她甚至不是传统意义上的文人，从来也不以文人自居。张爱玲是圆滑的，她的写作不合框框套套，写的是自己的路子。抒情散文可以以严肃的文艺批评读之，红学考据又未尝不可成为自传体的一种延伸？

　　《红楼梦》是情感的根源，也是离乱生涯的全部家当。张爱玲说"偶遇拂逆，事无大小，只要'详'一会红楼梦就好了"。所以说张爱玲五详红楼梦，是一种独特的自传性书写，写的是过程，是演变，也是个人成长史。五详红楼梦，罗列的是多年来细读的体会，中间时有珠玑，偶有道破天机之感。我觉得她借助《红楼梦》的屏障，悄悄透露的却是少许隐私。《小团圆》出版后，吸引了不少"索隐派"，将小说中出现的人物一个一个地与张爱玲生活中出现过的人物对号入座。其实真正想探张爱玲隐私的读者，不妨在《红楼梦魇》中淘淘宝贝，兴许比为《小团圆》做索隐收获更多，且韵味无穷。

《红楼梦魇》统共八篇，除《自序》外，有《红楼梦未完》及《红楼梦插曲之一》两篇，加上随后的《初详红楼梦》、《二详红楼梦》、《三详红楼梦》、《四详红楼梦》和《五详红楼梦》。一九六九年发表于《皇冠》杂志的《红楼梦未完》是最早的一篇，本章开端已经引用了它的中心论点，即《红楼梦》是残篇，后四十回是"狗尾续貂"。《红楼梦未完》中最让人惊叹的细节是张爱玲对小说中女性人物的"大脚"抑或"小脚"的推测。她在缠足痕迹的抹去与残留之间判断各种版本的先后，续书作者的身份，满汉文化的纠缠，人物的命运与她们留下的脚印一样，大小难辨，扑朔迷离。缠足这样的细节，自然应该与黛玉无关。张爱玲把黛玉看得剔透，读出她全是神情，充满姿态，绝无年代，因而传世，仿佛余音缭绕，一绕就是几百年。前八十回中对黛玉风格的烘托确是前无古人。而那么一个飘忽的人物，到了后四十回中却披上了鲜艳的节庆衣服，穿金戴银，用俗套的白描语言勾出，活活糟蹋了世外仙姝的精神风范。对张爱玲来说,是可忍,孰不可忍?

张爱玲对续书人的不屑,从开篇的《自序》就开始了,说他潦草,骂他庸俗,贬他滥情,毫不宽容。之后的章节中也不忘随时提上一笔,有点痛打落水狗的意味。红楼未完并非最大的悲剧,惨的是续貂者大大咧咧,煞尽风景。可是话又说回来了,若是没有后四十回的俗套,何以显得前八十回的超凡脱俗,前无古人,后无来者?

接下来的《初详红楼梦》讲的是通读全抄本的艰难。谈版本是无奈,从故事本身入手,版本与版本的出入是逃避不了的症结。但张派论红最后还是会回到故事本身。譬如她写甄士隐,承认的确如众人所论,目的是影射宝玉。影射归影射,效果却是尽写反差。甄是中年没落,家破人亡,穷困潦倒,若不出家,不如老死街头。而宝玉却是少年英俊出走,其中的浪漫奢靡,不可同日而语也。张爱玲如此观察,是对古典小说中影射手法的重新理解。影射不是排比,更不是重叠,而是参差,是对照,这种改良后的古典小说美学应是张氏离散书写的真正根源。不细读她的《红楼梦魇》又怎么能体会她的现代古典的底蕴?

《初详》中也谈及小说中掺入的吴语,语言的层面错综复杂,一如其中各女子的风貌,俨然是江南少女,却是没有缠足的天真浪漫满园子乱跑的大姐儿们。苏州与南京的闺秀撂在旗人的大家族中,是多么奇特的一种混合。这一章里，她继续表达对小说中女人小脚大脚的敏感。她从人物的衣着和众人的眼神中能猜测出大观园中的众闺秀大约都是能跑善跳的天足，而唯有一些外来的丫鬟和侍妾是真正的三寸金莲。从日常语言和天足缠足等细节中看到曹雪芹家族北迁南徙的历史留在小说不同版本间的痕迹，女性的家内生活仿佛成了文化杂糅的调色板。

这样的文学分析用的是比较的方法和语言。张爱玲以她的《红楼梦》研究来探索属于她自己的比较文学，在语言上，她有得天独厚的条件。她驾轻就熟的文学语言中有现代汉语、古代汉语、明清白话之分，更有一个繁复的方言网络，其中包括北京话、天津话、安徽话、南京话，还有一个庞大的吴方言体系，她能从中分辨出上海话、苏州话和苏州以外的各种江苏方言，这在她对《海上花》的翻译里能看得很清楚，在《红楼梦》研究中她也是信手拈来，能在文本丰富的语言层次上辨认出不同版本的语言风格。《初详》里说全抄本里很多吴语的痕迹，经她细致入微的考证，黛玉、湘云、妙玉的吴侬软语跃然纸上。

《二详红楼梦》进一步写版本，章节中心是"秦可卿淫丧天香楼"一段被删节的过程及蛛丝马迹，对比不同版本的处理，揣测曹雪芹周围几个亲密好友对秦氏命运的关注，中心还是要烘托秦氏在小说整个架构中的举足轻重。删是删了，留下的蛛丝马迹是删得不透彻。在张爱玲看来,这绝对不是马虎,是有意为之,一如曹雪芹的一贯风格,酷爱暗示,酷爱"千里伏线",在明写之外更有"暗写",还有妙不可言的"不写之写"。曹雪芹周围的几个密友,以批注者的身份加入小说创作的私密过程中,从脂砚斋到畸笏叟到曹棠村,他们是脂评中的三个不同的声音,虽然面容模糊,声音里却是个性十足。读这一章,能听到小说创作的多声道,犹如众声喧哗。张爱玲参透了曹雪芹的天机,并非删得不彻底,而是特意留下一些暗号,一丝线索,是给当代的会意人及后代的灵性人的馈赠。

《三详红楼梦》仍是进一步的琐碎,但有一个鲜明的副标题"是创作不是自传"。中心议题是想说明小说的情节中有不少真人真事,但经过了高度的小说化处理,应该作为小说来读。一步步论证,讲的是小说比真实的生命精彩,不是自传,是创作,是升华了的情感世界。这其实是对胡适的主要观点的更正。收入《胡适文存》中的《〈红楼梦〉考证》一文,就是前面提到的曾经引导少年张爱玲走向《红楼梦》研究的开山之作,其中的主要观点是,"《红楼梦》明明是一部'将真事隐去'的自叙的书",作者曹雪芹则是"书里的甄贾(真假)两个宝玉的底本"。在对《红楼梦》的认知上,张爱玲显然已经超越了胡适。

《三详》的篇末有一其他章节里没有的日期:"一九七六年九、十月改写。"这个日期有它的特殊意义。据张爱玲在《自序》中说，五详中这是唯一"通篇改写过"的章节。一九七六年初，张爱玲正好完成了十八万字的《小团圆》初稿，即刻寄给远方的宋淇夫妇，两位好友担心她的读者会把小说当成自传来读，她听从他们的劝阻，暂且不发表。可以想象，改写《三详》的过程也就是酝酿《小团圆》命运的过程。或许她会想，将来有一天，《小团圆》得以见天日，希望未来的读者也能这样看待她的文字——"是创作不是自传"。改写后的《三详》也确实是书中最为精彩的一章，其中字字珠玑，有刘绍铭先生所谓的"兀自燃烧的句子"，读了让人怦然心动，比如这一节："散场是时间的悲剧，少年时代一过，就被逐出伊甸园。家中发生变故，已经是发生在庸俗暗淡的成人的世界里。而那天经地义顺理成章的仕途基业竟不堪一击，这样靠不住。看穿了之后宝玉终于出家，履行从前对黛玉的看似靠不住的誓言。"感情充沛的读红文字，其中与《小团圆》的互文关系十分耐人寻味。"晚期风格"恰恰是在这样的互文中成型。

其实这与正统的红学研究相去甚远。考证只能揭皮毛，不能现精神。真正读通，要看到的是记忆的延展性，情感的迂回曲折，这些岂是实证考据所能达到?《三详》里张爱玲举的例子很多。譬如讲到元妃的死，小说中偏偏让她在娘家遭祸后，受到强烈刺激，悲恸而死。这与曹雪芹的本家旧事相去甚远，是小说家的手笔，写尽祸事上门，犹如灭顶之灾，活活牺牲了贾家最体面堂皇的一个人。

反复读《三详》，又发现张爱玲对"暗写"技巧的情有独钟。贾家遭祸，那么大的事，小说中一一写来，按张爱玲的说法是"暗写"居多。金钏儿自尽，宝玉的反应按张的说法那全是"暗写"，也因此"比较经济、现代化"。她说"暗写"是技巧上的现代化，要知道这在张爱玲可是最高赞誉。十七世纪的经典活脱脱呈现的却是现代小说的精髓，隔世阅读，让人有一种时空错乱感。《红楼梦》的现代，在二十世纪七〇年代旅居美国的张爱玲读来，仍是超前的。一九六八年五月十五日致宋淇的信中她说："我是想从 reconstruction of《红楼梦》佚文说起，证明这本书与当时的道德观念距离多么大。我们说古人'走在时代前面'，总以为是合现代标准，其实也许还在我们前面。"《红楼梦》的那种非自觉的现代性不仅超越了它自己的时代，在张爱玲看来，何尝不也超越了我们共同的二十世纪？

《四详》写得最牵强，全无结构线索可寻。张爱玲在红玉身上下了很多功夫。这的确是《红楼梦》中十分蹊跷的一个丫鬟角色，是一个让人拿不准到底是喜欢还是不喜欢的边缘性人物。其实红玉的中心功用是她的折射性，像一面镜子，映出其他人物的悲剧性。出身贫贱却心比天高，宛如又一个晴雯；察言观色，寻机而起，似乎又是一个袭人；而心事重重，花下孤独的背影，恍惚又是一个黛玉，让宝玉看到，都怔了一下。红玉的多重性和伸展性更显《红楼梦》写作过程的漫长，修改过程的繁复，曹雪芹去世，他笔下的众多人物还在演变中，红玉就是这样一个没有归属性的人物。

很久以前我第一次读《红楼梦魇》，读到《五详》，虽然并没读出个头绪来，却有一点让我十分震动，至今记忆犹新，因为张爱玲提到了对宝黛爱情演变的一个新解释。她说宝黛最动人的场面都是最后写的，像一个无师自通、兀自生长的通灵体，在曹雪芹一而再再而三的修改过程中渐渐丰羽起来。前面几详中已经提到她赞同宝黛故事的原型是脂砚斋小时候的青梅竹马故事，在《五详》中，她更进一步地说："宝黛是根据脂砚小时候的一段恋情拟想的，可用的资料太少，因此他们俩的场面是此书最晚熟的部分。"早先的版本中的宝玉并不专一，小时候有湘云，大一点有袭人，但"等到宝黛的故事有了它自己的生命，爱情不论时代，都有一种排他性。就连西门庆，也越来越跟李瓶儿一夫一妻起来，使其他的五位怨'俺们都不是他的老婆'"。引《金瓶梅》的故事讲人性，讲糜烂中也有感情。她认为曹雪芹是去世前不久才开始重写宝黛爱情，一章一章重新润色，她推断第三十四回和第三十五回就是最后改写的，恰好是宝玉被父亲毒打之后黛玉来探望他，黛玉有真情流露，宝玉亦有肺腑之言，这两章写出他们隔世前定的缘分和今世短暂的相知相伴，写得又动情又庄重。然而曹雪芹"下一回还没改写就逝世了。写宝黛的场面正得心应手时被斩断了，令人痛惜"。宝黛爱情的高潮于是停留在了那两回。相信很多"红迷"，如我一样，在少年时代迷《红楼梦》也就是停留在那几章，反复读，字里行间读出无穷的意味，且靡想万千。我是直到读到张爱玲的"五详"，才豁然开朗，原来是这么一回事。这样的阅读，有生命经验在里面，有对文字的切肤的体会，光靠考据是得不来的。

《五详红楼梦》中说后四十回的情节应该是宝钗产后病故，宝玉续娶湘云，说宝玉和湘云"生活在社会体系外，略似现代西方的嬉痞"。确实是把《红楼梦》和《海上花》放在一个中西比较文学的框架中来研习和翻译了。其中自然有胡适的引导，但关于文学研究的文化史框架，何尝不是从港大中文系的许地山教授和英文系的诸位师长那里得到的启发呢？

红楼烬余

今番重读《五详红楼梦》这个不算结局的大结局，好像终于明白了张爱玲十年梦魇的似无结构之结构。其实《红楼梦魇》每一章都没有定论，张爱玲像堆雪球一样把推测一个一个堆上去。在下一个章节中她又说前面详得不对，是错的，那不是有点釜底抽薪吗？就像多米诺骨牌，推倒一个，剩下的像排山倒海一样，都不成立了。从《初详》到《五详》之间，各章之间多有重复，正经学术文章当然不会允许这种重复，但在张爱玲，这就如同循环做同一个噩梦，每一次都有相似之处，却又并不雷同。一次一次地做来，每一次都兴味盎然，写作是尝试，阅读何尝不也是？她在《自序》里说的，"有些今是昨非的地方也没去改正前文，因为视作长途探险，读者有兴致的话可以从头起同走一遭"。本来不求圆满，逻辑在其次，结构是过程。张爱玲五详红楼梦，其实没有任何结果，就像《红楼梦》未完是命定，推测是永恒的，考据只是迷恋的工具，任何结论都是自我迷惑。

《红楼梦》的写作历经十年的周折，来回修改润色，阅读应以不同的版本为参照，才能体会出写作的过程，时间的深度。而这时间的深度也在张爱玲的"五详"中充分表达出来了。本来文字就是流动的，乱世书写更是流言，意义定格扼杀了文字的流动性和历史感。简单地说，《红楼梦魇》不能作为红学专著来读，与早期的《传奇》和《流言》及同期的《小团圆》《雷峰塔》《易经》《浮花浪蕊》《忆胡适之》等一样，它是个人书写，是离乱叙述，讲的是文本的流动性和阅读的时间性。它是一个曾经繁华和离乱，如今踏入惨淡中年，寄寓海外，远离喧嚣的过来人的心路历程。这样看红看张似乎才能得其精髓。

以残缺的状态流传下来的《红楼梦》是幸存者文学，是"烬余"。这里的幸存，说的并不是曹雪芹本人的晚景凄凉、命运多舛，而是文本作为一个生命体，它所经历的劫难和劫难后得以延续的多重生命。而《红楼梦魇》其实是一篇长长的《烬余录》，是从"相当的距离"之外回望曾经的那些"切身的、剧烈的影响"。带着红楼几十年颠沛流离，隔世的文字读出今世的跌宕。《红楼梦》成了文学现代性的样板，张爱玲的笔下传统比现实来得鲜活，莫非是因为今世里浮动的都是隔世的影子？

七　　改编张爱玲：银幕上的香港传奇

在文学改编电影的一百多年历史中，香港导演许鞍华的《第一炉香》有着超乎寻常的际遇。这与来自方方面面的高度关注和张爱玲经久不衰的文学声望以及原著小说《沉香屑·第一炉香》在张氏全部作品中的重要地位有关。许鞍华二〇一七年年底接下这部影片，二〇一八年开始资料收集，定下王安忆担纲剧本写作，接着是找景、勘景、修改剧本、选演员。二〇一九年五月开机，三个月内大部分镜头在厦门鼓浪屿的观海园、容谷别墅和黄家花园拍摄，年底前完成后期制作，配音则是二〇二〇年疫情中远程完成的。二〇二〇年九月许鞍华参加威尼斯影展，获得终身成就奖，乃威尼斯影展七十年历史中第一位获得此殊荣的女导演，影片同时在影展首映。拍摄过程没有受到席卷全球的新冠肺炎疫情影响，但影片档期却因疫情的暴发一再延后，于二〇二一年十月下旬首先在内地影院上映,香港首映是十一月中,台湾观众看到完整的片子已经是二〇二二年一月了。从二〇一九年初公布选角开始,这个漫长过程中的每一个节点都被大量围观,网评蜂拥,各种吐槽、挖苦、讥讽,广大张迷和非张迷全程在场,步步参与,在影片正式上映之前就已然成为疫情时代的一个特出的文化现象。

文学改编电影的历史其实就是一整部电影史和文化迁移史,其中穿插着文字与影像剪不断理还乱的纠葛。电影《第一炉香》上映以来的大面积负评使文学改编电影这个议题重新回到舆论的风口浪尖。针对改编成败的争议,在一百多年的文学改编电影的历史中已有诸多案例。我在这里说《第一炉香》的际遇超乎寻常,是因为借助各种网络平台的舆论的力量之大,攻击力之强,实属罕见。

改编有一长串的同义词,改编理论总是在各种相关概念的迷津中探索,例如重写、转化、移植、延续、模拟、戏仿、批判、翻译、转世、再生等等。所有这些概念都强调文字是源头,电影则是后来者,是支流。这些同义的概念里往往又带出一长串的贬义词,例如不忠实、背叛、扭曲、糟蹋、冒犯、表层化、庸俗化、毁坏等等。对许鞍华版《第一炉香》的海量评论中这些贬义词出现的频率很高。说改编"不忠实",无疑是一个道德层面上的价值判断,而"背叛"这种字眼,则带有居高临下的审判意味。贴上

"庸俗化"和"表层化"的标签,是拿定了文化有高低之分,带有阶级的属性。诸如此类,无非是给文学原著披上了近乎宗教般神圣不可侵犯的外衣。电影改编的成败可以讨论,但张爱玲如果在世,无论如何不会想要那样一件神袍。

如今围绕着《第一炉香》的各种关注都已散去,我们可以把它放到"改编张爱玲"这个大课题里讨论。本章以许鞍华版《第一炉香》为主要案例,兼谈其他几部张爱玲作品的电影改编,并探讨张爱玲香港传奇影像化中的几个议题。

一部流亡改编史

梳理张爱玲作品的改编史,张爱玲与宋淇夫妇的《张爱玲往来书信集》是重要的原始资料,将其中涉及改编的文字整理出来,可以撇清许多子虚乌有的猜测,呈现一部丰富的流亡改编史。这部流亡改编史包括张爱玲作品几十年来在各种媒介和平台里的转化和再生,也包括张爱玲自己将英语世界的影视作品移植到华语世界的努力。"移植"或许是比改编更确切的一个概念,因为这里不仅是媒介平台的切换,更有语码的转换和语境的迁移。

作者张爱玲、改编者张爱玲、译者张爱玲是流亡生涯中的三个交织的角色,而身兼文学批评家、翻译家、作家和编辑等多重身份的宋淇,具有丰富的影视和文学多栖经验,是张爱玲几十年流亡改编史中坚强的后盾。一九五五年秋天踏上美洲大陆的新移民张爱玲,她的这条职业道路是由宋淇夫妇铺就。十一月二十日致宋淇夫妇的长信中,她详细描绘了在纽约寻找住处和工作的经历。初来乍到,有一种兴奋感,她发现纽约与上海神似,异国感其实没有那么强,"我不知道为什么,常常忘记身在异国"。稳定的收入来源,对于此刻尚未节节碰壁的她来说,似乎也不会令生活太难:"我一安顿下来就找 plays 看,预备改编一个中国电影剧本。也真是运气,你们给我安排好这条路在这里。这似乎很危险,住在纽约,却靠写中国剧本生活,但是我相信两个剧本写下来,混过一年半载,一定可以找到别的出路。现在正在改编一个英国的闹剧叫 *To Dorothy, a Son* 中文可以叫《两妇之间》或《两妇之间难为夫》或《人财两得》。"张爱玲这里说的"危险",乃因她本来计划是要用英语写作打入英美的出版市场,改编和翻译应该只是一个过渡,但如果长期"靠写中国剧本生活",当初的计划岂不就搁浅了?事实是,写"中国剧本"谋生活的节奏一直持续到一九六四年。经宋淇从中周旋,张爱玲为电懋公司写的剧本中,成功拍成电影的共有八部,按时间顺序是《情场如战场》、《人财两得》、《桃花运》、《六月新娘》、《南北一家亲》、《小儿女》、《一曲难忘》和《南北喜相逢》,数量可观。正如李欧梵在《文学改编电影》一书中所言,张爱玲的喜剧电影与好莱坞电影有密不可分的关联。

持续写作"中国剧本"的同时,张爱玲的英语小说在英美出版市场连连受挫。一九五六年一月十四日致邝文美的信中,说到《赤地之恋》英文版的出版一直没有着落,书没有出成,书稿倒先被"美国之音"接受了,改编成广播剧,虽然"觉得太蹩脚,但是毫不介意……但VOA如不改编它,也没有其他什么电台会要"。到了一九五七年,情况丝毫未改善,三月二十四日致邝文美的信中提到《秧歌》的电视改编权卖给了CBS,得了一千四百美金,"虽是贱卖,也已经是幸运,我想你一定代我高兴"。一个月后致邝文美的信中说,看到《秧歌》在电视上播出了,"演得比我意料中的更坏……我看了觉得与'美国之音'上的《赤地》比较,可谓异曲同工,互有短长"。广播剧《赤地之恋》和电视剧《秧歌》应该都不在张爱玲本来的出版计划中。这些信件无疑是提供了冷战背景下张爱玲的作品在不同媒介和平台上移植和传播的一手资料。

同一时期改编者张爱玲为美国广播电视改编的剧本也包括其他作家的作品。司马新在《张爱玲与赖雅》一书中提到张爱玲曾为"美国之音"改编了莫泊桑、亨利·詹姆斯以及索尔仁尼琴的小说。曾在"美国之音"主持中文广播的高克毅在《张爱玲的广播剧——记〈伊凡生命中的一天〉》一文中也证实:"我们请这位早已闻名的作家编撰几部广播剧,借重她编电影脚本的经验,记得头一部是把老报人陈纪滢的长篇小说《荻村传》,改编为若干半小时的广播节目。接下交她处理的就是苏联作家索尔仁尼琴(Alexander Solzhenitsyn)的成名作《伊凡生命中的一天》(*One Day in the Life of Ivan Denisovich*)。……本剧播出之后,我们又请她根据另一篇索尔仁尼琴的小说《玛曲昂娜的家》(*Matryona's Home*),编了一个剧本播出。"

几十年来宋淇不遗余力地帮张爱玲出谋划策,为她寻找她自己的作品改编的机会,并代理改编权转让的所有程序。他在一九八三年十一月二十一日的信中告诉张爱玲,邵氏计划改编《倾城之恋》,导演是年轻的许鞍华;这位女导演"很投入和认真",而且"最近因导了《投奔怒海》,在港创造了一千多万的票房纪录而深受人信任和注意"。《倾城之恋》是宋淇夫妇情有独钟的张爱玲作品:"你的作品中的确没有第二篇可以改编,李翰祥考虑过《金锁记》但为邵氏公司否决,《第一炉香》很别致,但太灰色,而且小片格局,年轻人不喜欢。"与邵氏打交道,必须面面俱到,要确定这是"一部大片"。如何回复邵氏,宋淇早就替张爱玲筹划好了,他以她的口吻,拟了一封覆信的草稿,只要她照样抄写一份就好,措辞都是经过他慎重思考的,多年在影剧和文学之间周旋的无人能比的丰富经验都在其中。电影必须忠实于原著,这是宋淇以张爱玲的口吻要求的："香港外景面目全非，连浅水湾酒店都拆掉了，如果不另搭实景，则根本无从拍，如果要忠实于原著，那成本一定很可观，否则就根本不必谈。"必须让邵氏明白，《倾城之恋》在所有张爱玲作品中的突出地位，小说的"特点是故事中战争与爱情的关系和其他作品不同，也可以说是我作品中唯一可改编成电影的小说"。收到宋淇的来信和代拟的回复，张爱玲十二月十日回信，果然照宋淇吩咐的照样抄写了一份回复。所有的条件，邵氏都接受了，电影如期开拍。

一九八四年二月十五日宋淇致张爱玲信中，说到许鞍华来家拜访，分享了一些拍摄细节，告诉他们浅水湾外景重搭了。宋淇想趁热打铁，《倾城之恋》还未拍完，就已经在为张爱玲考虑下一部改编。四月十五日致张爱玲信中，再次提到《沉香屑·第一炉香》："最近台湾文艺片抬头……我正在动脑筋嗾邵氏续拍《第一炉香》，说老实话，也就是他们有财力和办法拍得成。不过他们很精明，一定要等《倾城之恋》拍完后，认为满意，然后试演认为反应极好后才会进行，也未可知。"其实早在一九六四年五月，《沉香屑·第一炉香》的改编权就已经售予电懋公司了，恰好是张爱玲为电懋写剧本的那段时间，和宋淇联系的电懋编剧是秦羽，版权费是秦羽直接寄到美国给张爱玲的，这在《张爱玲往来书信集》里写得清清楚楚。当年电懋显然没有拍成《第一炉香》，二十年后宋淇重新提起这个改编计划。

之后宋淇夫妇不断地向张爱玲报告《倾城之恋》的拍摄进度。一九八四年七月二十六日，邝文美写信说"煌煌巨制"将要首映，指的是《倾城之恋》。八月十四日，邝文美再次来信，已经看了首映，信中说：宋淇健康出了状况，"我心烦意乱，实在没法把看电影的观感告诉你。总之，我是相当失望的"。宋淇的失望程度应该远甚于他夫人，很久没有再谈起这部电影，他的观感一直到一九八八年四月一日的信中才有这样一小段："最令人气短的是服装、布景、道具完全不是那么一回事，一点点nostalgic的气氛和味道都没有，反而令人看了极不舒服。"影片中浅水湾饭店的场景是重建的，宋淇说的应该是片中的上海场景。邵氏拍片，有邵氏的机制和格式。影片不能去外景地拍摄，上海的场景一看就是在邵氏现有的影棚里拍摄的，没有场景重建，没有气氛的渲染，各种细节粗糙，的确是一丝上海的氛围都没有。然而剧本确实是对小说亦步亦趋的搬演，可以看到改编者对张爱玲原著十足的敬畏之心。这其实是宋淇和张爱玲的要求，即电影必须高度忠实于原著。

《倾城之恋》改编的失败，直接影响到其他作品的改编机会。即使是这样，一直到宋淇病重，他都在不遗余力地为张爱玲寻找其他作品影视或舞台的改编机会。如果没有《张爱玲往来书信集》,其中很多努力永远也不会为外人所知。一九八五年的通信中提到张艾嘉想拍《赤地之恋》的事,张艾嘉想自己演戈珊一角,没有成,她又想拍《色,戒》的电影,也没有下文。一九八五年十二月底的信中提到杨德昌想改编张爱玲的两部短篇小说,即《红玫瑰与白玫瑰》和《色,戒》,也没有后续。一九八六年七月十七日宋淇的信中提到《怨女》的电影版权卖给了中影在香港的代理,而且帮张爱玲争取到了当年是十分高的版权费。这期间又穿插一个香港大学的剧团改编《茉莉香片》为舞台剧。一九八六年十一月《沉香屑·第一炉香》的版权经宋淇之手再次卖出,给了一家独立制片公司,信中没有点名是哪一家。一九八七年六月二日的信中说《怨女》和《沉香屑·第一炉香》卖出版权后都没有下文,不过"那是他们的事"。整个一九八〇年代,跨越太平洋的来鸿去雁大量地涉及改编事宜。

一九九一年六月七日宋淇致张爱玲信中,调侃张爱玲"鸿福齐天",因为有多家公司同时购买了她小说的电影版权,尽管这些改编最后都不理想,却丝毫不影响张爱玲自己的文学声誉,也不妨碍有更多的制片商和电影人跃跃欲试:"……邵氏买了《倾城之恋》,拍成后卖座奇惨……'中央公司'买了《怨女》,存心拍了去欧洲影展得奖,结果在影展期内上演的机会都轮不到,本来还想在香港上演,现在是休想了。另外一公司买了《第一炉香》，一看市面不行，不敢开拍，现在这公司倒闭了……"此时离张爱玲过世只有四年的时间了。

宋淇信中所说的买了《沉香屑·第一炉香》的独立制片公司倒闭后，徐枫和她的汤臣电影事业有限公司于二〇〇三年重新买下了小说的电影版权，之后一搁就是十几年，最终也没有拍成，理由是一直没有找到合适的导演和演员。至此《沉香屑·第一炉香》的改编权已数易其手，走了一大圈。一直到二〇一六年，《第一炉香》的片名又出现在大陆电影备案公示表当中，备案单位是青鸟影业。青鸟影业由电影人夏梦创立于一九七九年，开山之作即为许鞍华的《投奔怒海》。夏梦过世时，把影业传给了自己的朋友，新的青鸟影业，还是把《第一炉香》放在了许鞍华的案前，影片完成，恰逢张爱玲诞辰一百周年。许鞍华和张爱玲之间似乎有了一个命定的连接。

文学改编电影的"圣杯"

改编张爱玲，俨然是华语文学改编华语电影这个领域里的一尊"圣杯"，这艰难的高度，许鞍华导演比谁体会都深。《第一炉香》在内地上演后，许鞍华做客梁文道主持的音频节目《八分》，说《第一炉香》是她的第二次"滑铁卢"："拿破仑都没有两次'滑铁卢'，我想不会有第三次了，（我的）上一次'滑铁卢'是在《倾城之恋》。"这无疑是将改编比作战场,只是这个战场上的敌对双方面目都很模糊。

《第一炉香》是许鞍华第四次"触张"。一九八四年由缪骞人和周润发主演的《倾城之恋》是第一次,一九九七年由黎明和吴倩莲主演的《半生缘》是第二次,第三次是二〇〇九年王安忆编剧、焦媛主演的粤语舞台剧《金锁记》。几十年来觊觎这"圣杯"的当然不只是许鞍华一人。作为与许鞍华长期合作的编剧,王安忆一共改编过三篇张爱玲的小说,《金锁记》和《色,戒》是两个舞台剧的剧本,《第一炉香》是和许鞍华合作的电影。王安忆版《金锁记》将儿子长白的故事完全删去,是做了"减法",她说:"《金锁记》是改编张爱玲的开端,这开端全是自主的决定,先后写了三稿,屡败屡战。除戏剧创作本身的吸引,大约还有张爱玲的原因,仿佛隔了一个世代,向前辈同行叫板。"到了《色,戒》,王安忆掺入了其他张爱玲作品中的各种细节和金句,是做了"加法",因为"观众眼皮子底下,分分钟混不过去。必须找补些填充"。《第一炉香》有"加法"也有"减法",是为了补足王安忆所认为的原著小说逻辑链上的缺陷,补充人物的背景,也让人物更可爱些,让其中的爱情故事更有说服力些:"里头尽是坏人,我对许导抱怨。是的,可是,她与我商量,能不能让我谈一次恋爱呢!……只能收拾她纸上的文字,筛眼滤下来的杂东西,拼拼凑凑,织出个谜面,谜底却不是原来那一个。"这是和许鞍华一样,将改编比作战场,只是王安忆的敌对方多少有点面目。改编战场上的王安忆是主动出击的,犹如一场格斗,后来者隔着时空向原著作者"叫板",而且明确指出原著小说中的"缺陷",甚至是"逻辑链上的缺环",所以改编是对原著的一种挑战。这一场"叫板"中多少有点硝烟气。

改编张爱玲"动辄得咎",是王安忆的话,仿佛也是侯孝贤的意思。侯孝贤虽然没有改编过张爱玲的原著作品,他对于张爱玲和电影改编的看法却是有大段的文字记录的。二〇〇七年十一月侯孝贤在香港浸会大学做了三场系列讲座,讲稿由卓伯棠整理为《侯孝贤电影讲座》出版。其中有这样一大段:

> 其实张爱玲的电影是不能拍的。张爱玲的小说是不能拍的。那是一个陷阱。但《海上花》是她翻译的。因为她的文字感太强。徐枫曾经找我拍《第一炉香》,我说可惜我拍不到。因为那个绕来绕去、那个幽委的感觉对我来说太难了,而且一定要讲上海话,一定是上海那个时候的氛围,是非常非常难得的。我说你找王家卫吧,王家卫有可能,因为王家卫是唯一呈现上海风华呈现得很好的导演,他是有这个印记的。……可能王家卫

从小就接触，所以他对上海有一个感觉，不是真正的上海。就是一个想象的上海，这个是华人导演里面没有的，只有他有，只有王家卫有，别人没有的。这一块你要我去学，是学不到的。我们是乡下人，所谓的野人，我只能拍这种朴素的，可以做到。

《海上花》是在中国传统的脉络中，我拍的是另外一种，跟后来现代化的上海风华是不一样的。所以要拍张爱玲的小说是想都别想，但是张爱玲本身的故事是可以拍的。她的故事，她的成长，我感觉那都是很有意思的。……她的童年的成长过程，她差一点丢掉命，她的命很硬，所以她的成长，我感觉她会书写，与她的成长经历是有很大关联的，就是我说的女性的角度。你们可以去找这一篇来看。这些经历，这个眼界，使她能够看到这些。对了，那篇叫《私语》。我跟徐枫讲，要拍我只能拍这个，但是张爱玲被他们拍坏了，那个电视，没办法，不能逼着人家，等会我的话在网络上流行，我就又得罪人了。

讲座记录者完整保留了侯孝贤发言的原貌，读起来都能想象当时现场的气氛，他说话的神态，观众的反应。侯孝贤说张爱玲绕来绕去，其实更像是侯孝贤自己绕来绕去，这一大段话曲折地说下来，要点是，我是乡下人，乡下人是拍不好张爱玲的，要有直接的上海经验才能拍好，而且她的小说太难拍了，一定要拍，只能截一段她的生平来拍。也就是说，可以拍一部传记片，但原著小说改编难度太大。只有出生于上海的王家卫才有能力改编张爱玲，其他那些拍张爱玲小说的导演，胆子真大啊，可惜都拍坏了。"得罪人"的话究竟还是说了。

然而王家卫并没有改编过张爱玲。张爱玲致宋淇夫妇的最后一封信写于一九九五年七月二十五日，离她过世只有一个多月，信中提到："有个香港导演王家卫要拍《半生缘》片，寄了他的作品的录像带来。我不会操作放映器，没买一个，无从评鉴，告诉皇冠《半生缘》'我不急于拍片，全看对方从影的绩效，'想请他们代作个决定。不知道你们可听见过这名字？"王家卫自己矢口否认想拍《半生缘》。作家冯晞乾澄清了此事，原来，写信者虽是王家卫，却是另一位香港导演谭家明找王家卫代笔的，不知内情的张爱玲还是给王回了信。

二〇〇七年侯孝贤在香港浸会大学说王家卫可以拍张爱玲的同时，仿佛是在隔空响应侯导，王家卫在接受《新京报》的采访时说："我和张爱玲的年代差太远了，而且张爱玲不会找人的，我也没有找过她，因此张爱玲找我合作拍老上海那是误会了。我认为张爱玲小说是很难被拍成电影的，李安很聪明地选择了最短的一篇小说，可以发挥的空间非常大。我很喜欢《半生缘》，但《半生缘》是拍不了的，每个读者对它都有自己的看法，就像《红楼梦》一样。对我来说，《东邪西毒》就是金庸版的《半生缘》，《花样年华》就是王家卫版的《半生缘》。你可以拍出张爱玲小说的精神气质来，要多拍'神'而不要拍'形'。"二〇〇九年三月，《东邪西毒：终极版》在北京上映，王家卫在北大接受媒体采访时也表示，他拍《东邪西毒》是尝试把金庸和张爱玲放在一起，他的那句被很多人引用的原话是："武侠电影到最后都是在讲谁的武功最高，我认为这不是最重要的。他们也会有感情生活，于是我就想用《半生缘》的角度去拍武侠电影。金庸跟张爱玲在一起会怎么样？"影片中的欧阳锋、黄药师、慕容燕／嫣、"桃花"等人物，长段的独白和对话，文艺腔十足地传达出"此情可待成追忆，只是当时已惘然"，如果说是王家卫隔空与张爱玲对话，仿佛也说得过去。至此王家卫十分聪明地以他的方式回答了改编张爱玲这个难题。

二〇〇七年侯孝贤和王家卫隔空谈论为何不能直接改编张爱玲的时候，华语世界里究竟已经有了多少改编自张爱玲的作品？回答是，非常多。二十世纪八〇年代到九〇年代这两个十年是改编张爱玲的高峰。编剧、导演、影评人林奕华前后八次改编了张爱玲的作品，除电影《红玫瑰白玫瑰》外，其余七次都是舞台，其中包括香港演艺团体

"进念·二十面体"的《心经》《两女性》《华丽缘》等一九八〇年代中叶的舞台作品。另有同一时期海豹剧团根据《茉莉香片》改编的话剧《香片》,编剧是也斯。一九八六年也斯改编《香片》后在访谈中总结了三种改编张爱玲的方式:"一种是风格和内容上都'忠于原著'的做法,一切情节连对白动作都尽量照足,比方《倾城之恋》。一种是借张爱玲小说之名,重新为它改头换面,完全用自己的方式去表现,比方'进念'演出的《心经》《创世纪》等,情节与动作都大大抽象化,这种方法也未尝不可。"也斯总结他自己的方式是"介乎第一种和第二种方式之间"的第三条道路:"我是用了张爱玲小说的骨干,也保留了原著大部分情节和一些对白,却加进了张其他作品中的某些片段意念(比方我特意把类似《倾城之恋》的结局搬到本剧来),我也把从其他来源搜集回来的有关三四十年代香港与上海的某些资料加到戏里去,而统一在我自己的意念之中。"他认为他的方式是和张爱玲的一种"对话",有"挑战"的成分,"最终则是对张的一种'致意'(homage)"。也斯的这第三条道路其实也是王安忆的方式,即取其骨骼,建构一个丰富的互文系统。然而也斯和王安忆究竟不同。也斯说的"对话"和"挑战"到了王安忆的语境中则是"战斗"和"叫板",后者斗争性自然强得多。也斯说的最终的"致意"在王安忆的笔下是没有的。可见即使是同一类方法,改编者和原著之间的关系也有很大的差异。

　　林奕华的舞台改编实践在也斯的分析中属于第二种。多年后在《我的张爱玲解读》一文中，林回顾他八次改编张爱玲的经验，分析为何改编张爱玲是难上加难："张爱玲作品却难以被搬上银幕或舞台。部分原因是她已用了拍电影的手法来写作——每个导演都在'第二次重拍'，他们必须胜过第一版（作者描述）和第二版（读者的想象）才有机会不致白费心机。但更关键的：张的小说都以'聪明人'为主角，争相对号入座者都是有着强烈自我中心性格的人，稍有偏差的诠释都被视为是对'我（们）'不可饶恕的曲解——观众不是要看创作人的观点，而是要在改编中看见自己。张爱玲的成功之处，是利用了'聪明人（们）'的自我优越感来筑起一道令她永远保有神话地位的护城墙：创作人要征服的不是一个张爱玲，是千千万万的张爱玲们。"林奕华这一段有他自己的亲身体验。其实张爱玲生前也非常清楚"张迷"的誓死捍卫对她意味着什么，一九七九年九月四日致宋淇的信中有这样一句："这些人是我的一点老本，也是个包袱，只好背着。"作者身上有神圣的光环，改编者首先要越过作者这道高高的门槛。然而作者已死（无论是实际意义上的，还是理论意义上的），无数个读者承接了作者的光环，每一个张迷心中都有一个专属于他／她的张爱玲。改编要越过这样的铜墙铁壁，谈何容易。谈论改编成与败，影评也好，学术文章也好，在这样的阵容面前，是同样危险的一项任务。

再怎么危险，在改编张爱玲这个领域里依然是熙熙攘攘、门庭若市。《半生缘》是张爱玲作品中尤其为改编者所偏爱的。电视版本前后有三个，最早的是香港丽的电视台于一九七六年首播的剧集。其次是二〇〇二年胡雪杨导演的版本，蒋勤勤和林心如分别饰演顾家两姐妹。二〇二〇年完成拍摄的最新一版里，刘嘉玲和蒋欣饰演顾家姐妹，在大陆首播时改名为《情深缘起》，今年（二〇二二）年初在台湾播映时又改回《半生缘》。由林奕华编剧、刘若英主演的《半生缘》舞台剧二〇〇三年至二〇〇五年在海峡两岸暨香港上演，加上许鞍华一九九七年的电影改编，《半生缘》为广大改编者所情有独钟是不争的事实了。

如果把改编的定义再扩大些，包括叙述元素的借鉴和移植，这个单子会更长，比如电懋公司拍摄于一九五七年的《黛绿年华》，改编自郑慧小说，其中范太太诱惑女儿的同学堕落的情节，借鉴了《沉香屑·第一炉香》的叙述元素。TVB一九八四年的电视剧《侬本多情》中也有这篇小说的若干叙述元素，有学者说，《侬本多情》的前半部其实就是《第一炉香》的改编，其中类似乔琪乔的人物詹时雨的扮演者是张国荣。从一九六四年第一次转让小说的改编权到许鞍华最终拍成《第一炉香》，其间已过去了半个世纪,小说的叙述元素早就开花散叶在各处了。

如果把范围局限在大银幕上对张爱玲原著的再呈现,许鞍华的《第一炉香》之前就有五部。除了许鞍华自己的作品外,还有台湾导演但汉章于一九八八年改编的《怨女》。长篇《怨女》是张爱玲自己对短篇《金锁记》的改写,冲淡了戏剧化的成分,加入了更多的心理和细节描写。改编成电影,难度实在很高。不知"中影"在改编《怨女》时是否也像《倾城之恋》那样,签了绝对忠实于原著的保证,最后的效果是,改编如同临摹,不敢偏离,敬畏心十足。《怨女》之后有几年时间没有导演再碰张爱玲的小说,一直到一九九四年关锦鹏导演的《红玫瑰与白玫瑰》,开启了一九九〇年代的张爱玲改编热。

文学改编电影若有一败涂地的"滑铁卢",那全胜、凯旋又是什么样子的呢?李安的《色戒》似乎离那个想象中的"凯旋"不远,尽管也有评论者认为,李安依然太"暖",不够"冷",拍不出张爱玲绵密的文字之下那种彻骨的"冽"。但无论如何,王蕙玲的改编剧本抓住了性爱和终结毁灭纠缠在一起的叙述骨骼,与李安炉火纯青的镜头调度是一个绝妙的胜利组合。若论忠实度,《色戒》是导演的电影,与文学原著相去甚远,但观众和评论家们却不以为意,个中原因之一,应该是读者对张爱玲不同作品的熟识度相差很大。小说《色,戒》在改编成电影前少人问津。与《相见欢》和《浮花浪蕊》一样,它最早写于一九五〇年代的香港,之后一直修改了近二十年才正式出版。出版伊始,读者仅限于张爱玲研究者和少数铁杆张迷读者,还有在一九八〇年代中期就看到了电影改编的可能性的张艾嘉和杨德昌。是李安的电影让广大张迷"发现"了这篇写得简约而隐晦的短篇居然也是杰作,也给了学者们一个崭新的题目,可以重启张爱玲研究。虽然原著在先,却是电影照亮了原本藏在阴暗处的文本,让它有了二次生命,而这二次生命一直燃烧到现在,文字和影像一样,都成了经典。

二〇〇七年九月电影《色戒》首先在台湾及香港上映,票房打破了之前《卧虎藏龙》的纪录,也是李安作品中最好的票房成绩,且直接点燃了新纪元里的张爱玲热。电影同年十一月在上海首映时,全场观众起立鼓掌致敬到场的导演李安,随即而来的却是意识形态的污名化,所谓的"《色戒》现象"席卷了整个华语世界。张爱玲研究者和华语电影研究者抓住了电影带来的热点,重新挖掘了《色,戒》乃至华语文学和电影从冷战到后冷战的文本政治,电影上映的几年之内涌现了一系列新的研究成果,其中十分突出的是彭小妍编的论文集《色,戒:从张爱玲到李安》,其中十二篇论文从性爱、情欲、主体性、忠诚与背叛等各种角度分析《色,戒》从文本到电影的华丽转换。原著小说也很快被翻译成其他语言，进入世界文学的阅读书单中。英文本更是有李安导演的后记，很快被纳入英语世界的大学课堂。最近出版的张爱玲和宋淇夫妇《张爱玲往来书信集》中又披露了原著小说背后的许多重要信息，一篇短短的小说原来是长期共同书写的结果，其中的文字轨迹为重读张爱玲提供了新的灵感和契机。影像和持续涌现的大量文字相辅相成，这十五年里《色，戒》已经生长成为一个不折不扣的"超级文本"了。

这个"超级文本"的诞生，精确从来就不是一个重要的衡量标准。电影《色戒》再现的历史场景背后是满满的精心的艺术追求，至于历史还原程度有多高，是值得商榷的。文学改编电影，重现文字中的历史场景，使得场景至少和人物一样重要，也可以说，场景凝聚了千言万语。至于精确性，能否做出判断的也只有极少数掌握第一手史料的学者。比如香港场景中重建的港大校园全貌，乍一眼确定无疑是港大。半山上得天独厚的地理位置，标志性的本部大楼，眼前无遮拦的维多利亚港，都是港大百年校园的视觉要素。但如果拿同时期的港大历史图片对照来看，电影对场景的重建是不精确的。画面居中的本部大楼大致样貌与今天保存在校园里的相去不远，但画面左边那个居高位的带着钟楼的建筑从来就没有存在过。对照一九三三年港大校园的鸟瞰图可见，那个位置当年是学校体育场。在原著所描绘的一九三〇年代后半叶，画面右边即本部大楼的东侧应该有冯平山图书馆和当年的中文学院即邓志昂楼，同样都是港大的标志性建筑，但在电影的重建中都不见了。熟悉当年香港历史的更会注意到画面中的维多利亚港有点异样。在香港沦陷之前的这样一个阳光明媚的日子里，港湾里应该漂满了来往的大小船只。

场景重建上的这点误差，就电影整体来说，谈不上是什么缺陷。没有香港生活经验的李安，重建香港传奇，做足了功课。一九三八年因战争而失去广州校园的岭南大学的部分学生流亡来到香港，借用港大的校舍上课，是有根有据的。师生们在本部大楼走廊中穿行，进步学生借用陆佑堂上演抗日剧，场景再现做得十分逼真。香港大学后山上宝珊道三十号的洋房，是片中几个港大学生租下的房子。几个重要的场景，王佳芝的第一场性爱，几人惊慌而笨拙地杀死曹副官等，都在这个老房子里。这座洋房，其实建于一九五〇年代，不完全是一九三〇年代的建筑风格，但离宝珊道八号曾经的张爱玲宿舍不远，周围场景的还原依然合情合理。

电影《色戒》中另一处重要场景征用的也是一栋一九五〇年代的建筑，即位于摩星岭道和域多利道交会处的白屋。房屋占用了银禧炮台的部分遗址，是一个有四栋二层建筑物的小群落，最初是驻港英军皇家工程兵的会

图七·一 （上）电影《色戒》中重建的一九三〇年代港大校园全貌。安乐影片有限公司惠允使用。

图七·二 （下）港大校园鸟瞰图，一九三三年。香港大学资料图片。

所，一九五〇年代末被港英政府的政治部接管，成为一个拘留所，专用来关押反港英政府人士。一九九七年之后房屋空置，常被用来作电影外景拍摄，比如王家卫二〇〇四年完成拍摄的《2046》中的东方酒店，正是易容后的白屋。除此之外，电影《色戒》中香港的场景，是在马来西亚的怡保拍摄的，学生们在陆佑堂上演的话剧大获成功，在深夜的街头欢呼庆祝，下雨了，都坐上了电车。这个场景，需要还原一九三〇年代末的香港街景，在香港已经荡然无存，李安却在马来西亚找到了。片中王佳芝带易太太逛尖沙咀，我们知道逛的其实是马来西亚槟城乔治古城里的海墘街。这和许鞍华在厦门鼓浪屿重建港岛半山一九三〇年代的氛围异曲同工。

精密的电影场景重建，是《色，戒》成为一个"超级文本"的视觉佐证。《沉香屑·第一炉香》在几十年的各种重新演绎之下是否也有可能成为一个"超级文本"？跟改编《色，戒》很不一样的是，《沉香屑·第一炉香》是张爱玲的成名作，她的"香港故事"的第一篇，研究者也早有定论。改编者无论从哪一个角度切入，都如同走入了一个密集的地雷阵。尽管难度很大，许鞍华导演在场景重建上是下了功夫的，这和当年《倾城之恋》在邵氏影棚的拍摄有天壤之别。

《色|戒》中还是有一部分镜头是在香港拍摄的，到了

《第一炉香》，则基本上所有的镜头都不在香港拍摄。梁太太的白房子取景点是福建活版印刷的创始人白登弼的厦门鼓浪屿别墅，原建于二十世纪初。鼓浪屿的容谷别墅，那深色的砖和巨大的廊柱，有着美国南方大庄园的意味，在片中被设为乔家府第，建筑的外观和室内的场景为影片增色不少。对于《第一炉香》的海量差评，其实是集中在选角上。

主角·配角·闲角

改编的成功，选角当然是至关重要的。关锦鹏导演、林奕华编剧的《红玫瑰白玫瑰》，普遍的意见是拍出了张爱玲的文字质感，编剧和导演的功力自不在话下，片中陈冲和叶玉卿两位女演员可圈可点的表演也是成功的关键。许鞍华的《半生缘》甫上映时，也有批评之声，甚至有评论说她"糟蹋了《半生缘》"。但渐渐地，人们感叹吴倩莲和梅艳芳的眉眼和神情有姐妹般的神似，黎明在银幕上又是那样温柔地融入了沈世钧这个角色，加上葛优的"笑起来像猫，不笑像老鼠"，还有贯穿全片的浓郁又苍凉的色调，这一切都似乎离张爱玲的世界很近。日前播映的刘嘉玲和蒋欣主演的电视连续剧《情深缘起》是对《半生缘》的再次改编。一大片吐槽声中，大家回头再看许鞍华的《半生缘》，俨然是在看着一部"经典"。相对于《倾城之恋》局限在影棚里的拍摄，《半生缘》得以在南京的玄武湖、

图七·三 《第一炉香》剧照：乔诚爵士家的外观，深色的洞穴般的大屋。阿里影业和青鸟影业惠允使用。

清凉山等地实地取景，视觉效果中多了质感。许鞍华在拍摄时，也放弃了完全忠实于原著的限制，剧本对于原著取舍分明，是真正的改编。上映的一九九七年，张国荣和梅艳芳都还在世，对影片的回望，也是缅怀香港电影的那个辉煌的曾经。电影的前世、今生与来世，也和我们这个大时代一样，扑朔迷离。

到了今天，《第一炉香》进入讨论热点以来，大多数的负评矛头都指向选角。最多的"炮火"集中在扮演葛薇龙的马思纯身上。文学改编电影的历史中，马思纯作为一个演员在大众媒体中的遭遇也是前所未有的，针对她的各种身材羞辱和人身攻击集中暴露了制度性的性别歧视在我们的文化里是如此的根深蒂固。我们透过银幕都能深深地感到演员的委屈，这一层委屈对于角色本身是致命的。马思纯无法成功演绎葛薇龙这个角色确实削减了影片叙述的力量。但演员好坏与外形无关，关键是影片中葛薇龙和乔琪乔之间没有火花，身体语言僵硬，表现性爱的场景更是显得尴尬，直接影响了导演所坚持的爱情主题的可信度。

男女主演也有默契的时候，叙述最完整也最有说服力的场景是葛薇龙和乔琪乔婚后在船上的两组镜头。第二组镜头尤其让我联想到《倾城之恋》里范柳原和白流苏在浅水湾海滩上的这一段："那口渴的太阳汩汩地吸着海水，漱着、吐着，哗哗的响，人身上的水分全给它喝干了，人成了金色的枯叶子，轻飘飘的。"这本是《沉香屑·第一炉香》小说中没有的场景，灵感从同一时期、同一背景的其他作品中舶来，是合理的。船摇曳，光摇曳，色彩褪去，两人都陷在躺椅中，落入各自的迷思，像两片"轻飘飘"的"金叶子"。女主角的画外音在讲述往事，坂本龙一的主题音乐袭来，预示着深层的阴郁、不安和躁动。画面中的男女没有交流，也没有触碰，各自在自己的位置上沉湎。马思纯不需要面对镜头刻意表演，进入了一个较为自然的状态，唯有在那个瞬间，我们能想象她或许真的就是

图七·四 《第一炉香》剧照:"人成了金色的枯叶子,轻飘飘的。"阿里影业和青鸟影业惠允使用。

葛薇龙。相对而言,铆足了劲表演的场景就过于牵强。演员在镜头面前始终无法轻松,我们看到的就是紧张,甚至是满满的尴尬,还有那无边无际的委屈。

如果说影片选角有硬伤的话,梁太太这个角色其实更值得商榷。毕竟这是梁太太打理的天下,原著如此,改编也是。她坐镇半山那座白房子,在各种晚宴和园会上运筹帷幄,在老少两代男友间游刃有余,手中握着丫鬟们乃至亲侄女的生死大权,就连半山上葱郁湿润的一草一木一花都要听她使唤。她的气度,她的层次,她的审美,是影片架构那个不再的殖民地遗老遗少世界的支点。多数人肯定俞飞鸿的演技,看得出她也确实是铆足了劲在演。可俞的身体语言在镜头面前依然是生硬的，一板一眼，似乎没得挑剔，却是一种剑拔弩张的紧张。是否因为表情做得过足，眼神有够狠，层次欠缺，姿态就脱不了诸多宫斗剧的痕迹？编剧和导演细心添加的那些回忆镜头试图让观众理解人物的来龙去脉，但妻妾成群的陈旧叙述没有新意，这样的人物定调影响了整部片子的格调。原著小说里从葛薇龙的角度这样看她的姑母："她看她姑母是个有本领的女人，一手挽住了时代的巨轮，在她自己的小天地里，留住了满清末年的淫逸空气，关起门来做小型慈禧太后。"这一句在电影里似乎是被扩大了。重现张爱玲笔下的"小型慈禧太后"，用的却是今天已经占据大众审美中心位置的清宫剧的脉络，又加入原著没有的细节来充实人物，用编剧王安忆的话说是，"补充人物的背景，也让人物更可爱些"，究竟是否让人物更可爱些很难说，其效果却有点不伦不类。网络大数据中对梁太太这个角色的大致肯定依然是不可信的，数据背后是被《后宫甄嬛传》《延禧攻略》《芈月传》等左右了的大众审美取向。

相对两位女主角的欠缺，《第一炉香》的配角们给这部影片带来了新鲜的活力。首先，彭于晏把原著小说中的配角乔琪乔演绎成了一个准主角。演员的外形与原著的描写确实有偏差，但这偏差并不影响片中人物的可信度。看着银幕上的彭于晏，我联想到的不是小说中的乔琪乔，而是张爱玲的另一篇小说《花凋》中描写的那个"遗少",即使长大了,也只是"酒精缸里泡着的孩尸"。成年男人,四肢健全,肌肉发达,但依然只是个"孩尸"。结实的肉身与长不大的婴孩之间的反差,是影片的一个亮点。葛薇龙随司徒协去上海之前的那一场戏里,乔琪乔近乎孩子般的扭捏,一身肌肉趴在箱笼上,看上去一点都不违和。一身的肌肉,终究是无望和乏力。影片将他描绘成一架行走的肉欲机器,但也并非完全没有感情。他和妹妹的手足情,房间里珍藏的母亲的遗物,对父亲的声嘶力竭的吼叫,这些偶尔的情感爆发都是原著里没有的,在影片中显得合情合理,是电影对人物的丰富,也是叙述的衍生。

影片中最闪亮的角色是梁洛施扮演的周吉婕,相对于小说原著,电影里的吉婕几乎是一个崭新的角色。小说里的描写是这样的:"……一个混血女孩子,年纪不过十五六岁;她那皮肤的白,与中国人的白又自不同,是一种沉重的,不透明的白。雪白的脸上,淡绿的鬼阴阴的大眼睛,稀朗朗的漆黑的睫毛,墨黑的眉峰,油润的猩红的厚嘴唇,美得带点肃杀之气;那是香港小一辈的交际花中数一数二的周吉婕。据说她的宗谱极为复杂,至少可以查出阿拉伯、尼格罗、印度、英吉利、葡萄牙等七八种血液,中国的成分却是微乎其微……"银幕上的梁洛施没有丝毫鬼气和杀气,与彭于晏的角色一样,这里与原著的不符不成问题。片中两次梁洛施和彭于晏携手出场的镜头，都让人眼中一亮。他俩轻轻松松地踏入镜头，是那样的理所应当，驾驭了室内室外所有的场景。影片给了梁洛施的周吉婕无可抵挡的魅力，弗拉明戈舞的身姿和节奏吸引了场景中的所有人，连带着摄像机后的杜可风。她谈笑风生，警告葛薇龙别上她哥哥的当，侃侃而谈混血的尴尬处境，一句干脆的"没有办法"打断了葛薇龙的青春疼痛。这个人物最后定格在全家福中，站在后排，一身修女装，依然是明亮的微笑。这是对小说饶有趣味的扩展，把一个原本漫画式的平面人物转化成一个有故事的立体人物，编剧和导演还十分贴心地给了她一个合情合理的结局。

这是华语电影第一次大张旗鼓地渲染殖民地香港混血一代的年轻人微妙的身份认同和尴尬的处境。被媒体问到选彭于晏是否因为他的气质符合亚热带的氛围时，许鞍华承认"是有一点这样的考虑"，而且"觉得他（外形）很像混血儿。他是ABC，他的动作也很像'鬼佬'"。许鞍华在彭于晏身上看到的应该是那种已经很难找到的"殖民地感"。配角的设置，是许鞍华的独特贡献，将国族之间滑动的混血人群的不伦不类和日常的挣扎，努力呈现在银幕上，在许鞍华看来，是构筑二十世纪三四〇年代殖民地香港文化的必须。

配角之外，影片中"闲角"的设置也是有讲究的。电影在香港首映时,看到修女在花园宴会里出现的镜头,不禁莞尔。修女在各种社交场合出现,是殖民地香港的一个重要元素。张爱玲作品中有诸多描绘,从最早的《沉香屑·第一炉香》一直到后期的长篇小说《小团圆》和《易经》,她的香港故事里都是有修女们的声音和身影的。这里有许鞍华自己在二十世纪五六〇年代的香港生长的经历,她小学和中学上的都是圣保禄学校,倒退二十年,张爱玲在港大念书时的宿舍恰恰是圣保禄学校的修女们在校园后山坡上建立的圣母堂。这潜在的联结,似乎也是一种缘。

蚊香·炉香·淫绿

圣保禄时代的少年许鞍华并没有发现战争年代从宝珊道上圣母堂走出的张爱玲。从圣保禄学校毕业后进入香港大学主攻英语和比较文学的青年许鞍华也似乎没有对二十多年前同在港大文学院念书的张爱玲有太多的兴趣。许导是在成年之后才第一次读到张爱玲的作品的,她的阅读经验和十几岁就开始迷上张爱玲的读者不同,所以她再三强调,自己是张爱玲认眞的读者,但不是张迷。在《中国新闻周刊》的访问中回忆第一次读到《沉香屑·第一炉香》的印象,她清楚地记得是一九七八年,已经三十岁的她刚从伦敦电影学院毕业回港:"当时我看见很多画面感,我看见薇龙——现在想来有点像年轻时的周迅——穿一个蓝旗袍站在一个红墙绿瓦的门前。因为大坑有一个虎豹别墅,那个感觉虽然不完全一样,但很像她的描述。当时我觉得它是张爱玲颜色最丰富的一篇小说,我觉得很迷惑。"

这个画面感是带着深深的殖民地香港的烙印的,这些烙印在许鞍华成长的二十世纪五六〇年代已经斑驳,到了影片拍摄的今天更是几乎无存。重建二十世纪三四〇年代港岛的视觉秩序,必须要另寻一个再造的空间。于是大坑的虎豹别墅搬到了厦门的鼓浪屿。重建曾经的视觉秩序应该是许鞍华版《第一炉香》最大的成就。她第一次阅读小说的感觉就是文字将她带回了一个不再的时光和空间。电影是对那个不再的时光和空间的追寻和重建,张爱玲的文字是媒介,是索引,是地图;按图索骥,许鞍华努力寻找的恰恰是她自己对那个时光和空间的诠释,重建张爱玲笔下的那个香港,也是追寻导演记忆中的那个旧日香港。

从张爱玲的香港传奇中寻找重构旧日香港的途径,必然会进入一个重重叠叠、繁复交错的文本参照系,《沉香屑·第一炉香》只是其中的一篇。张爱玲的第一本短篇小说集《传奇》初版于一九四四年是众所周知的。比较少人知道的是,《传奇》有个夭折的前身叫《香港传奇》,原本的计划是一九四三年由中央书店出版,其中包括《沉香屑·第一炉香》、《沉香屑·第二炉香》、《茉莉香片》、《心经》、《琉璃瓦》、《封锁》和《倾城之恋》七篇。《第一炉香》和《第二炉香》一九四三年五月开始连载于周瘦鹃主编的

《紫罗兰》月刊,那是张爱玲闯入上海文坛的敲门砖。最初的七篇都写于一九四三年,是张爱玲从沦陷香港回到沦陷上海之后不久的作品,而且最初都以香港为背景。《香港传奇》单行本没有出版,《心经》、《琉璃瓦》和《封锁》这三篇随后在刊物分别注销时都改成了上海故事。待一九四四年《传奇》出版时,原先的七篇之外又加上了后写的《金锁记》、《年青的时候》和《花凋》,成了不折不扣的"双城记"。

张爱玲的香港传奇是一整套的文本参照系,各种元素以不同的方式进入电影《第一炉香》的世界里。比如,虽然不时有霉绿斑斓的铜香炉出现,《第一炉香》开场镜头里的香,更像是蚊香的香,仿佛是从《倾城之恋》的白公馆中迁来的道具。是否许鞍华在这部影片中要把电影《倾城之恋》中没有做到的场景设置都重新做来?还有,卢兆麟在梁太太的薄翼刺绣纱帐中左右开弓打蚊子的镜头,像是从《倾城之恋》中浅水湾海滩移来的:"流苏渐渐感到那怪异的眩晕与愉快,但是她忍不住又叫了起来:'蚊子咬!'她扭过头去,一巴掌打在她裸露的背脊上……两人噼噼啪啪打着,笑成一片。流苏突然被得罪了,站起身来往旅馆里走,柳原这一次并没有跟上来……"蚊香点燃的是室内情欲,打蚊子更是和床上情欲联系在一起,《倾城之恋》和《沉香屑·第一炉香》的互文性丰富了影片的视觉层次。

二〇二一年秋天与许鞍华版的《第一炉香》几乎同时登场的是叶锦添总导演总制作的舞台剧《倾城之恋》，剧场四个小时，将电影的手法融入舞台表演，在完成了上海、杭州、北京和成都四个城市的巡回演出后于二〇二二年初隆重登上国家大剧院的舞台。第二幕的开端，仍在上海白公馆的白流苏，与范柳原在舞场初见，回到家中，白公馆的布景是精雕细作的结果，层次叠加，暗中能看到饰物的晶亮。身穿"月白蝉翼纱旗袍"的白流苏，俯身点上蚊香，现场不能有明火，剧组用了LED的小红灯，有忽明忽暗的效果。蚊香盘是一个白色的搪瓷盘子，细节准确。

白流苏的这盘蚊香早在二〇一九年就焚烧了一整个夏季。那是疫情到来前的最后一个夏季。《第一炉香》拍摄点在厦门鼓浪屿，各种暖色花卉盛开，蚊虫肆虐，空气可以拧出水分，成全了影片里湿答答黏糊糊的淫绿氛围，还有环境中的蝉声和蚊子声。蚊香的"滋滋"燃烧声，海浪的拍打声，天光的浓重，这一切都给许鞍华再造八十多年前殖民地香港的氛围提供了一个合宜的外在条件。电影的色调、声音、景观乃至整体气氛的把握是准确的。"你不觉得（戏里）很热吗？很多虫的声音，很多棕树，很亚热带，那些草、树木、凤凰木，全部都是typical的亚热带才有的"，她在接受《南方都市报》记者的电话访谈里反问道。

图七·五 （上）大型舞台剧《倾城之恋》中的场景：白公馆中的白流苏点蚊香。摄影：王徐峰。叶锦添工作室提供。
图七·六 （下）《第一炉香》剧照：片首，嘶嘶焚烧的香。阿里影业和青鸟影业惠允使用。

有张迷观众抱怨说，影片里的白房子缺少张爱玲笔下的那种"鬼气"。小说原著里的这段描写是张迷们所津津乐道的："那是个潮湿的春天的晚上，香港山上的雾是最有

图七·七 《第一炉香》剧照:葛薇龙初访半山姑妈家,一路上湿漉漉的"淫绿"。阿里影业和青鸟影业惠允使用。

名的。梁家那白房子黏黏地融化在白雾里,只看见绿玻璃窗里晃动着灯光,绿幽幽的,一方一方,像薄荷酒里的冰块。渐渐的冰块也化了水——雾浓了,窗格子里的灯光也消失了。"这就是第四章中讨论的从本森笔下延续到张爱玲笔下的那个魔幻香港。不少人引用这一段,说电影里没有雾气,也没有那个绿幽幽的光,人物也太正面,不够邪。那个鬼气森森的白房子到了许鞍华的镜头里,鬼气确实是没有了,但"那肮脏,复杂,不可理喻的现实"却是非常努力地做到了。

张爱玲早期到晚期写作风格差别很大,但能保持一贯的是那种"脏兮兮"的感觉,即使是少男少女情窦初开的故事情节里,比如《茉莉香片》、《花凋》和《年青的时候》,也还是有诸多的"不堪"。明亮辉煌的室内,空气却是凝重、污浊的。关起门来的一家子,好像是凑成一个圆满的牌桌,但台面和桌下尽是角力和算计。影片里各种层次的绿色,从花园里的灰绿到香炉的铜绿,一概颓败、斑斓。灿烂饱满的生命之下是阴郁,是沉沦。许鞍华版《第一炉香》中比较成功的细节,都是导演多多少少地传达了那种"脏兮兮"的情欲。

墙·屏风·手绢

许鞍华版《第一炉香》中还有不少值得分析的细节。点睛之笔是出现了三次的乔诚爵士家的照片墙,这是许鞍华的独创,是对原著的丰富。墙是视觉上的一个屏障,也是视线的一个集中点,在影片中更是点亮了叙述节奏。第一次出现是深夜,镜头随着乔琪乔回到乔家,那个深色的洞穴般的大屋。乔琪乔上楼,镜头驻留在楼下,并从客厅里的照片墙前摇过,展现了照片墙的全貌。第二次是梁太太去乔家提亲,在照片墙前与乔诚爵士谈话,镜头涵盖了大半个照片墙,并且聚焦全家福中尚是孩童的乔琪乔。第三次是葛薇龙和乔琪乔婚后,乔家又有别的后代结婚,婚礼上老少三代的全家福最后也上了这片墙,色彩褪去,定格为与背景融为一体的黑白相片。一张一张的脸,倏忽聚焦,

图七·八（上）、七·九（下）《第一炉香》剧照：乔诚爵士家的照片墙第二次和第三次出现。阿里影业和青鸟影业惠允使用。

随即融入背景，大约是整部片子最有"鬼气"的瞬间了。

　　导演和编剧都是熟读张爱玲的代表作品的。照片墙的意象或许是来自原著小说里葛薇龙初见姑妈的印象："薇龙却认识那一双似睡非睡的眼睛，父亲的照相簿里珍藏着一

313

图七·一〇 《第一炉香》拍摄现场：摄影师杜可风调整照片墙。阿里影业和青鸟影业惠允使用。

张泛了黄的'全家福'照片，里面便有这双眼睛。美人老去了，眼睛却没老。"但影片中的乔家更像是《倾城之恋》中的白公馆，那个很多人熟识的段落几乎可以作为画面的旁白："流苏交叉着胳膊，抱住她自己的颈项。七八年一霎眼就过去了。你年青么？不要紧，过两年就老了，这里，青春是不希罕的。他们有的是青春——孩子一个个的被生出来，新的明亮的眼睛，新的红嫩的嘴，新的智慧……一年又一年的磨下来，眼睛钝了，人钝了，下一代又生出来了。这一代便被吸到朱红洒金的辉煌的背景里去，一点一点的淡金便是从前的人的怯怯的眼睛。"这是没落贵族家的体面，这体面就像是那些照片里的脸，曾经精致，曾经风华，最后都成了墙上的点缀，背景里的一个影子。

继续在张爱玲的其他香港传奇中寻找与影片的互文性，也可以想象，这墙也仿佛是《茉莉香片》中的那个绣花屏风。小说这样描写聂传庆早逝的母亲冯碧落："她不是笼子里的鸟。笼子里的鸟，开了笼，还会飞出来。她是绣在屏风上的鸟——悒郁的紫色缎子屏风，织金云朵里的一只白鸟。年深月久了，羽毛暗了，霉了，给虫蛀了，死也还死在屏风上。"生灵被绣在屏风上，犹如照片里的人物被定格，呈现的一刻就是死亡。图像被镶嵌在一个一个的框里，最后一一融入背景。深闺里的女子冯碧落和半山上沉沦的上海少女葛薇龙似乎是一样的结局。

影片中有另一片墙的镜头，一闪而过，相信大多数的观众不会注意到。薇龙冲进浴室暴打睨儿之前，小说中是

图七·一一 《第一炉香》剧照：一闪而过的手绢墙。阿里影业和青鸟影业惠允使用。

这样描写的:"睨儿正在楼下的浴室里洗东西,小手绢子贴满了一墙,苹果绿,琥珀色,烟蓝,桃红,竹青,一方块一方块的,有齐齐整整的,也有歪歪斜斜,倒很有点画意。"影片重现了一墙湿答答的手绢,确实有桃红、烟蓝、杏黄这些淡彩和各种碎花,小家碧玉般的忸怩,又带点轻佻,和乔诚爵士家一墙沉重的镜框恰成对比。精心构筑的场景,很容易就忽略了,观众大多会以为是一面花花绿绿的瓷砖墙。影片舍弃了原著中的不少细节,却保留了这一个细微处,尽管是刹那的闪现,看到了,多少会有点欣喜。

妥协与协调

电影《第一炉香》是细致功夫。面对媒体的询问,许鞍华却谈到妥协:"拍电影永远都要妥协的。"这是什么意思呢?她解释道:"太多太多的人牵涉在里头,它的利益、关系、钱等等。你不妥协,可以去写小说,可是如果拍电影是必须得妥协的,不妥协就不要做了。我不能说这是一个妥协吧,可能说是一个商讨跟互相的协调吧。"

这最后一句的修正很重要,许鞍华的"妥协"其实是一种"协调"。黄碧云说许鞍华"矢志不渝",是"那种在不完美与缺陷之中,寻求和谐与完整的挣扎",说得十分准确。"协调"也是"挣扎"。电影改编中牵扯的诸多人事和利益关系使得拍成电影不再是一项纯粹个人的事业,而处理原著和电影之间的关联则是一个持续不断的努力,或许也没有终点，没有那么完美的一刻。影像挣扎着要呈现文字的微妙和错综，却往往无法达到预期的效果。无法呈现，却仍然孜孜地努力着，最终用影像到达的往往与文字的源头相去甚远，所以影像表达和所谓的文字源头之间的关系并非一条直线连接，而是交错的。文学改编电影的成与败就是在这样一个双向协调的场域中发生的。至于协调的效果如何，确实是见仁见智。

优点和缺点一样突出的许鞍华版《第一炉香》是对张爱玲笔下的那个香港的再呈现。许鞍华透过改编张爱玲，希望拍她自己最想拍的香港故事，这个初衷她从来也没有放弃。如同瓦尔特·本雅明在《讲故事的人》中所言，"故事是不会被消耗的，它总是在储存并凝聚内在的力量，这种力量无论隔了多久都会伺机释放"。我们完全没有必要担心，任何一个改编，无论好坏，会消减或损坏故事本身的魅力。这里说的故事，是可以成为"超级文本"的那种故事，比如毁了一座城池以成全一段姻缘的倾国倾城的传说，又比如上海女孩葛薇龙投靠港岛半山上的姑母的故事，在一次又一次的演绎中不仅不会被减损，反而在往成为"超级文本"的路上又跨进了一步。从原著到各种改编如果是一丛曲曲弯弯、蜿蜒纠缠的小径的话，照亮这些小径的恰恰是故事本身经久不衰的魅力。这里唱不完说不尽的依然是张爱玲的香港传奇。

八　　　　　　　　　汇流：世界的张爱玲

唱不完说不尽的张爱玲的香港传奇始于她的第一篇短篇小说《沉香屑·第一炉香》，一直延续到她的"晚期风格"代表作《小团圆》。几度小团圆，从二十世纪五〇年代中叶创作灵感萌发到初稿完成的一九七七年是一个漫长的二十年。十八万字的手稿暂不出版，但也没有闲置，修改不断，一直到她生命的最后几年，这是又一个漫长的近二十年。《小团圆》最终出版于张爱玲去世十四年后的二〇〇九年，距离小说最初的构想，已经间隔了半个多世纪。香港经验始终是张爱玲书写中的母题，也是一个不断被拆散重组的叙述结构。求学时代在香港山上的那些澄澈的瞬间，那一湾"浓蓝"的海，间或飘落的几片花瓣，一路灼烧的"野火花"，殖民现代性的各种视觉呈现，多语言和多文化参照系的汇流，紧接着就是"打上门来"的现代史，那些个"寒噤的黎明"，炮火下的密集阅读经验，以及战后从香港重新出发的漫长的漂流生涯等等都刻在她写作生命的基因里。张爱玲说《小团圆》"是一个热情故事,我想表达出爱情的万转千回,完全幻灭了之后也还有点什么东西在"。张爱玲之于香港,似乎也是这样,一别、再别、最后的辞别之后,仍然还是"有点什么东西在"。

尖锐与酷烈

这留下的一点"东西"是她写作的灵魂,里面有内心深处的清冽和柔软,更有一种尖锐和酷烈,构成张爱玲文字中最震撼的瞬间。香港记忆,即使是食物记忆,在她的笔下,也往往呈现出一种局促、紧张、凶险。《烬余录》中描绘,满目疮痍的香港,年轻的大学生上街寻找食物:"我记得香港陷落后我们怎样满街的找寻冰淇淋和嘴唇膏。我们撞进每一家吃食店去问可有冰淇淋。只有一家答应说明天下午或许有,于是我们第二天步行十来里路去践约,吃到一盘昂贵的冰淇淋,里面吱格吱格全是冰屑子。"甜食吃得如此艰辛,读到"冰屑子"这一句,我都能感到牙根的磨难。仿佛是受了她们几个女生的感染,停战后的香港也"重新发现了'吃'的喜悦",而这"吃"的迫切和热诚,也伴随着"吃"的决绝和严峻:"我们立在摊头上吃滚油煎的萝卜饼,尺来远脚底下就躺着穷人的青紫的尸首。"这样的食物记忆自然与美好无关,生之欲望紧挨着赤裸裸的死灭,这样一个犀利的场景,也只有张爱玲可以写得如此坦诚,如此从容。

写作《烬余录》时的张爱玲,不过二十三岁。之后的岁月里,她写过很多尖锐的"吃",精准极了。在她生命的最后十几年里,发表的新作品已经十分少了,但即使是十分少的最后的作品中也有两篇散文杰作。一篇收入一九八八年初版的《续集》,叫《谈吃与画饼充饥》,另一篇则是本书中几次提及的《重访边城》,是她逝世十三年后宋以朗从她留下的遗稿中整理出版的,根据文本中留下的痕迹,宋以朗推断,写作时间是一九八二年后,因而与《谈吃与画饼充饥》属同期作品。两篇都写了洋洋洒洒的一万多字,张爱玲的香港传奇,在这两篇真正的晚期作品中重现,有一种峰回路转的隔世之感。

《谈吃与画饼充饥》写尽了各种文化里的"吃",都不是饕餮大餐,珍馐美味与张爱玲的食物审美无关,她着墨的大多是街头路边、小店小铺里的"小"吃,有她从书里读到的食物考证,也有别处听来的风味土味,有自己记忆里的各种"吃",有对美国当代饮食文化的观察,当然更多的是与"吃"相关的漂流经验,借着"吃"的记忆演绎几十年的迁徙。食物的记忆回到她的文字中,不是线型的叙述,而是不同时空的交错,结构繁复,铺陈起来却甚是从容,一个一个的场景细细还原,而且是一层又套上一层的叠加叙述,堪称张爱玲长篇散文写作的极境。她从最普通的烧饼油条讲起，再细数童年记忆里家族南北迁徙中餐桌上的常见的食料和菜肴，然后转到中学时代，吃到的和遗憾没吃到的统统编织到食物的沧桑史中。她描绘离她上学的圣玛利亚女中不远的那家老字号面包店老大昌（Tchakalian），里面卖一种小巧的奶酪小面包，还有油煎的"匹若叽"。她说离开上海后，这"匹若叽"倒是在日本吃到过。随即笔锋一转，就到了一九六〇年代初的香港，她的三度"港漂"。

> 六〇年间回香港，忽然在一条僻静的横街上看见一个招牌上赫然大书Tchakalian，没有中文店名。我惊喜交集，走过去却见西晒的橱窗里空空如也，当然太热了不能搁东西，但是里面的玻璃柜台里也只有寥寥几只两头尖的面包与扁圆的俄国黑面包。店伙与从前的老大昌一样，都是本地华人。我买了一只俄国黑面包，至少是他们自己的东西，总错不了。回去发现陈得其硬如铁，像块大圆石头，切都切不动，使我想起《笑林广记》里（是煮石疗饥的苦行僧？）"烧也烧不烂，煮也煮不烂，急得小和尚一头汗。"好容易剖开了，里面有一根五六寸长的淡黄色直头发，显然是一名青壮年斯拉夫男子手制，验明正身无误，不过已经橘逾淮而为枳了。

《烬余录》里吃得艰难,吃得尖锐,到了这里却是惊悚和不堪,最初的"惊喜交集"之后,剩下的只有惨不忍睹。这样"倒胃口"的食物记忆,她却写得如此津津有味,撕破美食的面具,绝不手软,实在是食物书写中的异数。从香港老大昌出来,惊魂未定,香港的"吃",还没写完,在下一段里她回到了大学时代的记忆里:"香港中环近天星码头有一家青鸟咖啡馆,我进大学的时候每次上城都去买半打'司空'(scone),一种三角形小扁面包——源出中期英语schoonbrot,第二字略去,意即精致的面包。"张爱玲对于"司空"的考证或许有点偏差,schoonbrot是荷兰语,而且是一个词,不过这是小细节,不影响她接着描绘这种记忆中的小甜食:"这'司空'的确名下无虚,比蛋糕都细润,面粉颗粒小些,吃着更'面'些,但是轻清而不甜腻。"简单几句,画面感极强,当年的港岛交通哪有现在的快捷,我们仿佛可以看到十九岁的她,从半山上的宿舍或校园下来,坐巴士到中环天星码头,是好长一段旅程,然后小心翼翼地捧着那半打小点,像搂着宝贝一样,登顶跋涉回到半山上的宿舍。大多数的食物怀旧,写到这里,应该就打住了,是为见好就收。但张爱玲的怀旧,醉翁之意定在别处,她笔下的景致一下又转到了一九六〇年代初的香港。

上次回香港去，还好，青鸟咖啡馆还在，那低矮的小楼房倒没拆建大厦。一进门也还是那熟悉的半环形玻璃柜台，但是没有"司空"。我还不死心，又上楼去。楼上没去过，原来地方很大，整个楼面一大统间，黑洞洞的许多卡位，正是下午茶上座的时候。也并不是黑灯咖啡厅，不过老洋房光线不足，白天也没点灯。楼梯口有个小玻璃柜台，里面全是像蜡制的小蛋糕。半黑暗中人声嘈嘈，都是上海人在谈生意。虽然乡音盈耳，我顿时皇皇如丧家之犬，假装找人匆匆扫视了一下，赶紧下楼去了。

六〇年代的香港，既找不到上海的三四〇年代，就连香港自己的三四〇年代的魂也给弄丢了。香港的地盘和店面，黑魆魆的，看不见人脸，只看见人影，人影和人影谈着上海话的生意，读者一不小心就好像踏入了王家卫的"花样年华"，只是张爱玲的镜头惨烈得多，哪里还有什么绝代风华？这里的"我"即使不死心，最后也只能"皇皇"逃遁，哪里有王家卫镜头里的那种缠绵悱恻？不禁要问，她说的"丧家"的"家"是哪一个"家"？她匆忙逃离的，是上海，还是香港？张爱玲广大的读者对她的想象是身着旗袍风姿绰约的身影，但其实那是王家卫的六〇年代香港和它背后盘桓不去的民国上海的影子。张爱玲的背景里，写满了酷烈,最最怀旧的时刻,都有她特有的犀利,临走也不会忘了把最后一层幻想给捅破了。没有了"司空"的香港,如何还能久留?

乡音与母语

于是张爱玲为香港最后要做的就是祛魅。寻找"司空"注定是"空",说黑暗的店面里听到的上海话是"乡音",其实背后也很复杂,这一点语言的归属感,也是张爱玲自己将它打破的。仔细咂摸过张爱玲的文学语言的必定不会得出她的母语是上海话的结论,这正如我们也不能简单地说,她是上海作家。张爱玲在晚期的另一篇散文《"嗄?"?》里说得清清楚楚:"我的上海话本来是半途出家,不是从小会说的。我的母语,被北边话与安徽话的影响冲淡了的南京话。"张爱玲的父母都生于南京,他们的母语是南京话,而安徽话的影响,则来自家中长年雇用的说安徽话的保姆。李鸿章是合肥人,李鸿章的女儿李菊耦即张爱玲的祖母应该是一口合肥话,家里的用人也是她从父亲家带来的,故而也是一口安徽话。安徽话是多种方言系统的综合,史上各种战乱,人口流动,安徽境内方言类别繁多,南北语音差异又大,究竟保姆和用人说的是哪一种安徽话,很难说,但可以确定的是,张爱玲的童年成长里,母语是一种混合的语言,是南北的汇流。

张爱玲求学时代最好的朋友炎樱生于香港,父亲是阿拉伯裔的锡兰人，母亲是天津人，全家是英国国籍，炎樱出生后家族在马来亚和香港之间辗转，最后又移居上海，炎樱的父亲在成都路和南京西路的路口开了一家摩希甸珠宝店（其地理位置和样貌被写入《色，戒》因而得以永恒），若干年后炎樱回到出生地香港上大学，自始至终，英文是炎樱随身携带的第一语言。张爱玲自己，十八岁之前在上海圣玛利亚女校上学，说的是英文，回到父母家中，就回到了带有安徽口音的南京官话的氛围里。而到了香港，港大的环境里都是英文，《小团圆》里以佛朗士老师为原型的安竹斯先生说，"几个广东女孩子比几十个北方学生嘈音更大"，大声说话的香港本地女孩，到了校园里也是大声地说着英文，而非粤语，当然就更没有了上海话的地盘。那张爱玲随身携带的第一语言是什么呢？

张爱玲密集使用上海话只能是一九四二年五月离开香港回到上海之后的事了。因为出版业务，她必须跟人打交道，开始参加各种社交场合，并在媒体频繁亮相，与人相处的场合里应该是以上海话居多，相信到了四〇年代后半叶，她的上海话是很流利的了。吴侬软语她是作为一门语言掌握了的，对于区域与区域间的微妙差异她有最准确的直感，这从她对《红楼梦》和《海上花》的细致分析中可见。但吴语并非张爱玲的母语，她的文字里是没有上海腔的，甚至极少江南吴越的风味。一九六八年还是学生的殷允苂在麻省剑桥采访张爱玲的时候，说张爱玲一口"缓缓的北平话，带着些安徽口音"。在白先勇的记忆里张爱玲说的是"标准的国语"，带点"浅浅的京腔"。假如方言的汇流如同化学作用，那最后中和掉的是明显的地域特征，张爱玲的"浅浅的京腔"，其实是已经洗掉了明显的地域特征的华语。

　　说她是上海作家吗？张爱玲自己先把这一层幻想捅破了。关于张爱玲的母语和她的文化归属性，看了两大册《张爱玲往来书信集》后，我们应该可以有更新的思考。这些书信里最突出的语言风格是中英文夹杂，语言融合，文化汇流，没有任何牵强。英文是张爱玲书信语言自然肌理的一部分，运用起来精练、准确、生趣盎然。比如我在第五章细读的第一封信里，她写神户街头的"洋装女人，都像是self-consciously promenading"，翻译成中文类似于"特意地招摇过市"，但英文的表达更加精准而丰富，promenade可以是动词，也可以是名词，用动词的现在进行式出现，整个招摇的架势都呼之欲出，更有一种奢侈的空间感。她在一九五六年的信中向宋淇夫妇告知自己结婚的消息，说起和赖雅的缘分，"not without passion"，英文里的双重否定译成中文一定拗口，说"并非没有激情"或是"不乏激情"都可以，但就是没有英文里的那种急转弯的俏皮。张爱玲是在两种语言多种文化参照系的阈限空间里写作的。她随身携带的第一语言是什么,可以从这些书信中找到答案。如果把书信中的英文都翻成中文,中文世界的读者读起来自然容易多了,但翻译的过程取消的是她语言的多声道、多指涉,变成了一个单声道的平面叙述。同样的,若将这样的书信写作翻成英文,损失的也是在两种语言和多种文化参照系之间的迂回、融汇、流动。

张爱玲说的"乡音","乡"是"异乡"的"乡",或许她从写作生涯的开端就把自己看作一个异乡人,是否唯有在文字家园里,才能为她找到更明确的归属性?前面的章节里我曾对比本森的游记和张爱玲的游记,将她们联系在一起的恰好是文字的无归属感。她们的文字里有边城和远方,有异域和他乡,唯独没有故园和家乡。上海也好,香港也好,在张爱玲都是异乡。没有了故园和家乡的张爱玲,在过往经验的反复书写中,以一种独特的距离感进入了世界文学的场域中。

世界与边缘

文学之所以成为世界文学,必然是因为生成的人文环境中已经有了文字跨越各种界线的气候条件,这些条件在张爱玲于港大求学的不足三年里已经生成一个小气候。张爱玲贯穿一生的双语写作,循其根源是在港大求学时期的那个小气候。香港是东西方的汇流,她的老师们在东西之间的游走对她是潜移默化的影响,战前香港的世界主义人文景观在她求学的岁月里是风，是云，是阳光，即促成这个小气候的要素。随后的香港之战对这个尚未成为大气候的校园人文传统是个沉重的打击。没有完成学业的女学生张爱玲，带着这个小气候迁徙，开始了她漫长的写作生涯。

我们可以想象一张随着时间推移的纵向世界街图，日益密集、扩散的圈圈点点是张爱玲生命中所触及的语言、文本、文体、族群、年代、地域、信仰和文化，星罗棋布，十分壮观，有些是她亲历的，但更多的是文字之旅，其中更有直面战争、死亡、流徙的刻骨体验。我们也可以另外想象一张纵向世界街图，显示张爱玲的作品在这几十年里是如何一步一步地超越了中国文学乃至华语文学的范畴，最后踏入了世界文学的领域。世界文学经典的本身就是一个生命体，它独立于作者和原作品的生命进程，可以在著者逝去多年后依然以持续扩大的趋势彰显文字的生命力。文本是灵动的，可携带，可旅行，可以重现，可以延伸，也可以再生。

假如将张爱玲视为一个文化符号，它的归属性在哪里？上海？台北？香港？东亚？华裔美国？抑或可以将它定义为一个跨国界的泛亚洲形象？还是近年涌现的超越国族界限的华语语系文学和文化的典范？或者将它纳入一个国界模糊的世界文学的范畴？张爱玲最尖锐的作品总是在多层次的文化杂糅中寻找个人身份、国族归宿,在殖民和后殖民的文化范畴中定义家族记忆和个人成长的轨迹。当前的世界文学的架构或许能为张爱玲研究提供一个新的视野,但更有可能的是,张爱玲的存在作为一个个案,恰恰印证了世界文学理论体系中的盲点和硬伤。

权威性的《诺顿世界文学读本》(*The Norton Anthology of World Literature*)二十年前初版的时候只有四百页,扩展到现在第四版三大厚本的六千多页,张爱玲在其中终于占了一席之地,新的版本里收入了金凯筠(Karen Kingsbury)翻译的《封锁》("Sealed Off")。文学作品在世界文学范畴中的地位取决于作品传播多远、多广,其魅力能持续多久。按照这样的标准,在世界文学范畴内的张爱玲只能处于一个边缘的地位。近年来她的作品被频频翻译,翻译者和研究者要面对的却是她的作品的不可翻译性。英文翻译的张爱玲作品,小说也好,散文也好,仍然没有进入英文世界的阅读主流。张爱玲的作品在华语世界外的传播史中所彰显的并非世界的相通性,而恰恰是其中的沟壑,其不可跨越性。张爱玲作品的英文翻译一进入市场,就被放在某一个位置,成为少数族群的代表,文化差异的载体。它们所代表的并不是歌德曾经幻想的普遍人性,而是人性的差异,文化间的不可逾越的沟壑,语言间的不可传译性。

作品必须倚重翻译才能进入世界文学的殿堂吗？固然翻译的重要性不可低估，但文学的世界性或者说文学的"造世性"(world-making capacity)往往超越了翻译这个命题。未被选择翻译或根本无法翻译的作品是否就没有可能进入世界文学的殿堂？殿堂里无法囊括的作品是否有别样的途径翻山越岭、漂洋过海走入不同地域和文化的读者圈？我相信，从没有明确的归属感的张爱玲那里可以打开一张不一样的文学关系网，从她长长的书单出发可以照亮一套世界文学光环往往照不到的参照系。她后期写作的自我重写和重叠叙述，即王德威所说的"内旋"(involution)和"衍生"(derivation)，其实是从边缘出发的另类世界文学生成的一个特点，强调的是文学作品永远的不完整性，它们在流传中不断地转换，持续地发生，有时从一种文字转成另一种文字，甚至只是从同一种文字的某个字体（比如繁体字）转成另一个字体（比如简体字），有时则是媒介的转换，从一个主导媒介转入一个较边缘的媒介（比如从文字转入一个小剧场），或者从文字转入一个面向更广大、更有越界可能的媒介（比如小说改编成主流电影或商业大片或电视剧）。张爱玲作品的不完整性和持续生成性造成的重复书写、重叠叙述，还有不同媒介、不同语码之间的转换，那本身就是一种具有"造世性"的世界文学。

重访与诀别

走笔至此,为全书收尾,我选择的是张爱玲晚期散文两篇杰作里的另一篇,即《重访边城》。题为"重访",这一万五千字,实则是走向世界的张爱玲对香港的一别、再别、诀别,反复地在文字中酝酿这一场告别,是"重写",也是"衍生"。

《重访边城》叙述绵密,其中定格了几段对香港的最后一瞥。我们知道一九六一年年底那趟最后的旅程的第一站是台湾,然而香港才是真正的"边城",因为"满城的霓虹灯混合成昏红的夜色,地平线外似有山外山遥遥起伏,大陆横躺在那里,听得见它的呼吸"。咫尺之遥,却恍如隔世。同样咫尺天涯的是曾经的校园,港大校园的景象最后一次出现在她的笔下,时间定格在一九五二年。

> 我学生时代的香港,自从港战后回上海,废学十年,那年再回去,倒还没怎么改变,不过校园后面小山上的树长高了,中间一条砖砌小径通向旧时的半山女生宿舍,比例不同了,也有点"面熟陌生"。我正眼都没看它一眼,时间的重量压得我抬不起头来,只觉得那些拔高了的小杉树还有点未成年人的伶仃相,一个个都是暗绿的池中暗绿的喷泉向白色的天上射去,哗哗地上升,在那一刹那间已经把我抛下很远,缩小了而清晰异

常，倒看的望远镜中人，远远的站在地下。没等这画面成形，我早已转身走开了。

五〇年代重访校园，压得抬不起头来的"时间的重量"，从文字里都能感觉到那种压抑，不忍看，只能"转身走开"，一如从青鸟咖啡馆的"皇皇"而逃。这是她对港大校园的最后一瞥吗？六〇年最后一次回港，应该是离校园远远的，根本没有试图走近它。但和曾经的校园真正的诀别，其实是发生在这写于八〇年代的回忆中，是张爱玲以文字做了最后的告别。

张爱玲对香港中环街区的最后一眼则定格在一九六一年的某一个黑黑的夜晚。临走前的一晚，"我"居然歪打正着地撞入了中环绸布摊的街市里，想避开，没想到却迎面撞上了，"不免觉得冤苦"。这"冤苦"二字，背后是怎样的伤痛？她一贯的酷烈和尖锐又回来了："偏偏狭路相逢，而且是在这黑暗死寂的空街上，等于一同封死在铁桶里，再钟爱的猫也会撕裂你的脸，抓瞎你的眼睛。"接下来仿佛是绝处逢生般的，在黑暗中，空落落的街市犹如一个巨大的屏幕，上面闪回的是她记忆中的色彩、线条、质地，层层叠叠，从童年一直上演到当下。唐宋人物画中的淡赭淡青石青石绿、姑姑描绘的天津乡下女人的大红裤子、母亲的白竹叶图案的青布旗袍、《海上花》中的湖色和月白、大学时代在中环街市看到的绚烂的广东花布等等,只要一谈到衣服和花布,她的叙述可以完全停下脚步,极尽铺陈,时间的哗哗流去完全无碍,黑暗的杀伤力也减轻了许多。

和香港真正的诀别出现在《重访边城》的结尾,依然是在中环的街市上,"我"猛然闻到一股强烈的异味。

> 忽然空中飘来一缕屎臭,在黑暗中特别浓烈。不是倒马桶,没有刷马桶的声音。晚上也不是倒马桶的时候。也不是有人在街上大便,露天较空旷,不会这样热呼呼的。那难道是店堂楼上住家的一掀开马桶盖,就有这么臭?而且还是马可孛罗的世界,色香味俱全。我觉得是香港的临去秋波,带点安抚的意味,看在我忆旧的份上。在黑暗中我的嘴唇牵动着微笑起来,但是我毕竟笑不出来,因为疑心是跟它诀别了。

"诀别"二字赫然写在收尾。这样的最后一瞥,其尖锐和酷烈一如在"青紫的尸首"边吃着"滚油煎的萝卜饼"。这样写香港,其实是触及了记忆深处最隐秘的东西,如此难言的,甚至是不可道的经验,她倔犟地写了出来。最后那个微笑,只是嘴角抽动一下,却半路僵住,僵在难言的苦楚中,或许是一种她在别处说过的"骇笑"。用怪异的半途微笑代替了所有的不可言,用酷烈的感官冲击掩盖了灵魂深处的伤痛。

　　如果没有宋以朗在张爱玲留下的遗稿中的这一发现，我们谁也不会想到张爱玲和香港的"诀别"竟是这样的。在人生的最后阶段，究竟是什么促使她要重写二十年前的那趟重访？写成了，是一篇完整的长篇散文，却没有即刻发表，对香港"色香味俱全"的最后的诀别因而被尘封了几十年。可以这样想，真正意义上的诀别并没有发生在一九六一年的香港街头，也没有发生在发表于一九六三年的英文游记里，而是发生在二十年后重新整理、从头写起的长篇散文里。三次到香港，仿佛是三次开端。第一次是青涩的大学时代，第二次是赴美的中转站，第三次是回来诀别的，"只是当时已惘然"，这诀别的意义一直到二十年后才写入遗稿《重访边城》中，是镌刻在文字里的永恒的告别。这最后的"临去秋波"牵起一条跨越了半个世纪的长长的线，我们沿着这条线一路回溯，在最初的时间点上，仿佛仍然能看到十九岁的她，披着长发，戴着厚厚的眼镜，轻快地走在炎阳下山道上，四周全是寂静，仿佛什么也没有发生。

后记

二十世纪九〇年代我的博士论文题目是"张爱玲和沦陷上海的通俗文化"。在洛杉矶跟从李欧梵老师研习现代文学和文化研究的那些年里，我整天在西木区晃悠，怎么都不会想到，我未来的研究对象就在几步之遥。九五年秋天张爱玲逝世的消息铺天盖地在美西的华文报刊中出现时，看到那个经过不知多少次的熟悉的街名，我的脑袋里轰的一下。我连与她错过的机会都没有，真的擦身而过，也是两条永不交叉的平行轨道。她是历史，我注定了是历史的学生。

十二年前中文版的《乱世书写：张爱玲与沦陷时期上海文学及通俗文化》付梓后，我本以为从此告别了张爱玲研究。五年前暂别北美学界，移居港岛，在她曾经的大学母校又找回了这个课题。想来这又是命运的安排，让我在对的时间和对的地点再次回到张爱玲研究。唱不完说不尽的张爱玲从来就不是目的,也不是终点,而是一个窗口、一套方法、一条蹊径,从张爱玲重新出发,我想看看她还能将我们带到多远。

这本书是疫情时代的产物。二〇二〇年年初,全球疫情暴发,我恰好开始筹备张爱玲百年诞辰纪念活动。学校机构几乎都是关闭的,包括档案馆。感谢档案员林建勋(Garfield Lam),他有很多天都是勇敢地潜入校园,提取我要的档案,在保持绝对的社交距离的前提下,让我在那里查看,并尽所可能地加速资料数据化。校园沉寂,食肆关门已久,在线授课、开会、演讲也成了常态。大半年里,我从那些故纸堆里发现了一个值得下功夫的课题,就是张爱玲和香港大学乃至香港的渊源,她的创作生涯的缘起,她丰富而多样的文学和文化参照系,她与战争乃至那个动乱的大时代的关联。

《百年爱玲,人文港大》纪念文献展如期在二〇二〇年九月张爱玲生辰前夕完成,先是在线展,香港疫情缓和之后又推出了实体展,就设在校园内的古迹冯平山图书馆里。新的一波疫情涌来,实体展很快关闭,幸亏在线的展览一直都在。我们这个时代,在线的反而成了永恒的。虚拟博物馆的平台不受疫情限制,在线访客遍布五大洲。用地理信息系统软件收获的街图数据显示,访客大多来自亚洲、北美和欧洲,这是意料之中的;意料之外的是,在遥远的南美、中东和非洲也有零星的回响。看看被那些圈圈点点弄得有些陌生的世界版图,我不禁感叹张爱玲的读者早已超越了传统的华语圈,祖师奶奶在逝世二十多年后的今天终于成为一个真正意义上的世界文学的大家。

大部分的文字都写于这一两年。后几章的一些段落里有旧文的影子。第五章《东洋摩登:张爱玲与日本》的遥远的前身是一篇十年前撰写的英文论文,收在当年港大文学院院长雷金庆编的一个集子里,后来又有一个中文版叫《光影斑驳:张爱玲的日本和东亚》,收入林幸谦编的《千回万转:张爱玲学重探》,此番重写之后是一个新的篇章。第六章《隔世看红楼:文字家园与离散叙述》中的一部分最早以《梦在红楼,写在隔世》为题收入沈双编、香港中文大学出版社出版的《零度看张:重构张爱玲》。第八章里有几个段落来自我关于张爱玲和世界文学的一篇英文论文。以上旧文的具体出版信息都收在我的书目里了。这一两年里新写的文字,部分曾以缩减版的形式发表于《明报月刊》《印刻》《作家》等刊物,面世后收到不少反馈,赞扬也好,批评也好,在我都是继续修改补充加强的动力,在此一并致谢。

书中的多个章节,林青霞都是第一读者,最早的构思在每周一起行山的途中与她分享,写完后第一稿也往往先送她过目,她总是迫不及待地读完,紧接着问:那下一章呢？同在香港的叶月瑜和魏时煜这两年也没少听我絮叨这本书，她们的感觉都那样敏锐，回馈都是那样的及时。巴黎的胡晴舫、台北的蔡登山、范铭如和张文熏、东京的邵迎建、马来西亚的林幸谦、苏州的王尧、上海的陈建华和李楠、新加坡的林方伟和余云、美国的桑梓兰、沈双、王晓珏、蔡秀妆、萧纪薇等等都是写作路上的伙伴和国际张爱玲研究中的同好。我的港大文学院同事里，要特别致谢历史系的管沛德（Peter Cunich）和徐国琦、音乐系的陈庆恩、比较文学系的马兰清（Gina Marchetti）、中文学院的吴存存、港大美术博物馆的罗诺德（Florian Knothe）以及学院办公室的冯婉君。三位研究助理蔡雨钱、陈抒、刘洛婷先后协助了我的研究和写作。今年春季我教的本科生课和硕士生课都用了书中的一些章节作教材，我的学生也是最早的一批读者。就在最近，我十分幸运地采访了在美西安度晚年的百岁老人莫绮莲，她比张爱玲晚一年入学港大文学院，不仅记得张爱玲，而且对文学院的课程和所有教过她的老师都有清晰而准确的记忆，她和张爱玲相遇的那个绝无仅有的场面，我在书稿即将付印前夕写进了第一章。

卷首有欧梵先生的序文，他是我永远的恩师，这几年，与老师和师母栖居在我们的香港，确有一种"心灵相通"。去年书稿初具规模的时候，香港中文大学出版社的陈甜找上门来，委婉地问我是否在写一本有关张爱玲和香港的书，如果是的话，务必考虑交给她，交给港中大出版社。写作者遇上一位嗅觉敏锐、学识丰富、纹丝不苟的编辑，是福气。文字编辑彭腾的文字功夫了得，美学设计上也有超前、独到的眼光。感谢曹芷昕的设计，澄净、细腻、柔和，高度契合主题。社长甘琦和她带领的专业出版团队里有一种超强的凝聚力，有他们在，是人文的幸运，也是香港的幸运。

疫情阻隔，我已经有两年多没有见到杭州的老父老母了，这本小书，献给他们。

二〇二二年五月
香港薄扶林

英文书目

Adorno, Theodor W. "Late Style in Beethoven." In *Essays on Music*, translated by Susan H. Gillespie and edited by Richard Leppert, pp. 564–568. Berkeley: University of California Press, 2002.

Apter, Emily. *Against World Literature: On the Politics of Untranslatability*. London: Verso, 2013.

Atkins, Jacqueline, ed. *Wearing Propaganda: Textiles on the Home Front in Japan, Britain, and the United States, 1931–1945*. New Haven: Yale University Press, 2005.

Balfour, Stephen Francis. "Hong Kong before the British: Being a Local History of the Region of Hong Kong and the New Territories before the British Occupation," *Journal of the Asiatic Society Hong Kong Branch 10* (1970): 134–179.

Baskett, Michael. *The Attractive Empire: Transnational*

Film Culture in Imperial Japan. Honolulu: University of Hawaii Press, 2008.

Bedell, R. Meredith. *Stella Benson*. Boston: Twayne Publishers, 1983.

Benjamin, Walter. "The Storyteller: Reflections on the Works of Nikolai Leskov." In *Illuminations*, translated by Harry Zohn and edited by Hannah Arendt, pp. 83–109. New York: Schocken Books, 1969.

Benson, Stella. "Letters to Laura Hutton, 1915–1919," edited by William Brandon, *The Massachusetts Review* 25.2 (1984): 225–246.

———. *Goodbye, Stranger*. London: Macmillan, 1926; New York: Macmillan, 1926.

———. *Hope against Hope and Other Stories*. London: Macmillan, 1931.

———. *I Pose*. London: Macmillan, 1915; New York: Macmillan, 1916.

———. *Living Alone*. London: Macmillan, 1919.

———. *Mundos: An Unfinished Novel*. London: MacMillan, 1935.

———. *The Far-Away Bride*. New York: Harper, 1930.

———. *The Little World*. London: Macmillan, 1925; New

York: Macmillan, 1925.

———. *The Poor Man*. London: Macmillan, 1922; New York: Macmillan, 1923.

———. *This Is the End*. London: Macmillan, 1917.

———. *Tobit Transplanted*. London: Macmillan, 1931.

———. *Worlds within Worlds*. London: Macmillan, 1928; New York: Harper, 1929.

———. "A Little Satire: Stella Benson on Life in Hongkong," *South China Morning Post*, June 10th, 1932.

———. "Stella Benson's View of Portuguese Colony," *South China Morning Post*, October 19th, 1932.

———. "In My Chinese Garden of Eden," *South China Morning Post*, January 4th, 1934.

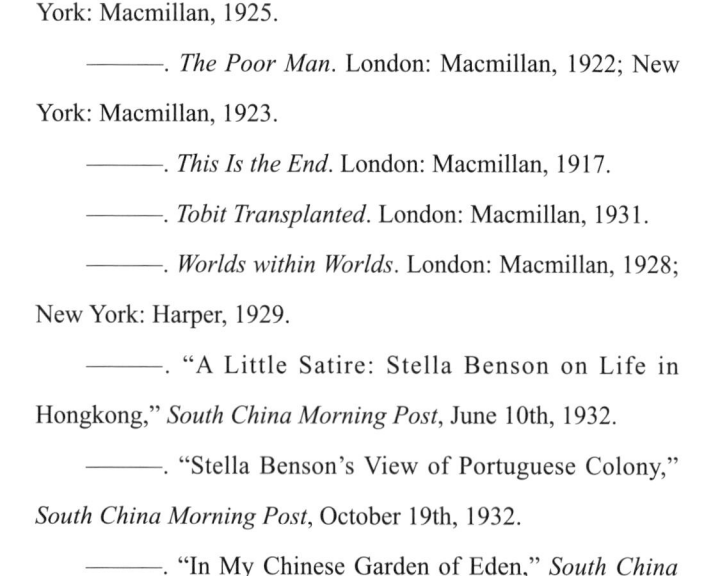

Berney, Jane. "One Woman's Campaign: Stella Benson and the Regulation of Prostitution in 1930s Colonial Hong Kong," *Women's History Review* 28.6 (2019): 933–949.

Bolton, Andrew, ed. CAMP: *Notes on Fashion*. New York: Metropolitan Museum of Art, 2019.

Casanova, Pascale. *The World Republic of Letters*. Cambridge: Harvard University Press, 2007.

Chan, Kwan-po. *Chan Kwan-po Collection*. Hong Kong: The University of Hong Kong University Archives.

Chang, Eileen. "A Return to the Frontier," *The Reporter* 3 (1963): 38–39.

———. "Chinese Life and Fashions," *The XXth Century* 1 (1943): 54–61.

———. "Demons and Fairies," *The XXth Century* 12 (1943): 421–429.

———. "Still Alive," *The XXth Century* 6 (1943): 432–438.

———. *Naked Earth*. Hong Kong: Union Press, 1956.

———. *The Book of Change*. Hong Kong: Hong Kong University Press, 2010.

———. *The Fall of the Pagoda*. Hong Kong: Hong Kong University Press, 2010.

———. *The Rice-Sprout Song*. New York: Charles Scribner's Sons, 1955.

———. *The Rouge of the North*. London: Cassell & Co, 1967.

———. *Lust*, *Caution*, translated by Julia Lovell. New York: Anchor Books, 2007.

———. "Chinese Translation: A Vehicle of Cultural Influence," *PMLA* 130.2 (2015): 488–499.

———. *Written on Water*, translated by Andrew F.

Jones and co-edited by Nicole Huang. New York: Columbia University Press, 2005.

———. *Love in a Fallen City*, translated by Karen Kingsbury. New York: New York Review Books, 2006.

Cheah, Pheng. *What Is a World: On Postcolonial Literature as World Literature*. Durham: Duke University Press, 2016.

Chi, Pang-yuan, and David Der-wei Wang, eds. *Chinese Literature in the Second Half of a Modern Century: A Critical Survey*. Bloomington: Indiana University Press, 2000.

Clarabut, Cecil, ed. *Some Letters of Stella Benson, 1928–1933*. Hong Kong: Libra Press Limited, 1978.

Cobb, Shelley. *Adaptation, Authorship, and Contemporary Women Filmmakers*. New York: Palgrave Macmillan, 2014.

Comfort, Alex, tr. *The Koka Shastra*. New York: Ballantine, 1966.

Cunich, Peter. *A History of the University of Hong Kong, vol. 1, 1911–1945*. Hong Kong: Hong Kong University Press, 2012.

Davis, Marlene Baldwin. "Editorial Introduction." In *The Diaries of Stella Benson, 1902–1933 from Cambridge University Library* (www.ampltd.co.uk/digital_guides/women_writing_and_travel_the_diaries_of_stella_benson/editorialintroduction.aspx, accessed April 1st, 2022).

———. "Notes to the Diaries." In *The Diaries of Stella Benson, 1902–1933 from Cambridge University Library* (www.ampltd.co.uk/digital_guides/women_writing_and_travel_the_diaries_of_stella_benson/Notes-to-the-Diaries.aspx, accessed April 1st, 2022).

Deppman, Hsiu-Chuang. *Close-ups and Long Shots in Modern Chinese Cinemas*. Honolulu: University of Hawaii Press, 2021.

Ehland, Christoph, and Jana Gohrisch, eds. *Imperial Middlebrow*. Leiden: Brill, 2020.

Elliott, Kamila. *Theorizing Adaptation*. Oxford: Oxford University Press, 2020.

France, Norman Hoole (N. H. F). "A Journey through Russia," *Hong Kong University Union Magazine* (November 1932): 67–71.

Genette, Gérard. *Paratexts: Thresholds of Interpretation*. Cambridge: Cambridge University Press, 1997.

Grant, Joy. *Stella Benson: A Biography*. London: Macmillan, 1987.

Han, Banqing. *The Sing-Song Girls of Shanghai*, translated by Eileen Chang and Eva Hung. New York:

Columbia University Press, 2005.

Han, Suyin. *A Many-Splendoured Thing*. London: Jonathan Cape, 1952.

Hastings, Selina. *The Secret Lives of Somerset Maugham*. London: John Murray, 2009.

HKUA. *Pre-War Files: General Records Closed Files*. Hong Kong: The University of Hong Kong University Archives.

———. *Faculty of Arts Photo Album*. Hong Kong: The University of Hong Kong University Archives.

———. *Hong Kong University Union Publications File*. Hong Kong: The University of Hong Kong University Archives.

Ho, Elaine, and Julia Kuehn, eds. *China Abroad: Travels, Subjects, Spaces*. Hong Kong: Hong Kong University Press, 2009.

Hoe, Susanna. *The Private Life of Old Hong Kong: Western Women in the British Colony, 1841–1941*. Hong Kong: Oxford University Press, 1991.

Holden, Philip. *Orienting Masculinity, Orienting Nation: W. Somerset Maugham's Exotic Fiction*. London: Greenwood Press, 1996.

Hsu, Ti-shan. *Hsu Ti-shan Collection*. Hong Kong: The University of Hong Kong University Archives.

Hu, Shih. *The Chinese Renaissance: The Haskell Lectures 1933*. Chicago: University of Chicago Press, 1961.

Huang, Nicole. "Eileen Chang and Narratives of Cities and Worlds." In *The Columbia Companion to Modern Chinese Literature*, edited by Kirk Denton, pp. 217–222. New York: Columbia University Press, 2016.

———. "Eileen Chang and Things Japanese." In *Eileen Chang: Romancing Languages, Cultures and Genres*, edited by Kam Louie, pp. 49–72. Hong Kong: Hong Kong University Press, 2012.

———. "Fashioning Public Intellectuals: Women's Print Culture in Occupied Shanghai (1941–1945)." In *In the Shadow of the Rising Sun: Shanghai under Japanese Occupation*, edited by Christian Henriot and Wen-hsin Yeh, pp. 325–345. Cambridge: Cambridge University Press, 2004.

———. "Introduction." In *Eileen Chang,Written on Water*, translated by Andrew F. Jones and co-edited by Huang, pp. ix–xxvii. New York: Columbia University Press, 2005.

———. "Worlding Eileen Chang: Narratives of Frontiers and Crossings." In *The Wiley-Blackwell Companion to World*

Literature, edited by Ken Seigneurie. Oxford: Wiley-Blackwell, 2019.

———. *Women, War, Domesticity: Shanghai Literature and Popular Culture of the 1940s*. Leiden: Brill, 2005.

Huang, Nicole, Florian Knothe, and Kenneth Chan, curators. "Eileen Chang at the University of Hong Kong: An Online Presentation of Images and Documents from the Archives,"2020, https://www.virtual.umag.hku.hk/eileenchang100(accessed April 1st, 2022).

King, Gordon. *Gordon King Collection*. Hong Kong: The University of Hong Kong University Archives.

Kuehn, Julia. *A Female Poetics of Empire: From Eliot to Woolf*. New York: Routledge, 2013.

Le Pichon, Alain. "Portrait of a Practical Visionary: Father Leon Robert MEP and the Sisters of St Paul de Chartres in Hong Kong, 1914–19," *Journal of the Royal Asiatic Society Hong Kong Branch* 52 (2012): 225–266.

Lee, Christopher. "Translation in Distraction: On Eileen Chang's 'Chinese Translation: A Vehicle of Cultural Influence,'" *Journal of Modern Literature in Chinese* 14.1 (2017): 65–87.

Lee, KlaudiaHiu Yen. "'Wherefore Remember Pain?':

Women and Transnational Crossing in Stella Benson's I Pose and The Poor Man," *English Studies* 101.5 (2020): 570–583.

Leitch, Thomas. *Film Adaptation and Its Discontents: From* Gone with the Wind *to* The Passion of Christ. Baltimore: Johns Hopkins University Press, 2007.

———. "Adaptation and Intertextuality, or, What Isn't an Adaptation, and What Does It Matter?" In *A Companion to Literature, Film, and Adaptation*, edited by Deborah Cartmell, pp. 87–104. Oxford: Wiley-Blackwell, 2012.

Mansfield, Katherine. "A 'Real' Book and an Unreal One." In *Novels and Novelists*, edited by J. Middleton Murry, pp. 108–112. New York: Alfred A. Knopf, 1930.

Matthews, Clifford, and Oswald Cheung, eds. *Dispersal and Renewal: Hong Kong University During the War Years*. Hong Kong: Hong Kong University Press, 1998.

Maugham, W. *Somerset. On a Chinese Screen*. London: William Heinemann, 1922.

———. *The Collected Plays of W. Somerset Maugham*. London: William Heinemann, 1931.

———. *The Painted Veil*. New York: George H. Doran, 1925.

Mennie, Donald. *The Pageant of Peking*, with an

introduction by Putnam Weale. Shanghai: A.S. Watson & Co, 1920.

Moule, Arthur Christopher. *Quinsai: With Other Notes on Marco Polo*. Cambridge: Cambridge University Press, 1957.

Peng, Hsiao-yen, and Whitney Crothers Dilley, eds. *From Eileen Chang to Ang Lee: Lust/Caution*. New York: Routledge, 2014.

Polo, Marco. *The Description of the World, Translated and Annotated by A. C. Moule and Paul Pelliot*. London: George Routledge & Sons Limited, 1938.

Puchner, Martin et al., ed. *The Norton Anthology of World Literature*, Fourth Edition. New York: W. W. Norton & Company, 2018.

Radhakrishnan, Sarvepalli. *Kalki, or the Future of Civilization*. London: Kegan Paul, Trench, Trübner& Co,1929.

Reed, Christopher, ed. *The Chrysanthème Papers: The Pink Notebook of Madame Chrysanthème and Other Documents of French Japonisme*, translated by Reed. Honolulu: University of Hawaii Press, 2010.

Roberts, Priscilla, and John M. Carroll, eds. *Hong Kong in the Cold War*. Hong Kong: University of Hong Kong Press, 2016.

Roberts, Richard Ellis. *Portrait of Stella Benson*. London: Macmillan, 1939.

Said, Edward. *On Late Style: Music and Literature against the Grain*. New York: Vintage, 2006.

Sang, Tze-lan. "Romancing Rhetoricity and Historicity: The Representational Politics and Poetics of Little Reunion." In *Eileen Chang: Romancing Languages, Cultures and Genres*, edited by Kam Louie, pp. 193–214. Hong Kong: Hong Kong University Press, 2012.

Schimmelpenninck van der Oye, David. "The Genesis of Russian Sinology," *Kritika: Explorations in Russian and Eurasian History* 1.2 (Spring 2000): 355–364.

———. *Russian Orientalism: Asia in the Russian Mind from Peter the Great to the Emigration*. New Haven: Yale University Press, 2010.

Schwoch, James. *Global TV: New Media and the Cold War, 1946–69*. Urbana and Chicago: University of Illinois Press, 2009.

Shaw, Bernard. *The Complete Prefaces of Bernard Shaw*. London: Paul Hamlyn, 1965.

Shen, Shuang. "Betrayal, Impersonation, and Bilingualism: Eileen Chang's Self-Translation." In *Eileen*

Chang: Romancing Languages, Cultures and Genres, edited by Kam Louie, pp. 91–111. Hong Kong: Hong Kong University Press, 2012.

So, Richard Jean. "Literary Information Warfare: Eileen Chang, the US State Department, and Cold War Media Aesthetics," *American Literature* 85.4 (2013): 719–744.

———. *Transpacific Community: America, China, and the Rise and Fall of a Cultural Network*. New York: Columbia University Press, 2016.

Sontag, Susan. "Notes on Camp." In *Against Interpretation and Other Essays*, pp. 275–292. New York: Farrar, Straus and Giroux, 1966.

Stam, Robert. "Beyond Fidelity: The Dialogics of Adaptation." In *Film Adaptation*, edited by James Naremore, pp. 54–76. New Brunswick: Rutgers University Press, 2000.

Stephenson, Shelley. "'Her Traces Are Found Everywhere': Shanghai, Li Xianglan, and the 'Greater East Asian Film Sphere'." In *Cinema and Urban Culture in Shanghai*, 1922–1943, edited by Yingjin Zhang, pp. 222–245. Stanford: Stanford University Press, 1999.

Xiao, Jiwei. "Belated Reunion? Eileen Chang, Late Style and World Literature," *New Left Review* 111 (May–June 2018):

89–110.

Yau, Shuk-ting. *Japanese and Hong Kong Industries: Understanding the Origins of East Asian Film Networks*. New York: Routledge, 2009.

Wang, David Der-wei. "Madame White, The Book of Change, and Eileen Chang: On a Poetics of Involution and Derivation." In *Eileen Chang: Romancing Languages, Cultures and Genres*, edited by Kam Louie, pp. 215–242. Hong Kong: Hong Kong University Press, 2012.

Wang, Xiaojue. "Borders and Borderlands Narratives in Cold War China." In *The Oxford Handbook of Modern Chinese Literature*, edited by Carlos Rojas and Andrea Bachner, pp. 334–356. Oxford: Oxford University Press, 2016.

———. *Modernity with a Cold War Face: Reimagining the Nation in Chinese Literature across the 1949 Divide*. Cambridge: Harvard University Asia Center, 2013.

Wang, Yiman. "Screening Asia: Passing, Performative Translation, and Reconfiguration," *Positions: East Asia Culture Critique* 15.2 (2007): 319–343.

Wong, Frances. *China Bound and Unbound: History in the Making—An Early Returnee's Account*. Hong Kong: Hong Kong University Press, 2009.

Woolf, Bella Sidney. *Chips of China*. Hong Kong: Kelly & Walsh, 1930.

———. *Under the Mosquito Curtain*. Hong Kong: Kelly & Walsh, 1935.

Woolf, Virginia. "A Sketch of the Past." In *Moments of Being*, edited by Jeanne Schulkind, pp. 64–159. San Diego: Harcourt Brace & Company, 1985.

———. *The Diary of Virginia Woolf* (Vol. 4, 1931–1935), edited by Anne Olivier Bell. San Diego: Harcourt Brace & Company, 1982.

———. *The Letters of Virginia Woolf* (Vol. 4, 1929–1931), edited by Nigel Nicolson and Joanne Trautmann. San Diego: Harcourt Brace & Company, 1979.

———. *The Letters of Virginia Woolf* (Vol. 5, 1932–1935), edited by Nigel Nicolson and Joanne Trautmann. San Diego: Harcourt Brace & Company, 1982.

中文书目

止庵著:《苦竹诗话》,《南方周末》,二〇〇八年四月三日。

——:《无轨列车的一瞥》,《中华读书报》,二〇〇八年三月十二日。

——:《讲张文字:张爱玲的生平与创作》。北京:华文出版社,二〇二一。

水晶著:《蝉——夜访张爱玲》,载水晶著:《张爱玲的小说艺术》。台北:大地出版社,一九九四。

王安忆著:《戏说》,《明报月刊》,第九期(二〇二〇年),页四十三至四十六。

王梅香著:《不为人知的张爱玲:美国新闻处译书计划下的〈秧歌〉与〈赤地之恋〉》,《欧美研究》,第四十五卷第一期(二〇一五),页七十三至一三七。

王颖著:《〈第一炉香〉戏外戏:张爱玲VS许鞍华》,

《亚洲周刊》，第四十六期（二〇二一年十一月），页五十二至五十四。

王祯和、丘彦明著：《张爱玲在台湾》，载郑树森编：《张爱玲的世界》。台北：允晨文化，一九八九。

司马新著：《张爱玲与赖雅》。台北：大地出版社，一九九六。

伊斯雷尔·爱泼斯坦（Israel Epstein）著，沈苏儒译：《宋庆龄：二十世纪的伟大女性》。北京：人民出版社，二〇〇八。

朱大可著：《红学及"X学家"的终结》，《中国新闻周刊》，第四十四期（二〇〇五年十一月），页六十四。

池上贞子著：《张爱玲和日本》，载杨泽编：《阅读张爱玲：张爱玲国际研讨会论文集》。台北：麦田，一九九九。

余雅琴著：《给张爱玲"填坑"，难在隐匿的东西太多了：专访〈第一炉香〉编剧王安忆》，《南方周末》，二〇二一年十月二十一日。

吴国坤著：《昨天今天明天：内地与香港电影的政治、艺术与传统》。香港：中华书局，二〇二一。

吴诚之、吴江枫、范菊高编：《杂志月刊》。上海，一九四二至一九四五。

宋以朗著：《宋淇传奇：从宋春舫到张爱玲》。香港：牛津大学出版社，二〇一五。

宋淇著：《红楼梦识要：宋淇红学论集》。北京：中国书店，二〇〇〇。

李欧梵著：《文学改编电影》。香港：三联书店，二〇一〇。

——：《睇色，戒：文学·电影·历史》。香港：牛津大学出版社，二〇〇八。

卓伯棠编：《侯孝贤电影讲座》。香港：天地图书，二〇〇八。

周汝昌著：《定是红楼梦里人》。北京：团结出版社，二〇〇五。

——：《红楼梦新证》。北京：译林出版社，一九五三。

林方伟著：《庞大而热情：炎樱在美国》，《印刻文学生活志》，第十二期（二〇二一），页七十八至九十三。

林幸谦编：《张爱玲：文学·电影·舞台》。香港：牛津大学出版社，二〇〇七。

林奕华著：《我的张爱玲解读》，《中国新闻周刊》，第三十七期（二〇〇七年十月十五日），页七十二至七十四。

邱淑婷著：《港日电影关系：寻找亚洲电影网络之源》。香港：天地图书，二〇〇六。

邵迎建著：《此情唯能梦中寻——重读〈流言〉》，《印刻文学生活志》，第九期（二〇二〇），页八十六至九十三。

俞平伯著：《红楼梦研究》。上海：棠棣出版社，一九五二。

胡适著,潘光哲编:《胡适文存》。台北:"中央研究院"近代史研究所,二〇一九。

胡兰成编:《苦竹月刊》。上海,一九四四至一九四五。

高克毅著:《张爱玲的广播剧——记〈伊凡生命中的一天〉》,载陈子善编:《记忆张爱玲》。济南:山东画报出版社,二〇〇六。

夏志清编:《张爱玲给我的信件》。台北:联合文学出版社,二〇一三。

徐国琦著:《空谷灵雨许地山》,《中华读书报》,二〇一三年六月五日。

徐鹏远著:《许鞍华:拍电影永远都要妥协的》,《中国新闻周刊》,第四十三期(二〇二一年十一月一日),页五十八至六十三。

殷允芃著:《访张爱玲女士》,载殷允芃著:《中国人的光辉及其他:当代名人访问录》。台北:志文出版社,一九七一。

张爱玲、宋淇、邝文美著,宋以朗编:《张爱玲私语录》。台北:皇冠出版社,二〇一〇。

——:《张爱玲往来书信集》(I, II)。台北:皇冠出版社,二〇二〇。

张爱玲著,赵丕慧译:《易经》。台北:皇冠出版社,二〇一〇。

——:《雷峰塔》。台北:皇冠出版社,二〇一〇。

张爱玲著,蓝天云编:《张爱玲:电懋剧本集》。香港:香港电影资料馆,二〇一〇。

张爱玲著:《〈太太万岁〉题记》,《大公报》副刊"戏剧与电影",一九四七年十二月三日。

——:《炎樱衣谱》,《力报》(上海),一九四五年四月六至九日。

——:《小团圆》。台北:皇冠出版社,二〇〇九。

——:《半生缘》。台北:皇冠出版社,一九六九。

——:《色,戒》。台北:皇冠出版社,二〇〇七。

——:《怨女》。台北:皇冠出版社,一九六六。

——:《流言》。上海:中国科学公司,一九四四。

——:《红楼梦魇》。台北:皇冠出版社,一九七七。

——:《重访边城》。台北:皇冠出版社,二〇〇八。

——:《张看》。台北:皇冠出版社,一九七六。

——:《惘然记》。台北:皇冠出版社,一九八三。

——:《异乡记》。北京:北京十月文艺出版社,二〇一〇。

——:《传奇》,再版。上海:杂志社,一九四五。

——:《传奇》,初版。上海:杂志社,一九四四。

——:《传奇》,增订本。上海:山河图书公司,一九四六。

——:《对照记》。台北:皇冠出版社,一九九四。

——:《余韵》。台北:皇冠出版社,一九八七。

——:《续集》。台北:皇冠出版社,一九八八。

曹雪芹著,俞平伯校:《红楼梦八十回校本》。香港:中华书局,一九七四。

庄信正编:《张爱玲来信笺注》。台北:印刻出版社,二〇〇八。

许子东著:《细读张爱玲》。台北:皇冠出版社,二〇一九。

许地山著:《近三百年来底中国女装》,《大公报》,一九三五年五月十一日至八月三日。

——:《国粹与国学》。长沙:岳麓书社,二〇一一。

许燕吉著:《我是落花生的女儿》。香港:中和出版有限公司,二〇一四。

郭玉雯著:《红楼梦学——从脂砚斋到张爱玲》。台北:里仁出版社,二〇〇四。

陈子善著:《不为人知的张爱玲》。北京:商务印书馆,二〇二一。

——:《张爱玲丛考》(上下)。北京:海豚出版社,二〇一五。

陈君葆著:《陈君葆日记全集》(七卷)。香港:商务印书馆,二〇〇四。

陈建华著:《张爱玲"晚期风格"初探》,载陈子善编:《重读张爱玲》。上海:上海书店,二〇〇九。

——:《漫话〈小团圆〉的"金石风格"》,《印刻文学生活志》,第二〇七期(二〇二一),页一〇八至一一三。

——:《〈爱与真的启示——张爱玲晚期风格〉自序》,《书城》,第八期(二〇二一),页四十二至五〇。

陈国球编:《重遇文学香港》。香港:商务印书馆,二〇一八。

单德兴著:《冷战・离散・文人:〈今日世界〉中的张爱玲》,《台北大学中文学报》,第九期(二〇二〇),页一至八〇。

彭小妍编:《色,戒:从张爱玲到李安》。台北:联经出版事业有限公司,二〇二〇。

彭思敏著:《喧嚣中的许鞍华:我不是整天和人对着干的人》,《南方都市报》,二〇二一年十一月六日。

冯和仪(苏青)编:《天地月刊》。上海,一九四三至一九四五。

冯睎乾著:《在加多利山寻找张爱玲》。香港:三联书店,二〇一八。

冯锦荣著:《许地山(一八九三至一九四一)与世界宗教史研究——以许氏旧藏书中有关摩尼教研究文献为中

心》,《東アジア文化交渉研究》,第三期(二〇一〇),頁八十一至一〇〇。

黄心村著,胡静译:《乱世书写:张爱玲与沦陷时期上海文学及通俗文化》。上海:上海三联书店,二〇一〇。

黄心村著:《光影斑驳:张爱玲的日本和东亚》,载林幸谦编:《千回万转:张爱玲学重探》。台北:联经出版事业有限公司,二〇一八。

——:《劫灰烬余:张爱玲的香港大学》,《印刻文学生活志》,第九期(二〇二〇),页二十九至三十九。

——:《我师落华生:张爱玲的文学课》,《明报月刊》,第四期(二〇二一),页五十一至六十二。

——:《改编张爱玲:从〈第一炉香〉谈起》,《明报月刊》,第一期(二〇二二),页三十六至四十二。

——:《美术课:张爱玲的乱世素描》,载《联合文学》编:《张爱玲学校》。台北:联合文学出版社,二〇一一。

——:《寻找佛朗士:张爱玲的历史课》,《明报月刊》,第十一期(二〇二〇),页十七至二十五。

——:《梦在红楼,写在隔世》,载沈双编:《零度看张:重构张爱玲》。香港:香港中文大学出版社,二〇〇九。

黄康显著:《张爱玲的香港大学因缘》,《香港笔荟》,第八期(一九九六),页一九八至二一四。

黄淑娴著:《香港影像书写:作家、电影与改编》。香港:香港大学出版社,二〇一三。

杨林著:《王家卫:〈2046〉是终结,以后不拍老上海了》,《新京报》,二〇〇七年十二月二十五日(http://ent.sina.com.cn/m/c/2007-12-25/01361849304.shtml,二〇二二年四月一日下载)。

落华生(许地山)著:《空山灵雨》。上海:商务印书馆,一九二五。

——:《商人妇》。上海:商务印书馆,一九二五。

——:《缀网劳蛛》。上海:商务印书馆,一九二五。

赵雨乐、钟宝贤、李泽恩编译:《军政下的香港——新生的大东亚核心》。香港:三联书店,二〇二〇。

蔡登山著:《重看民国人物:从张爱玲到杜月笙》。台北:独立作家,二〇一四。

——编:《天地月刊》(二十一期完整复刻本)。台北:秀威信息,二〇二〇。

卢玮銮(小思)著:《许地山与香港大学中文系的改革》,《香港文学》,第八〇期(一九九一),页六〇至六十四。

——编:《许地山在香港的活动纪程》,《八方文艺丛刊》,第五辑(一九八七),页二七一至二九二。

韩子云著,张爱玲注释:《海上花》。台北:皇冠出版社,一九八三。

蓝祖蔚著:《王家卫谈艺录》,《自由时报》,二〇〇〇年十月二十九日。

——:《所有的记忆都是潮湿的——王家卫谈文学与美学》,《自由时报》,一九九四年十月十五至十六日。

颜择雅著:《向康德学习请客吃饭》。台北:印刻出版社,二〇一六。

魏可风著:《谪花:再详张爱玲》。台北:印刻出版社,二〇二〇。

罗卡著:《也斯少年时的诗作他的剧作》,HKinema(香港电影评论学会季刊),第二十二期(二〇一三),页十六至十九。

图书在版编目 (CIP) 数据

成为张爱玲 / 黄心村著. -- 北京 : 北京十月文艺出版社,2025.6. -- ISBN 978-7-5302-2444-1

Ⅰ. K825.6

中国国家版本馆CIP数据核字第2024NK7601号

著作权合同登记号 图字：01-2024-3513

緣起香港：張愛玲的異鄉和世界

© 香港中文大學 2022

本書簡體中文版由香港中文大學出版社授權出版，本版限在中國內地發行。

成为张爱玲
CHENGWEI ZHANG AILING
黄心村 著

出　　版	北 京 出 版 集 团	
	北京十月文艺出版社	
地　　址	北京北三环中路6号	
邮　　编	100120	
网　　址	www.bph.com.cn	
发　　行	新经典发行有限公司	
	电话 010-68423599	
经　　销	新华书店	
印　　刷	河北鹏润印刷有限公司	
版　　次	2025年6月第1版	
印　　次	2025年6月第1次印刷	
开　　本	880毫米×1230毫米 1/32	
印　　张	12	
字　　数	211千字	
书　　号	ISBN 978-7-5302-2444-1	
定　　价	88.00元	

如有印装质量问题，由本社负责调换

质量监督电话　010-58572393

版权所有，未经书面许可，不得转载、复制、翻印，违者必究。